Volver al amor

MARIANNE WILLIAMSON

Volver al amor

Reflexiones basadas en los principios de
UN CURSO DE MILAGROS

Urano
Argentina - Chile - Colombia - España
Estados Unidos - México - Perú - Uruguay

Título original: *A Return to Love*
Editor original: HarperCollins*Publishers*, Inc., Nueva York

1.ª edición: febrero 2026

Agradecemos la colaboración de Fernando Gómez, de la Foundation For Inner Peace, Inc., en la revision de la traducción de esta obra.

López de Hoyos, 92, Planta Baja Derecha – 28002 Madrid
www.edicionesurano.com
www.mundourano.com

ISBN: 979-13-87662-25-7
E-ISBN: 978-84-9944-162-7
Depósito legal: M-26.876-2025

Fotocomposición: Urano World Spain, S.A.U.

Impreso por: Romanyà Valls, S. A. – Verdaguer, 1 – 08786 Capellades (Barcelona)

Impreso en España - *Printed in Spain*

Para mi Padre en el Cielo
y para mi padre en Texas

Las citas de la obra en tres volúmenes *A Course in Miracles* que aparecen en este libro corresponden a la traducción al castellano de dicha obra cuando aún estaba en preparación. Por este motivo, es posible que la traducción de las citas incluidas no sea exactamente la misma que aparece en la versión oficial en español de *A Course in Miracles*.

ÍNDICE

AGRADECIMIENTOS

Escribir este libro me llevó mucho tiempo, y muchas personas me ayudaron a completar la tarea.

Al Lowman, mi agente literario, ha sido un ángel con el libro y conmigo también. Por su causa lo empecé, y por su causa lo terminé.

Andrea Cagan también hizo mucho para que el libro llegase a su conclusión: convierte la edición de libros en una forma de arte.

Muchas otras personas merecen que les agradezca su contribución. Connie Church, Jeff Hammond y Freddie Weber me ayudaron muchísimo con la redacción. Doy las gracias a Carol Cohen y a toda la plantilla de HarperCollins por no haberme abandonado desde hace mucho tiempo. Para mis amigos Rich Cooper, Minda Burr, Carrie Williams, Norma Ferrara, Valerie Lippencott, David Kessler y Dan Stone, mi más profunda y perdurable gratitud. Gracias también a Howard Rochestie, Steve Sager, Victoria Pearman, Ana Coto, Tara Shannon y Bruce Bierman.

Gracias a todas las personas que durante los últimos ocho años han asistido a mis conferencias y participado en mis grupos.

Gracias a mis padres por todo lo que me han dado, y a mi hija por aportar a mi vida una dulzura que se eleva mucho más allá de las palabras.

PREFACIO

Me crie en una familia judía de clase media, enriquecida con el toque mágico de un padre excéntrico. En 1965, cuando yo tenía trece años, me llevó a Saigón para mostrarme cómo era la guerra. En ese momento la guerra de Vietnam comenzaba a acelerarse y él deseaba que yo viera los agujeros de las balas con mis propios ojos. No quería que el complejo militar-industrial me lavara el cerebro y me convenciera de que la guerra estaba bien.

Mi abuelo era muy religioso y a veces yo iba con él a la sinagoga los sábados por la mañana. Cuando se abría el arca durante el servicio, él se inclinaba, reverente, y empezaba a llorar. Yo también lloraba, pero no sabía si lo hacía por un incipiente fervor religioso o simplemente porque mi abuelo lloraba.

Cuando empecé la enseñanza secundaria, tuve mi primera clase de filosofía y decidí que Dios era una muleta que no necesitaba. ¿Qué clase de Dios, me preguntaba, podía dejar morir de hambre a los niños, o que la gente enfermara de cáncer, o que sucediera el Holocausto? La fe inocente de una niña chocó de frente con el seudointelectualismo de una alumna de primer curso de bachillerato. Le escribí una carta a «mi estimado señor Dios». Mientras la escribía estaba deprimida, pero era algo que sentía que tenía que hacer, aunque ya me consideraba demasiado instruida para creer en Dios.

En la universidad, mucho de lo que aprendí de los profesores no tenía decididamente nada que ver con el plan de estudios. Abandoné la carrera para cultivar verduras, pero no recuerdo haber cultivado jamás ninguna. Hay muchas cosas de aquellos años que no puedo recordar. Como muchísima gente en aquella época –a finales de los sesenta y principios de los setenta–, yo era bastante descontrolada. Me parecía que cada puerta que las normas convencionales marcaban con un «no» ocultaba el secreto de algún placer lascivo que no podía perderme. Todo lo que pareciera escandaloso, quería hacerlo. Y generalmente lo hacía.

No sabía qué hacer con mi vida, aunque recuerdo que mis padres no dejaban de rogarme que hiciera «algo». Iba de relación en relación, de trabajo en trabajo, de ciudad en ciudad, buscando algún sentimiento de identidad o algún propósito, alguna sensación de que finalmente mi vida tenía significado. Sabía que poseía talento, pero no sabía para qué. Sabía que era inteligente, pero estaba demasiado frenética para aplicar mi inteligencia a mis propias circunstancias. Me puse varias veces en terapia, pero no me influyó mucho. Me iba hundiendo cada vez más en mis propias pautas neuróticas, buscando alivio en la comida, en las drogas, en la gente o en cualquier cosa que pudiera encontrar para apartarme de mí misma. Siempre estaba tratando de hacer que en mi vida sucediera algo, pero no sucedía nada demasiado importante, a no ser el drama que yo creaba alrededor de las cosas que no sucedían.

Durante aquellos años tuve un enorme nudo instalado en la boca del estómago, y aquello empeoraba con cada etapa que iba pasando. A medida que se intensificaba mi dolor, lo mismo pasaba con mi interés por la filosofía: oriental, occidental, académica, esotérica, Kierkegaard, el I Ching, el existencialismo, la teología radical cristiana de la muerte de Dios, el budismo y otras. Siempre había percibido algún misterioso orden cósmico en las cosas, pero jamás había podido aplicarlo a mi propia vida.

Un día que estábamos sentados fumando marihuana, mi hermano me dijo que todo el mundo creía que yo era rara.

—Es como si tuvieras alguna especie de virus —me explicó.

Recuerdo haber pensado que en aquel momento iba a salir disparada de mi cuerpo. Sentí que no pertenecía a este mundo. Con frecuencia había tenido la sensación de que la vida era una especie de club privado cuya contraseña habían dado a todo el mundo excepto a mí. Y aquel era uno de esos momentos. Sentía que los demás conocían un secreto que yo no sabía, pero no quería preguntarles por él para que no supieran que no lo sabía.

A mis veintitantos años, estaba en una confusión total.

Creía que los demás también se morían por dentro, igual que yo, pero que no podían o no querían hablar de ello. Seguía pensando que había algo muy importante de lo que nadie hablaba. Tampoco yo tenía palabras para explicarlo, pero estaba segura de que en el mundo había algo fundamental que no funcionaba. ¿Cómo era posible que todos pensaran que en ese juego estúpido de «triunfar en la vida» —que a mí en realidad me avergonzaba, y al que no sabía jugar– pudiera consistir todo el sentido del hecho de estar aquí?

Un día del año 1977, en Nueva York, vi en casa de alguien una serie de libros azules con letras doradas. Eché un vistazo a la introducción y leí:

> *«Este es un curso de milagros. Es un curso obligatorio. Solo el momento en que decides tomarlo es voluntario. Tener libre albedrío no quiere decir que tú mismo puedas establecer el plan de estudios. Significa únicamente que puedes elegir lo que quieres aprender en cualquier momento dado. Este curso no pretende enseñar el significado del amor, pues eso está más allá de lo que se puede enseñar. Pretende, no obstante, despejar los obstáculos que impiden experimentar la presencia del amor, el cual es tu herencia natural».*

Recuerdo haber pensado que eso sonaba bastante misterioso, por no decir arrogante. Sin embargo, continué leyendo, y entonces me di cuenta de que la terminología de los libros era cristiana. Eso me puso nerviosa. Aunque en la escuela había estudiado teología cristiana, la había mantenido a una distancia intelectual. Ahora sentía la amenaza de un significado más personal. Volví a dejar los libros sobre la mesa.

Fue necesario un año más para que volviera a ellos...; un año más, y un año más de sufrimiento. Entonces estuve lista. Esa vez estaba tan deprimida que ni siquiera me fijé en el lenguaje. Esa vez supe inmediatamente que el Curso tenía algo muy importante que enseñarme. Usaba los términos cristianos tradicionales, pero en sentidos decididamente no tradicionales, no religiosos. Me impresionó, como le ocurre a la mayoría de la gente, la profunda autoridad de su voz. Me respondía preguntas que yo había empezado a considerar sin respuesta. Hablaba de Dios en una brillante terminología psicológica, poniendo a prueba mi inteligencia sin insultarla jamás. Suena un poco a frase hecha lo que voy a decir, pero me sentí como si hubiera llegado a buen puerto.

Parecía que el Curso tuviera un mensaje básico: «Relájate». Aquello me confundió, porque siempre había asociado relajación con resignación. Había esperado que alguien me explicara cómo librar la batalla, o que la librara por mí, y ahora este libro me sugería que renunciara por completo a la batalla. Me quedé sorprendida, y al mismo tiempo aliviada. Desde hacía mucho tiempo, sospechaba que yo no estaba hecha para el combate mundano.

Para mí, *Un Curso de Milagros* no fue simplemente una lectura más. Fue mi maestro personal, mi senda de salida del infierno. Cuando empecé a leerlo y a hacer los ejercicios que proponía, sentí casi inmediatamente que dentro de mí se producían cambios positivos. Me sentía feliz. Sentía que empezaba a calmarme. Comencé a entenderme a mí misma, a tener algún atisbo de por qué mis relaciones habían sido tan dolorosas, por qué nunca podía continuar con nada, por qué aborrecía mi cuerpo. Y, lo más importante, comencé a tener cierta sensación de que podría cambiar. Al estudiar el Curso se desataron en mi interior enormes cantidades de energía y esperanza, de una energía que día tras día se había ido volviendo más y más autodestructiva.

El Curso, distribuido en tres libros, es un programa autodidáctico de psicoterapia espiritual, y no pretende tener el monopolio de Dios. Habla de temas espirituales universales. No hay más que una única verdad, expresada de diferentes maneras, y el Curso solo es una de las muchas sendas que conducen a la verdad. Sin embargo, si es la tuya, lo sabrás. Para mí, fue una experiencia decisiva, intelectual, emocional y psicológicamente. Me liberó de un terrible dolor emocional.

Yo deseaba aquella «conciencia de la presencia del amor» de la que me había hablado, y durante los cinco años siguientes me dediqué apasionadamente a estudiar el Curso. En 1983 empecé a compartir lo que interpretaba de mis lecturas del Curso con un pequeño grupo de personas en Los Ángeles. El grupo empezó a crecer. Desde entonces, el auditorio de mis conferencias ha ido en aumento, tanto en los Estados Unidos como en el extranjero. He tenido la oportunidad de constatar la importancia que tiene este material para personas del mundo entero.

Volver al amor se basa en lo que he aprendido en *Un Curso de Milagros*. En este libro hablo de algunos de sus principios básicos tal como yo los entiendo, y los relaciono con los problemas con que nos solemos encontrar todos en nuestra vida cotidiana.

Volver al amor se refiere a la práctica del amor como fuerza y no como debilidad, como cotidiana respuesta a las dificultades que afrontamos. ¿De qué manera puede ser el amor una solución práctica? Este libro está concebido para que constituya una guía de la milagrosa aplicación del amor como un bálsamo para todas las heridas. Ya sea que nuestro dolor psíquico se dé en el ámbito de las relaciones, de la salud, del trabajo o en cualquier otro dominio, el amor es una fuerza poderosa, la curación, la Respuesta.

Los norteamericanos no nos lucimos mucho en filosofía, pero sí en acción, una vez que entendemos la razón para actuar. A medida que empecemos a comprender con mayor profundidad por qué el amor es un elemento tan necesario para sanar al mundo, se producirá un cambio interior y exterior en la forma en que vivimos.

Ruego para que este libro pueda ayudar a alguien. Lo he escrito con el corazón abierto, y espero que lo leáis con la mente abierta.

Marianne Williamson
Los Ángeles, California

INTRODUCCIÓN

Cuando nacimos, estábamos perfectamente programados. Teníamos una tendencia natural a concentrarnos en el amor. Nuestra imaginación era creativa y floreciente, y sabíamos usarla. Estábamos conectados con un mundo mucho más rico que el mundo con que ahora nos conectamos, un mundo lleno de hechizo y del sentimiento de lo milagroso.

¿Qué nos pasó, entonces? ¿Por qué, cuando llegamos a cierta edad y miramos a nuestro alrededor, el hechizo había desaparecido?

Porque nos enseñaron a concentrarnos en otras cosas. Nos enseñaron a pensar de forma antinatural. Nos enseñaron una pésima filosofía, una manera de mirar el mundo que está en contradicción con lo que somos.

Nos enseñaron a pensar en la competición, la lucha, la enfermedad, los recursos finitos, la limitación, la maldad, la culpa, la muerte, la escasez y la pérdida. Y, como empezamos a pensar en estas cosas, empezamos a conocerlas. Nos enseñaron que sacar buenas notas, ser buenos, tener dinero y hacerlo todo como es debido son cosas más importantes que el amor. Nos enseñaron que estamos separados de los demás, que tenemos que competir para salir adelante, que tal como somos no valemos lo suficiente. Nos enseñaron a ver el mundo tal como lo veían «ellos». Es como si inmediatamente después de haber llegado aquí nos hubieran dado una píldora para dormir. El pensamiento del mundo, que no se basa en el amor, empezó a retumbarnos en los oídos en el mismo momento en que desembarcamos en esta costa.

El amor es aquello con lo que nacimos. El miedo es lo que hemos aprendido aquí. El viaje espiritual es la renuncia al miedo y la nueva aceptación del amor en nuestro corazón. El amor es el hecho existencial esencial. Es nuestra realidad última y nuestro propósito sobre la Tierra. Tener plena conciencia de él, tener la vivencia del amor en nosotros y en los demás, es el sentido de la vida.

El sentido, el significado, no está en las cosas. Está en nosotros. Cuando asignamos valor a cosas que no son amor –al dinero, al coche, a la casa, al prestigio– damos amor a algo que no nos lo puede devolver, buscamos significado en lo que no lo tiene. El dinero, en sí mismo, no significa nada. Las cosas materiales, en sí mismas, no significan nada. No es que sean malas: es que no son nada.

Hemos venido aquí para crear junto con Dios, extendiendo el amor. Una vida que se pasa pendiente de cualquier otro propósito no tiene sentido, es contraria a nuestra naturaleza y finalmente nos hace sufrir. Es como si hubiéramos estado perdidos en un oscuro universo paralelo donde se ama más a las cosas que a las personas. Sobrevaloramos lo que percibimos con nuestros sentidos físicos e infravaloramos lo que, en nuestro corazón, sabemos que es verdad.

Al amor no se lo ve con los ojos ni se lo oye con los oídos. Los sentidos físicos no pueden percibirlo; se percibe mediante otra clase de visión. Los metafísicos la llaman el Tercer Ojo, los cristianos esotéricos dicen que es la visión del Espíritu Santo, y para otros es el Yo Superior. Independientemente del nombre que se le dé, el amor exige una «visión» diferente de aquella a la que estamos acostumbrados, una forma diferente de conocer, de pensar. El amor es el conocimiento intuitivo de nuestro corazón. Es un «mundo trascendente» que secretamente anhelamos todos. Un antiguo recuerdo de este amor nos persigue continuamente, pidiéndonos por señas que regresemos.

El amor no es material. Es energía. Es el sentimiento que hay en una habitación, en una situación, en una persona. El dinero no puede comprarlo. El contacto sexual no lo garantiza. No tiene absolutamente nada que ver con el mundo físico, pero, a pesar de ello, puede expresarse. La experiencia que de él tenemos es la de la bondad, la entrega, el perdón, la compasión, la paz, el júbilo, la aceptación, la negativa a juzgar, la unión y la intimidad.

El miedo es la falta de amor que todos compartimos, nuestros infiernos individuales y colectivos. Es un mundo que sentimos que nos presiona desde adentro y desde afuera, dando constantemente falso testimonio de la insensatez del amor. El miedo se expresa bajo diferentes formas: cólera, malos tratos, enfermedad, dolor, codicia, adicción, egoísmo, obsesión, corrupción, violencia y guerra.

El amor está dentro de nosotros. Es indestructible; solo se puede ocultar. El mundo que conocíamos de niños sigue aún sepultado en nuestra mente. Una vez leí un libro delicioso,

Las nieblas de Avalon. Las nieblas de Avalon son una alusión mítica a las leyendas del rey Arturo. Avalon es una isla mágica que permanece oculta tras unas tupidas e impenetrables nieblas. A menos que se desvanezcan, no hay manera de que un barco se abra paso hasta la isla, y solo se desvanecen cuando uno cree que la isla está allí.

Avalon simboliza un mundo que está más allá del mundo que percibimos con los sentidos físicos. Representa un sentimiento milagroso de las cosas, el ámbito encantado que conocíamos de niños. Nuestro yo infantil es el nivel más profundo de nuestro ser. Es aquel o aquella que realmente somos, y lo que es real no desaparece. La verdad no deja de serlo simplemente porque no estemos mirándola. El amor solo puede quedar oculto tras las nubes o las nieblas mentales.

Avalon es el mundo que conocíamos cuando todavía estábamos conectados con nuestra ternura, nuestra inocencia, nuestro espíritu. En realidad es el mismo mundo que vemos ahora, pero configurado por el amor, interpretado con ternura, fe y esperanza, y con un sentimiento de admiración y de asombro. Es fácil de recuperar, porque la percepción es una opción. Las nieblas se desvanecen cuando creemos que detrás de ellas está Avalon.

Y en eso consiste un milagro: en la desaparición de las nieblas, en un cambio de la percepción, en un retorno al amor.

PRIMERA PARTE

Los principios

Los textos citados directamente de A Course in Miracles (Un Curso de Milagros) *se han colocado entre comillas angulares. Las citas que aparecen entre comillas altas son interpretaciones parafraseadas de dicha obra. Para una lista completa de las citas de* A Course in Miracles, *véanse las págs. 309-317.*

1

EL INFIERNO

«El infierno no tiene cabida en un mundo cuya hermosura puede todavía llegar a ser tan deslumbrante y abarcadora que solo un paso la separa del Cielo».

La oscuridad

«Tu viaje hacia la oscuridad ha sido largo y penoso, y te has adentrado muy profundamente en ella».

Lo que sucedió con mi generación fue que nunca crecimos. El problema no es que estemos perdidos o seamos apáticos, narcisistas o materialistas. El problema es que nos sentimos aterrados.

Muchos sabemos que tenemos lo que se necesita: la presencia, la educación, el talento, las credenciales... Pero en ciertos dominios estamos paralizados. No nos detiene algo de afuera, sino algo de adentro. Nuestra opresión es interna. No nos refrena el gobierno, ni el hambre ni la pobreza. No tenemos miedo de que nos envíen a Siberia. Tenemos miedo, y punto. Un miedo difuso. Tenemos miedo de que nuestra relación de pareja no sea la que necesitamos, o de que sí lo sea. Tenemos miedo de no gustar a los demás o de gustarles. Tenemos miedo del fracaso o del éxito. Tenemos miedo de morirnos jóvenes y también de envejecer. Tenemos más miedo de la vida que de la muerte.

Se diría que habríamos de sentir cierta compasión por nosotros mismos, inmovilizados como estamos por cadenas emocionales, pero no es así. Solo nos sentimos avergonzados de nosotros mismos porque pensamos que a estas alturas deberíamos ser mejores. A veces cometemos el error de creer que los demás no tienen tanto miedo como nosotros, y eso solo sirve para asustarnos más. Quizás ellos sepan algo que nosotros no sabemos. Tal vez nos falte algún cromosoma.

En nuestros días está de moda culpar prácticamente de todo a los padres. Pensamos que por su culpa tenemos tan poca autoestima. Si ellos hubieran sido diferentes, estaríamos rebosantes de amor por nosotros mismos. Pero, si te fijas bien en la forma en que te trataban tus padres, verás que –salvo casos extremos– cualquier maltrato que hayas recibido en el pasado por su parte era leve si lo comparas con la forma en que te maltratas tú hoy. Es verdad que quizá tu madre te haya dicho muchas veces:

–Jamás serás capaz de hacer eso.

Pero lo que tú te dices ahora es:

–Eres idiota. Nunca haces nada bien. La cagaste. Te odio.

Quizás ellos nos hayan tratado mal, pero nosotros somos crueles.

Nuestra generación se ha hundido en un autoaborrecimiento apenas disimulado. Y siempre, desesperadamente incluso, estamos buscando una salida, ya sea por la vía del crecimiento o por la de la huida. Tal vez con este diploma lo consigamos, o con este trabajo, este seminario, este terapeuta, esta relación, esta dieta o este proyecto. Pero con demasiada frecuencia la medicina no llega a curarnos, y las cadenas se hacen cada vez más gruesas y estrechas. Los mismos seriales se repiten con diferentes personas en diferentes ciudades. Empezamos a darnos cuenta de que el problema somos, de alguna manera, nosotros mismos, pero no sabemos qué hacer con ese descubrimiento. No tenemos suficiente poder para frenarnos. Todo lo saboteamos, todo lo abortamos: nuestra carrera, nuestras relaciones, hasta nuestros hijos. Bebemos, nos drogamos, controlamos, nos obsesionamos, codependemos, comemos en exceso, nos escondemos, atacamos... La forma no viene al caso. Somos capaces de encontrar un montón de maneras diferentes de expresar hasta qué punto nos odiamos.

Pero sin duda lo expresaremos. La energía emocional tiene que ir a alguna parte, y el autoaborrecimiento es una emoción poderosa. Si se vuelve hacia adentro, se convierte en nuestros infiernos personales: adicciones, obsesiones, compulsiones, depresión, relaciones violentas, enfermedades... Proyectado hacia afuera, se convierte en nuestros infiernos colectivos: la violencia, la guerra, el crimen, la opresión... Pero todo es lo mismo: el infierno también tiene muchas mansiones.

Recuerdo, hace años, haber tenido una imagen mental que me asustó terriblemente. Veía a una niña, dulce e inocente, que llevaba un delantal blanco de organdí, acorralada contra la pared, gritando desesperadamente. Una mujer maligna e histérica le atravesaba repetidas veces el corazón con un cuchillo. Yo sospechaba que era ambos personajes, que los dos vivían como fuerzas psíquicas dentro de mí. A medida que pasaban los años, iba sintiendo cada vez más miedo de aquella mujer del cuchillo. Era algo activo dentro de mí. Escapaba totalmente de mi control, y yo tenía la sensación de que quería matarme.

Cuando estaba más desesperada, busqué un montón de maneras de salir de mi infierno personal. Leí libros sobre la forma en que la mente crea nuestra experiencia, sobre cómo el cerebro es una especie de ordenador biológico que elabora cualquier información que introduzcamos en él con nuestros pensamientos. «Piensa en el éxito y lo alcanzarás», «Si esperas fracasar lo conseguirás», leía. Pero, por más que me esforzaba en cambiar mis pensamientos, seguía volviendo a los que más me dolían. Se produjeron avances pasajeros: me esforzaba por tener una actitud más positiva, por recuperarme y conocer a otro hombre o conseguir un nuevo trabajo. Pero volvía siempre a la pauta familiar de traicionarme a mí misma. Finalmente me portaba de una manera odiosa con el hombre o saboteaba el trabajo. Perdía cinco kilos y los recuperaba rápidamente, aterrorizada por la sensación de parecer atractiva. Lo único que me asustaba más que no llamar la atención de los hombres era provocarla en exceso. El surco del sabotaje era profundo, y su funcionamiento automático. Es cierto que podía cambiar mis pensamientos, pero no de forma permanente. Y no hay más que una variante de desesperación peor que «Cielos, metí la pata», y es «Cielos, la volví a meter».

Mis pensamientos dolorosos eran mis demonios, y los demonios son insidiosos. Por mediación de diversas técnicas terapéuticas llegué a estar muy al tanto de mis propias neurosis, pero eso no necesariamente las exorcizaba. La basura no se iba; simplemente se refinaba. A veces le explicaba a alguien cuáles eran mis puntos débiles, y usaba un lenguaje tan consciente que sin duda esa persona debía pensar que evidentemente yo me conocía muy bien y que jamás volvería a hacer aquello.

Pero sí que lo hacía. Reconocer mis debilidades no era más que una manera de desviar la atención. Y entonces perdía los estribos y me comportaba de una manera atroz y escandalosa con tal rapidez y naturalidad que nadie, y yo menos que nadie, podía hacer nada para detenerme antes de haber arruinado por completo una situación. Decía exactamente las palabras que harían que mi pareja me abandonara, o me diera una bofetada, o las precisas para que me despidieran del trabajo, o algo peor. En aquel entonces jamás se me ocurrió pedir un milagro.

Aunque, en realidad, no habría sabido qué era un milagro, ya que los ponía en la categoría de la basura seudomístico-religiosa. No sabía, hasta que leí *Un Curso de Milagros*, que es razonable pedir un milagro. No sabía que no es más que un cambio en la manera de percibir.

Una vez estuve en una reunión de personas que seguían un programa de 12 Pasos y le pedían a Dios que las librara del deseo de beber. Yo nunca había tenido ningún comportamiento adictivo en particular. Lo que me estaba haciendo polvo no era el alcohol, ni tampoco otras drogas; era mi personalidad en general, esa mujer histérica que llevaba dentro. Para mí, mi negatividad era tan destructiva como el alcohol para el alcohólico. Cuando se trataba de encontrarme yo misma la yugular, era una artista. Era como si fuera adicta a mi propio dolor. ¿Podía pedirle a Dios que me ayudara con aquello? Se me ocurrió que, lo mismo que con cualquier otro comportamiento adictivo, quizás un poder mayor que yo misma podría cambiar completamente las cosas, algo que no habían podido hacer ni mi intelecto ni mi fuerza de voluntad. Entender lo que había sucedido cuando tenía tres años no había sido suficiente para liberarme. Los problemas que yo pensaba que finalmente desaparecerían seguían empeorando año tras año. No había evolucionado emocionalmente tal como debería haberlo hecho, y lo sabía. Era como si hubiera habido un cortocircuito en algún profundo lugar de mi cerebro. Como muchas otras personas de mi generación y mi cultura, había perdido el rumbo hacía muchos años y, en ciertos sentidos, simplemente nunca llegué a crecer. Hemos tenido la posadolescencia más larga de la historia. Como víctimas de una parálisis emocional, necesitamos retroceder unos pocos pasos para seguir avanzando. Necesitamos que alguien nos enseñe los elementos básicos.

En cuanto a mí, me metiera donde me metiera, siempre había pensado que podía arreglármelas sola para salir del lío. Era lo bastante guapa, o lo bastante lista, o tenía suficiente talento o inteligencia... y si nada de eso me servía, podía llamar a mi padre para pedirle dinero. Pero finalmente me metí en tantos líos que comprendí que necesitaba más ayuda de la que yo sola podía conseguir. En las reuniones de los programas de 12 Pasos seguía oyendo decir que un poder más grande que yo podía hacer por mí lo que yo no podía hacer sola. No me quedaba nada más que hacer ni nadie más a quien llamar. Finalmente, el miedo llegó a ser tan grande que ya no me sentí demasiado moderna para decir: «Dios, por favor, ayúdame».

La luz

«La luz está en ti».

De modo que pasé por ese momento espectacular y grandioso en que invité a Dios a mi vida. Al principio era aterrador, pero me fui acostumbrando a la idea.

Después de aquello, en realidad, nada fue como yo esperaba que fuese. Había pensado que las cosas mejorarían, algo así como si mi vida fuera una casa y yo creyera que Dios le daría una estupenda mano de pintura... y quizá le cambiara los postigos, le construyera un bonito pórtico y le pusiera un tejado nuevo. En cambio, tan pronto como entregué la casa a Dios, sentí que Él me la derribaba de un solo golpe, como si me estuviera diciendo:

—Lo siento, cariño, pero los cimientos estaban agrietados, y no hablemos de las ratas que había en el dormitorio. Me pareció mejor empezar todo de nuevo.

Yo había leído sobre personas que, tras entregarse a Dios, sentían una profunda sensación de paz que descendía como un manto sobre sus hombros. Y ese sentimiento lo tuve, pero apenas durante un minuto y medio. Después me sentí simplemente como si me hubieran atropellado. Eso no me hizo desconectarme de Dios, sino más bien respetar Su inteligencia. Aquello implicaba que Él entendía la situación mejor de lo que yo habría esperado. Si yo fuera Dios, también me habría atropellado. Me sentí más agradecida que resentida. Necesitaba desesperadamente ayuda.

Generalmente se precisa llegar a una cierta desesperación antes de estar preparado para Dios. Cuando llegó el momento de la entrega espiritual, yo no me lo tomé en serio, realmente en serio, hasta que no estuve completamente de rodillas. Había llegado a tal nivel de confusión que nada ni nadie podría haber hecho que Marianne volviese a funcionar. La histérica que yo llevaba dentro era presa de una rabia maníaca, y la niña inocente estaba de espaldas contra la pared. Me hundí. Atravesé la frontera entre estar sufriendo pero seguir siendo capaz de funcionar normalmente y estar sentada en un rincón del jardín de un psiquiátrico. Fui presa de lo que se suele llamar un colapso nervioso.

Los colapsos nerviosos constituyen un método de transformación espiritual sumamente menospreciado. Es indudable que su función es llamarnos la atención. Sé de personas que año tras año tienen pequeños colapsos, y cada vez se detienen justo antes de que la experiencia haga impacto en pleno centro. Creo que yo tuve suerte al haber experimentado de un solo golpe la vivencia completa. Lo que aprendí entonces no lo olvidaré. La experiencia fue dolorosa, pero ahora la veo como un paso importante y necesario en mi avance decisivo hacia una vida más feliz.

Entre otras cosas, sentí una profunda humildad. Vi con muchísima claridad que «yo, por mí misma, no soy nada». Mientras no te pasa esto, sigues probando todas tus viejas tretas, las que nunca te resultaron pero que sigues pensando que quizás esta vez funcionen. Cuando te has hartado y ya no puedes seguir con lo mismo, consideras la posibilidad de que haya un camino mejor. Entonces la cabeza se te abre y Dios puede entrar.

Durante aquellos años me sentía como si el cráneo me hubiera estallado, como si se hubiera desparramado en miles de pedacitos por el exterior. Después, muy lentamente, empezaron a reunirse de nuevo. Pero, mientras mi cerebro estaba así al desnudo, fue como si le renovaran los cables, como si me hubieran sometido a alguna especie de cirugía psíquica. Sentí que me había convertido en un ser diferente.

Son más las personas que han sentido, de alguna manera, que les estallaba la cabeza que las que se han animado a admitirlo ante sus amigos. Hoy por hoy, no es un fenómeno excepcional. Actualmente, la gente choca contra las paredes... social, biológica, psicológica y emocionalmente. Pero esto no es una mala noticia; en cierto sentido, es algo bueno. Mientras no terminas por caer de rodillas, apenas si estás jugando a la vida, y en cierto nivel sientes miedo, porque sabes que apenas si estás jugando. El momento de la entrega no es cuando se acaba la vida. Es cuando comienza.

No es que ese momento de eureka que es el clamar a Dios lo sea todo, y que en lo sucesivo uno se encuentre en el Paraíso. Simplemente, has empezado la ascensión. Pero ahora sabes que ya no estás corriendo en círculos al pie de la montaña, sin llegar nunca realmente a ninguna parte, soñando con la cumbre y sin la menor idea de cómo llegar a ella. Para muchas personas, las cosas tienen que ponerse muy mal antes de que haya un cambio. Cuando realmente tocas fondo, entonces llega el júbilo de la liberación, y reconoces que en el universo hay un poder más grande que tú, que puede hacer por ti lo que tú no puedes hacer. Y súbitamente te parece que, al fin y al cabo, es una excelente idea.

Qué ironía. Te pasas la vida entera resistiéndote a la idea de que allí afuera haya alguien más listo que tú, y entonces, de pronto, sientes un gran alivio al saber que es verdad. De pronto, ya no tienes demasiado orgullo para pedir ayuda.

Eso es lo que significa entregarse a Dios.

2

DIOS

«Tú estás en Dios».

Dios es la roca

«No hay tiempo, lugar ni estado
del que Dios esté ausente».

En mi vida ha habido ocasiones (y es algo que todavía hoy me sucede, aunque ahora son más la excepción que la regla) en que me he sentido como si la tristeza fuera a abrumarme: algo no resultaba como yo quería, o tenía algún conflicto con alguien, o me asustaba lo que podía pasar o no en el futuro. En momentos así la vida puede ser muy dolorosa, y la mente inicia una interminable búsqueda de cosas que nos hagan sentir mejor o que cambien la situación.

Lo que aprendí de *Un Curso de Milagros* es que el cambio que estamos buscando lo llevamos dentro. Los acontecimientos fluyen sin parar. Un día te aman; al día siguiente hacen de ti su blanco. Un día una situación va sobre ruedas; al siguiente es el reino del caos. Un día sientes que eres una persona estupenda, y al siguiente te sientes un total fracaso. Estos vaivenes siempre sucederán en la vida; forman parte de la experiencia humana. Lo que puede cambiar, sin embargo, es nuestra manera de percibirlos. Y ese cambio en nuestra percepción es el significado de los milagros.

En la Biblia, Jesús dice que podemos construir nuestra casa sobre arena o sobre roca. Si la edificamos sobre arena, los vientos y la lluvia pueden desmoronarla. Si la construimos sobre roca, nuestra casa será recia y fuerte y las tormentas no podrán destruirla.

Nuestra casa es nuestra estabilidad emocional. Si la levantamos sobre arena, eso significa que nuestra sensación de bienestar se basa en cosas pasajeras y estados de ánimo fugaces. Una llamada telefónica nos decepciona y nos desmoronamos; una tormenta, y nuestro hogar se nos viene abajo. Si la casa está construida sobre roca, eso significa que no somos tan vulnerables a los dramas de la vida. Nuestra estabilidad descansa sobre algo más perdurable que los acontecimientos del momento, sobre algo que es fuerte y permanente. Cuando nuestra casa está edificada sobre roca, eso significa que confiamos en Dios.

Yo jamás había caído en la cuenta de que confiar en Dios significaba confiar en el amor. Había oído decir que Dios era amor, pero jamás había comprendido qué quería decir eso exactamente.

Cuando empecé a estudiar *Un Curso de Milagros* descubrí varias cosas sobre Dios:

Que es el amor dentro de nosotros.

Que «ir en pos de Él», es decir, pensar con amor, depende totalmente de nosotros.

Que cuando optamos por amar, o cuando permitimos que nuestra mente se unifique con Dios, la vida es maravillosa. Cuando nos apartamos del amor, comienza el dolor.

De modo que, cuando pensamos con Dios, la vida está llena de paz. Cuando pensamos sin Él, la vida está llena de dolor. Y esa es la opción mental que hacemos en cada momento de cada día.

El amor es Dios

«El amor no conquista todas las cosas,
pero sí las pone en su debido lugar».

El amor, si se toma seriamente, es un punto de vista radical, una importante desviación de la orientación psicológica que rige el mundo. Es amenazador no porque sea una idea pequeña, sino porque es tan enorme.

Para muchas personas, Dios es una idea aterradora. Pedirle ayuda no parece un gran consuelo si pensamos que es algo externo a nosotros, o que es caprichoso, o que nos juzga. Pero Dios es amor, y habita dentro de nosotros. Fuimos creados a Su imagen, o mente, lo que significa que somos extensiones de Su amor, o hijos de Dios. El Curso afirma que tenemos un «problema de autoridad». Pensamos que somos los autores de

Dios, en vez de darnos cuenta de que Él es nuestro autor. En vez de aceptar que somos los seres de amor que Él creó, hemos pensado con arrogancia que éramos capaces de crearnos a nosotros mismos y después crear a Dios. Nos hemos hecho un Dios a nuestra imagen. Como nosotros somos coléricos o juzgamos, le hemos proyectado a Él esas características. Pero Dios sigue siendo quien es, y siempre será la energía, el pensamiento del amor incondicional. Él no puede pensar con cólera ni juzgar. Es la misericordia, la compasión y la aceptación total. Pero nos olvidamos de ello, y después nos olvidamos de quiénes somos nosotros mismos.

De repente empecé a darme cuenta de que tomarme el amor en serio significaría una transformación completa de mi pensamiento. *Un Curso de Milagros* se autodenomina "un entrenamiento mental" para renunciar a un sistema de pensamiento basado en el miedo y aceptar en cambio un sistema de pensamiento basado en el amor. Ahora, más de una década después de haber empezado a estudiar *Un Curso de Milagros*, no puedo decir que mi mente sea un ejemplo de percepción sagrada. Ciertamente, no pretenderé que siempre consigo tener una visión desde el amor de todas las situaciones de mi vida, al menos no inmediatamente. Sin embargo, una cosa que tengo muy clara es que, cuando lo consigo, mi vida funciona maravillosamente bien. Y, en el caso contrario, las cosas se me atascan.

Entregarse a Dios significa entregarse al amor. Esta es una visión muy difícil de alcanzar cuando se cree que la entrega es algo que se hace cuando se ha perdido la guerra. La entrega es pasiva, y por ello pensamos que es una debilidad. Pero en un sentido espiritual la pasividad es fortaleza, es la única manera de equilibrar nuestra agresividad. La agresividad no es mala; en muchos sentidos, es nuestra creatividad. Pero la mente que está separada de Dios se olvida de consultar con el amor antes de salir al mundo. La función de la mente es tener la vivencia del amor, sin la cual no podemos actuar con sabiduría. Sin amor, nuestra actividad será histérica.

Entregarse a Dios significa relajarse y amar, sin más. Al afirmar que el amor es nuestra prioridad en una situación, realizamos el poder de Dios. Esto no es una metáfora; es la realidad. Literalmente usamos nuestra mente para crear junto con Él. Mediante una decisión mental –el reconocimiento consciente de la importancia del amor y de nuestra disposición a experimentarlo– «invocamos a un poder superior». Dejamos a un lado nuestras pautas mentales normales, regidas por el hábito, y las reemplazamos por un modo de percepción diferente, más benévolo. Eso es lo que significa dejar que un poder mayor que nosotros dirija nuestra vida.

Una vez llegados al punto donde nos damos cuenta de que Dios es amor, no es demasiado difícil entender que seguirle no significa otra cosa que seguir los dictados del amor. El obstáculo con que nos enfrentamos ahora es la cuestión de si es prudente o no seguir al amor. La pregunta ya no es «¿Qué es Dios?», sino «¿Qué es el amor?».

El amor es energía. Tal vez no lo podamos percibir con nuestros sentidos físicos, pero generalmente la gente puede decir cuándo lo siente y cuándo no. Son muy pocas las personas que sienten suficiente amor en su vida. El mundo se ha convertido en un lugar bastante falto de amor. Ni siquiera podemos imaginarnos un mundo donde todos nos amáramos siempre los unos a los otros. No habría guerras porque no nos pelearíamos. No habría hambre porque nos alimentaríamos los unos a los otros. No existiría el desastre ambiental porque nos amaríamos demasiado para destruirnos, a nosotros mismos, a nuestros hijos y a nuestro planeta. No habría prejuicios, opresión ni violencia de ninguna clase. No habría dolor. Solamente habría paz.

La mayoría de nosotros somos personas violentas, no necesariamente en el sentido físico, sino en el emocional. Nos han educado en un mundo que no pone el amor por delante; y donde el amor está ausente, se instala el miedo. El miedo es al amor lo que la oscuridad es a la luz. Es una ausencia terrible de aquello que necesitamos para sobrevivir. El miedo es la raíz de todo mal. Es el problema del mundo.

Cuando los bebés no reciben caricias, pueden volverse autistas, e incluso se pueden morir. Se acepta que los niños necesitan amor; pero ¿a qué edad se supone que dejamos de necesitarlo? Nunca. Necesitamos amor para vivir felices, tanto como necesitamos oxígeno para sobrevivir. Sin amor, la verdad es que el mundo no es un gran lugar donde vivir.

Solo el amor es real

«Dios no es el autor del miedo.
El autor del miedo eres tú».

De modo que el problema con el mundo es que nos hemos apartado de Dios, o nos hemos alejado del amor. De acuerdo con *Un Curso de Milagros*, esta separación de Dios se dio hace millones de años. Pero la revelación importante, lo esencial del Curso, es que en realidad no sucedió jamás.

En la introducción de *Un Curso de Milagros* se dice:

> *«Este curso puede, por lo tanto, resumirse muy simplemente de la siguiente manera:*
> *Nada real puede ser amenazado.*
> *Nada irreal existe».*

Lo que esto significa es:

1. El amor es real. Es una creación eterna y nada puede destruirla.
2. Todo lo que no sea amor es ilusorio.
3. Recuérdalo, y alcanzarás la paz.

Mantengo que *Un Curso de Milagros* afirma que solo el amor es real: «Lo opuesto al amor es el miedo, pero aquello que todo lo abarca no puede tener opuestos». Cuando pensamos con amor, estamos literalmente creando junto con Dios. Y cuando no pensamos con amor, puesto que solo el amor es real, entonces, de hecho, no estamos ni siquiera pensando. Estamos alucinando. Y eso es lo que es este mundo: una alucinación en masa, donde el miedo parece más real que el amor. El miedo es una ilusión, un delirio. Nuestra locura, nuestra paranoia, nuestra angustia y nuestros traumas son imaginarios. Esto no quiere decir que no existan para nosotros en cuanto seres humanos, y es necesario exponerlos a la luz para poder liberarnos de ellos. Pero no reemplazan al amor que hay dentro de nosotros. Son, literalmente, una pesadilla. Es como si la mente se hubiera escindido en dos partes, una de las cuales sigue estando en contacto con el amor, mientras que la otra vira hacia el miedo. El miedo produce una especie de universo paralelo donde lo irreal parece más real que lo real.

En *Un Curso de Milagros* se define el pecado como una "percepción desprovista de amor". La manera de escaparse del temor es haciendo que la mente adopte una actitud receptiva al amor. El amor expulsa el miedo de la misma manera que la luz expulsa la oscuridad. El pasaje del miedo al amor es un milagro. No es que organice las cosas en el plano terrestre; se dirige a la auténtica fuente de nuestros problemas, que está siempre en el nivel de la conciencia.

Los pensamientos son como programas en un ordenador, y aparecen en la pantalla de tu vida. Si no te gusta lo que ves en la pantalla, de nada sirve que te dirijas hacia ella para borrarla. El pensamiento es Causa, la experiencia es Efecto. Si no te gustan los efectos que encuentras en tu vida, tienes que cambiar la naturaleza de tu pensamiento.

El amor en la mente produce el amor en la vida. Este es el significado del Cielo.

El miedo en la mente produce el miedo en la vida. Este es el significado del infierno.

Nuestros problemas mundanos no son, en realidad, más que síntomas del verdadero problema, que es siempre una falta de amor. El milagro, un cambio desde el miedo al amor, funciona en un plano invisible. Transforma el mundo en el nivel causal. Cualquier otra cosa no es más que un paliativo temporal, un remiendo pero no una sanación; un tratamiento del síntoma pero no una curación.

«Dios, por favor, ayúdame» significa «Dios, corrige mi pensamiento». «Líbrame del infierno» significa «Líbrame de mis insensatos pensamientos». Dios no violará la ley de Causa y

Efecto, que es la ley más básica de la conciencia y fue establecida para nuestra protección. Mientras tratemos a los demás como queremos que nos traten a nosotros, estaremos a salvo.

Adán y Eva fueron felices hasta que «comieron del árbol de conocer el bien y el mal». Lo que esto significa es que todo era perfecto hasta que empezaron a juzgar, a mantener el corazón abierto a veces, pero cerrado otras. «Te amo si haces esto, pero no si haces aquello». Cerrar el corazón destruye la paz interior. Es ajeno a nuestra verdadera naturaleza. Nos pervierte y nos convierte en personas distintas de las que habríamos debido ser.

Freud definió la neurosis como el hecho de alejarse del Yo, y eso es. El verdadero Yo es el amor dentro de nosotros. Es el «hijo de Dios». El yo temeroso es un impostor. La vuelta al amor es el gran drama cósmico, el viaje personal desde lo ilusorio hasta el Yo, del dolor a la paz interior.

En mi caso, las cosas fueron de la siguiente manera: me metía en algún berenjenal tremendo, y entonces recordaba que lo único que necesitaba era un milagro, una inyección celestial, una curación radical, y le pedía a Dios que reprogramara mi ordenador mental. Rezaba: «Dios, por favor, ayúdame. Sana mis percepciones. Sea donde fuere que mi mente se apartó del amor –si he sido controladora, manipuladora, voraz, si he tenido ambiciones egoístas y he usado de alguna manera mi cuerpo o mis recursos sin amor–, sea lo que fuere, estoy preparada para que me sanes mentalmente. Amén». Estupendo. Y entonces el universo me oía y yo conseguía mi milagro. La relación sanaba, la situación quedaba perdonada, lo que fuere.

Pero después volvía a pensar de la misma manera que me había llevado a la humillación, y a repetir la misma secuencia. Me metía en alguna catástrofe emocional, terminaba otra vez derrotada, humillada, de nuevo le pedía a Dios que me ayudara y una vez más recuperaba la cordura y la paz.

Finalmente, tras un montón de repeticiones de aquellos mismos y conflictivos guiones, terminé por decirme: «Marianne, la próxima vez que te encuentres de rodillas, ¿por qué no te quedas así?». ¿Por qué no nos quedamos simplemente en el terreno de la respuesta, en vez de regresar siempre al del problema? ¿Por qué no buscar algún nivel de conciencia donde no sigamos creándonos continuamente los mismos problemas? No nos limitemos a pedir otro trabajo, una nueva relación o un cuerpo diferente. Pidamos un mundo nuevo. Pidamos una nueva vida.

Cuando estuve completamente de rodillas, y supe lo que significa sentirse sinceramente humilde, casi esperaba escuchar la cólera de Dios. En cambio, fue como si Le oyera decirme suavemente:

—¿Podemos empezar ahora?

Hasta ese momento estuve escondiéndome de mi amor, es decir, resistiéndome a mi propia vida. El retorno al amor no es el final de la aventura de la vida. Es el verdadero comienzo, el regreso al ser que eres.

3

TÚ

«El pensamiento que Dios abriga de ti es como una estrella inmutable en un firmamento eterno».

Tu yo perfecto

«Una vez más: nada de lo que haces, piensas o deseas es necesario para establecer tu valía».

Tú eres hijo de Dios. Dios te creó en un destello cegador de creatividad, como una idea esencial Suya, cuando Él se extendió en amor. Todo lo que tú has ido añadiendo desde entonces es inútil.

Cuando preguntaron a Miguel Ángel cómo creaba una escultura, respondió que la estatua ya existía dentro del mármol. El propio Dios había creado la *Piedad*, el *David*, el *Moisés.* La función de Miguel Ángel, tal como él la veía, consistía en ir eliminando el exceso de mármol que rodeaba la creación de Dios.

Lo mismo pasa contigo. No necesitas crear tu yo perfecto, porque Dios ya lo ha creado. Tu yo perfecto es el amor que hay dentro de ti. Tu tarea consiste en permitir que el Espíritu Santo retire el pensamiento temeroso que rodea tu yo perfecto, así como un exceso de mármol rodeaba la estatua perfecta de Miguel Ángel.

Recordar que formas parte de Dios, que eres alguien amado y digno de amor, no es arrogancia. Es humildad. Arrogancia es pensar que eres cualquier otra cosa, y no una creación de Dios.

El amor es inmutable y tú, por consiguiente, también. Nada que jamás hayas hecho o puedas hacer mancillará tu perfección a los ojos de Dios. A Sus ojos eres alguien digno por lo que eres, no por lo que haces. Nada de lo que hagas ni de lo que dejes de hacer determina tu valor esencial; tu crecimiento tal vez, pero no tu valor. Por eso Dios te aprueba y te acepta totalmente, exactamente tal como eres. ¿Cómo podrías no gustarle? No te creó en el pecado; te creó en el amor.

La mente divina

«Dios mismo iluminó tu mente, y la mantiene iluminada con Su Luz, porque Su Luz es lo que tu mente es».

El psicólogo Carl Jung postuló el concepto del «inconsciente colectivo», una estructura mental innata que abarca las formas de pensamiento universales de toda la humanidad. Su idea era que, si profundizas lo suficiente en la mente humana, llegas a un nivel que todos compartimos. El Curso va un paso más allá; si profundizas lo suficiente en tu propia mente, y profundizas lo suficiente en la mía, ambos tenemos la misma mente. El concepto de una mente divina o «crística» es la idea de que en nuestro centro mismo no somos solamente idénticos, sino que somos realmente el mismo ser. «No hay más que un solo Hijo unigénito» no quiere decir que fue algún otro y nosotros no. Quiere decir que lo somos todos. Aquí no hay más que uno de nosotros.

Somos como los radios de una rueda, que irradian todos hacia afuera desde el mismo centro. Si se nos define según nuestra posición en el borde, parece que estuviéramos separados y fuéramos distintos los unos de los otros. Pero, si se nos define según nuestro punto inicial, nuestra fuente –el centro de la rueda–, somos una identidad compartida. Si profundizas lo suficiente en tu mente y en la mía, la imagen es la misma: en el fondo de todo, lo que somos es amor.

La palabra Cristo es un término psicológico. Ninguna religión tiene el monopolio de la verdad. Cristo se refiere al hilo conductor común del amor divino que es el núcleo y la esencia de cada mente humana.

El amor en uno de nosotros es el amor en todos nosotros. "No hay ningún lugar donde Dios se acabe y tú comiences", y ningún lugar donde tú termines y empiece yo. Tu mente se extiende hasta el interior de la mía y las de todos los demás. No se queda encerrada dentro de tu cuerpo.

Un Curso de Milagros nos compara con «rayos de sol» que creyeran estar separados del sol, o con olas que creyeran estar separadas del océano. Así como un rayo de sol no puede separarse del sol, y una ola no puede separarse del océano, nosotros no podemos separamos los unos de los otros. Todos formamos parte de un vasto mar de amor, de una mente divina indivisible. Esta verdad sobre nuestra identidad es inmutable; nosotros, simplemente, la olvidamos. Nos identificamos con la idea de un pequeño yo aparte, y no con la idea de una realidad que compartimos con todos.

Tú no eres quien piensas que eres. ¿No te alegras? No eres tus títulos ni tus credenciales, ni tu casa. No somos nada de eso, en absoluto. Somos seres sagrados, células individuales del cuerpo de Cristo. *Un Curso de Milagros* nos recuerda que el sol sigue brillando y el océano continúa moviéndose, sin percatarse de que una fracción de su identidad se ha olvidado de lo que es. Somos tal como Dios nos creó. Todos somos uno, somos el amor mismo. «Aceptar a Cristo» no es más que un cambio en la percepción de uno mismo. Nos despertamos del sueño de ser criaturas finitas y aisladas, y reconocemos que somos espíritus gloriosos e infinitamente creativos. "Nos despertamos del sueño de ser débiles, y aceptamos que el poder del universo está dentro de nosotros."

Yo me di cuenta hace muchos años de que debía de ser muy poderosa si podía echar a perder todo lo que tocaba, en cualquier parte a donde fuera, con una coherencia tan asombrosa. Me imaginé que tenía que haber alguna manera de aplicar más positivamente ese mismo poder mental, por entonces sumergido en la neurosis. Gran parte del trabajo de orientación psicológica que más se practica en la actualidad consiste en analizar la oscuridad con el fin de llegar a la luz, en la creencia de que si nos concentramos en nuestras neurosis –en su origen y su dinámica– llegaremos a trascenderlas. Las religiones orientales nos dicen que, si vamos en busca de

Dios, perderemos por el camino todo lo que no sea auténticamente nosotros mismos. Ve en busca de la luz y la oscuridad desaparecerá. Concentrarse en Cristo significa concentrarse en la bondad y el poder que existen, latentes, dentro de nosotros, para –invocándolos– comprenderlos y expresarlos. En la vida conseguimos aquello en que nos concentramos. La concentración continua en la oscuridad nos conduce, como individuos y como sociedad, a adentrarnos más en ella. La concentración en la luz nos adentra en la luz.

«Acepto al Cristo interior» quiere decir: «Acepto la belleza que hay dentro de mí como el ser que realmente soy. No soy mi debilidad. No soy mi cólera. No soy mi pequeñez mental. Soy mucho más, y estoy dispuesto (o dispuesta) a que me recuerden quién soy en realidad».

El ego

«El ego es literalmente un
pensamiento atemorizante».

De pequeños nos enseñaron a ser niñas y niños «buenos», lo que, por cierto, implica que todavía no lo éramos. Nos enseñaron que éramos buenos si limpiábamos nuestra habitación, o si sacábamos buenas notas. No nos enseñaron que éramos «esencialmente» buenos. No nos proporcionaron una sensación de aprobación incondicional, un sentimiento de que éramos valiosos por lo que éramos, no por lo que hacíamos. Y no es que fuéramos educados por monstruos. Nos educaron personas a quienes habían educado de aquella misma manera.

A veces, en realidad, quienes más nos amaban sentían que era su responsabilidad que estuviéramos bien preparados para la lucha.

¿Por qué? Porque el mundo es como es, duro, y ellos querían que nos fuera bien. Teníamos que volvernos tan locos como está el mundo, porque de otra manera jamás nos adaptaríamos a él. La meta era el logro, el título, el ingreso en Harvard. Lo raro es que no hayamos aprendido que la disciplina, desde esa perspectiva, es un extraño y antinatural desplazamiento de nuestro sentimiento de poder, que lo aparta de nosotros para proyectarlo sobre fuentes externas. Perdimos el sentimiento de nuestro propio poder. Y lo que aprendimos fue el miedo; el miedo a que, siendo tal como éramos, no valiéramos lo suficiente.

El miedo no favorece el aprendizaje. Nos vuelve tullidos, inválidos, neuróticos. Y, cuando llegamos a la adolescencia, la mayoría de nosotros estábamos gravemente «tocados». Nuestro amor, nuestro corazón, nuestro verdadero yo, fueron constantemente invalidados tanto por la gente que no nos quería como por la que nos amaba. Y por falta de amor empezamos, lenta pero inexorablemente, a hundirnos.

Hace años me dije a mí misma que no debía preocuparme por el diablo. Recuerdo haber pensado que no hay ninguna fuerza maligna al acecho por el planeta. «No existe más que en mi cabeza», me dije. Después me di cuenta de que eso no era una buena noticia. Puesto que cada pensamiento crea experiencia, no hay peor lugar donde pudiera estar. Aunque es verdad que ahí afuera no hay ningún diablo a la caza de nuestra alma, en la mente tenemos la tendencia –que puede poseer una fuerza asombrosa– a percibir sin amor.

Como desde niños nos han enseñado que somos seres separados y finitos, nos resulta muy difícil todo lo que tiene que ver con el amor. Lo sentimos como un vacío que amenaza con abrumarnos, y, en cierto sentido, es y hace precisamente eso. Aplasta a nuestro pequeño yo, nuestro solitario sentimiento de separación, y, como eso es lo que creemos que somos, sentimos que sin él nos moriríamos. Lo que moriría en ese caso sería la mente asustada, para que el amor que hay dentro de nosotros pudiera tener ocasión de respirar.

En la terminología del Curso se llama «ego» a la totalidad de nuestra red de percepciones atemorizantes, que brotan de aquella primera falsa creencia en nuestra separación de Dios y del resto de los seres humanos. La palabra «ego», en general la utilizo en este libro de diferente manera a como se suele usar en la psicología moderna. La utilizo como los antiguos griegos, como la idea de una identidad pequeña y separada. Es una falsa creencia sobre nosotros mismos, una mentira sobre quiénes y qué somos en realidad. Por más que esa mentira sea nuestra neurosis, y que vivirla sea una angustia terrible, es sorprendente la resistencia que ofrecemos a sanar la escisión.

Cuando el pensamiento se separa del amor, da lugar a creaciones profundamente falsas. Es nuestro propio poder vuelto en contra de nosotros mismos. En el momento en el que la mente se apartó por primera vez del amor –"cuando el Hijo de Dios se olvidó de reír"–, cobró existencia todo un mundo ilusorio. *Un Curso de Milagros* llama a ese momento el «desvío hacia el miedo» o la «separación de Dios».

El ego tiene una seudovida propia y, como todas las formas de vida, lucha con uñas y dientes para sobrevivir. Por más incómoda, dolorosa o incluso a veces desesperada que pueda ser nuestra vida, es la vida que conocemos, y nos aferramos a lo viejo en vez de probar algo nuevo. Estamos hartos de nosotros mismos, en un sentido u otro. Es increíble la tenacidad con que nos aferramos a cosas de las que pedimos ser liberados en nuestras oraciones. El ego es como un virus informático que ataca el centro del sistema operativo. Nos muestra un oscuro universo paralelo, un ámbito de dolor y de miedo que en realidad no existe, aunque ciertamente parece real. Antes de la caída, Lucifer era el ángel más bello del Cielo. El ego es nuestro amor a nosotros mismos convertido en odio a nosotros mismos.

El ego es como un campo de fuerza gravitacional, construido durante eternidades de pensamiento atemorizante, cuya atracción nos aleja del amor que hay en nuestro corazón. El ego es nuestro poder mental vuelto contra nosotros mismos. Es astuto, como nosotros, y persuasivo, como nosotros, y manipulador, como nosotros. Es un diablo de «lengua de plata». El ego no se nos aproxima para decirnos: «Hola, soy tu asco de ti mismo». No es estúpido, porque nosotros tampoco lo somos. Más bien nos dice cosas como: «Hola, soy tu yo adulto, racional y maduro. Te proporcionaré todo lo que necesites». Y entonces empieza a aconsejarnos que nos cuidemos a nosotros mismos a expensas de los demás. Nos enseña a ser egoístas, codiciosos, críticos y mezquinos. Pero recuerda que no somos más que uno: lo que damos a los demás, nos lo damos a nosotros mismos. Lo que les negamos, nos lo negamos a nosotros mismos. En cualquier momento en que escogemos el miedo en lugar del amor, nos negamos la experiencia del Paraíso. En la misma medida en que abandonemos al amor, sentiremos que el amor nos ha abandonado.

El Espíritu Santo

«El Espíritu Santo es la llamada
a despertar y a regocijarse».

Libre albedrío significa que podemos pensar todo lo que queramos pensar pero "ningún pensamiento es neutro. No *hay* pensamientos fútiles. Todo pensamiento produce forma en algún nivel".

Asumir la responsabilidad de nuestra vida significa, pues, asumir la responsabilidad de nuestros pensamientos. Y rogar a Dios que «salve» nuestra vida significa rogarle que nos salve de nuestros propios pensamientos negativos.

Cuando apareció el primer pensamiento de temor, el más antiguo, Dios sanó el error. En su condición de amor perfecto, Él corrige todos los errores en el momento en que se producen. No puede forzarnos a volver al amor, porque el amor no fuerza; sin embargo, crea alternativas. La alternativa de Dios al miedo es el Espíritu Santo.

El Espíritu Santo es el "eterno vínculo de comunicación entre Dios y Sus Hijos separados", un puente para regresar a pensamientos bondadosos; «el Gran Transformador de la percepción», que de miedo la transforma en amor. Se llama con frecuencia al Espíritu Santo el «Consolador». Dios no puede imponerse a nuestro pensamiento porque eso sería una violación de nuestro libre albedrío. Pero el Espíritu Santo es una fuerza de nuestra conciencia interior que «nos libera del infierno», del miedo, siempre que le pidamos conscientemente que así lo haga, colaborando con nosotros en el nivel causal, convirtiendo nuestros pensamientos de miedo en pensamientos de amor. No podemos invocarlo en vano. Al haber sido creado por Dios, forma parte de nuestro «ordenador». Se nos aparece bajo múltiples formas, desde una conversación con un amigo hasta una verdadera senda espiritual, desde la letra de una canción hasta un excelente terapeuta. Es el inexorable impulso hacia la totalidad que llevamos dentro, por más desorientados o locos que podamos estar. En nuestro interior siempre hay algo que anhela regresar a casa, y Él es ese algo.

El Espíritu Santo nos encamina hacia una percepción diferente de la realidad, una percepción basada en el amor. A la corrección que hace de nuestra percepción la llamamos la Expiación. Lo único que falta en cualquier situación es nuestra propia conciencia del amor. Al pedir al Espíritu Santo que nos ayude, expresamos nuestra disposición a percibir de otra manera una situación. Renunciamos a nuestras propias interpretaciones y opiniones, y pedimos que sean reemplazadas por las Suyas. Cuando sufrimos, rezamos: «Dios amado, estoy dispuesta (o dispuesto) a ver esto de otra manera». Poner una situación en manos de Dios significa poner en Sus manos lo que pensamos de ella. Todo lo que damos a Dios, Él nos lo devuelve renovado a través de la visión del Espíritu Santo. Hay personas que piensan que, si nos entregamos a Dios, renunciamos a nuestra responsabilidad personal, pero la verdad es lo contrario. Asumimos la responsabilidad final de una situación al hacernos responsables de lo que pensamos de ella. Somos lo bastante responsables como para saber que, librados a nuestros propios recursos mentales, responderemos instintivamente movidos por el miedo. Y somos lo bastante responsables como para pedir ayuda.

A veces la gente piensa que recurrir a Dios significa dar entrada en nuestra vida a una fuerza que nos lo mostrará todo de color de rosa, y la verdad es que significa dar entrada a todo aquello que nos obligará a crecer... y el crecimiento puede ser desordenado, confuso. El propósito de la vida es que crezcamos hasta alcanzar nuestra perfección. Una vez que recurrimos a Dios, topamos con todo aquello que puede enfurecernos. ¿Por qué? Porque el lugar donde nos entregamos al enojo y no al amor es nuestra muralla, nuestro límite. Cualquier situación que nos saque de quicio es una situación donde no tenemos aún la capacidad de amar incondicionalmente. Es misión del Espíritu Santo llamarnos la atención sobre eso y ayudarnos a ir más allá de ese punto.

Nos movemos con comodidad en las pocas áreas donde nos es fácil amar. Es tarea del Espíritu Santo no respetar esas zonas de comodidad, sino destruirlas. No estaremos en la cumbre de la montaña mientras no nos resulten cómodas todas las zonas. El amor no es amor si no es incondicional. No tendremos la vivencia de quiénes somos en realidad hasta que no tengamos la vivencia de nuestro amor perfecto.

Para asegurar nuestro avance hacia el objetivo de la iluminación, "el Espíritu Santo tiene para cada uno de nosotros un programa de estudios sumamente individualizado". Cada encuentro, cada circunstancia, puede ser para Él un medio para Sus fines. Transita entre nuestra locura mundana y nuestro perfecto yo cósmico. Se adentra en el delirio para guiarnos más allá de él. Se vale del amor para crear más amor, y considera que "el miedo es una petición de amor".

El Holocausto no fue la voluntad de Dios, como no lo es el sida. Ambos son productos del miedo. Sin embargo, cuando rogamos al Espíritu Santo que entre en estas situaciones, Él las usa como razones y oportunidades para hacernos crecer hasta el preciso nivel de profundidad de amor merced al cual situaciones como estas se ven erradicadas de la Tierra. Entonces son un acicate para que amemos más profundamente de lo que jamás hemos amado antes.

Si realmente deseamos dar una respuesta moral al Holocausto, emplearemos todo nuestro poder para crear un mundo en el que aquello jamás pueda volver a suceder. Como sabe cualquier persona inteligente, Hitler no actuaba solo. Jamás podría haber hecho lo que hizo sin la ayuda de miles de personas que, aunque no compartieran su maldad, no tuvieron la fibra moral necesaria para oponérsele. ¿Qué quiere el Espíritu Santo que hagamos ahora? Aunque no podamos garantizar que nunca volverá a nacer otro Hitler, sí podemos crear un mundo donde, aun si aparece un Hitler, haya tanto amor que casi nadie lo escuche o colabore con él.

El camino espiritual es, pues, simplemente el viaje de vivir cada cual su vida. Todo el mundo se encuentra en un sendero espiritual, pero la mayoría de la gente no lo sabe. El Espíritu Santo es una fuerza mental que hay en nosotros; nos conoce en nuestro estado natural de amor perfecto –que hemos olvidado–, entra con nosotros en el mundo de ilusiones y miedos, y se vale de nuestras vivencias en él para recordarnos quiénes somos. Lo hace mostrándonos la posibilidad de un propósito de amor en todo lo que pensamos y hacemos. Revoluciona nuestro sentimiento de por qué estamos en la Tierra. Nos enseña a ver que el amor es nuestra única función. Todo lo que hagamos en la vida será usado, o interpretado, por el ego o por el Espíritu Santo. El ego se vale de todo para internarnos más en la angustia. El Espíritu Santo se vale de todo para conducirnos a la paz interior.

Los seres iluminados

«La iluminación es simplemente un reconocimiento, no un cambio».

Hay personas que han vivido sobre la Tierra, y quizás haya personas que actualmente viven en ella, cuya mente ha sido completamente sanada por el Espíritu Santo. Han aceptado la Expiación. En todas las religiones se nos habla de santos o profetas que hicieron milagros. Eso se debe a que, cuando la mente regresa a Dios, se convierte en un receptáculo de Su poder. El poder de Dios trasciende las leyes de este mundo. Los santos y los profetas, al aceptar la Expiación, han «realizado» su Cristo interior. Se han visto purificados de pensamientos atemorizantes y lo único que permanece en su mente es el amor. A estos seres purificados se los llama «iluminados». La luz significa comprensión. Los iluminados «comprenden».

Los iluminados no tienen nada que nosotros no tengamos. Llevan dentro el amor perfecto, como nosotros. La diferencia está en que ellos no tienen nada más. Los seres iluminados –"entre ellos Jesús– existen en un estado que está tan solo latente en el resto de nosotros". La mente crística no es otra cosa que la perspectiva del amor incondicional. Tú y yo tenemos la mente de Cristo en no menor medida que Jesús. La diferencia entre él y nosotros es que nosotros nos sentimos tentados de negarla. Él está más allá de eso. Cada uno de sus pensamientos y de sus actos emana del amor. El amor incondicional, o Cristo dentro de él, es "la verdad que nos hace libres", ya que es la perspectiva que nos salva de nuestros propios pensamientos atemorizantes.

Desde el punto de vista evolutivo, Jesús y otros maestros iluminados son nuestros hermanos mayores. De acuerdo con las leyes de la evolución, una especie se desarrolla en cierta dirección hasta que esa forma de desarrollo deja de estar bien adaptada para la supervivencia. Llegado ese punto, se produce una mutación. Aunque esta no representa a la mayoría de la especie, representa la línea evolutiva mejor adaptada para la supervivencia de la especie. Entonces, los que sobreviven son los descendientes de la mutación.

Nuestra especie tiene problemas porque nos peleamos demasiado. Nos peleamos con nosotros mismos, con los demás, con nuestro planeta y con Dios. Nuestras actitudes, dominadas por el miedo, ponen en peligro nuestra supervivencia. Una persona que ama cabal y completamente es como una mutación evolutiva que manifiesta un ser que pone siempre el amor por delante, y así crea el contexto en el que se producen los milagros. En última instancia, es lo único «inteligente» que se puede hacer. Es la única orientación vital capaz de apoyar nuestra supervivencia.

Los mutantes, los iluminados, nos muestran a todos los demás nuestro potencial evolutivo. Nos indican el camino. Hay una diferencia entre ser un indicador del camino y ser una muleta. Hay personas que dicen que ellas no necesitan de una muleta como Jesús. Pero Jesús no es una muleta; es un maestro. Si quieres ser escritor, lees a los clásicos. Si quieres ser un gran músico, escuchas la música que crearon los grandes compositores que te han precedido. Si te estás preparando para ser pintor, es una buena idea que estudies a los grandes maestros. Si Picasso entrara en tu habitación mientras estás aprendiendo a dibujar y te dijera: «Hola, dispongo de un par de horas... ¿Quieres que te dé alguna idea?», ¿acaso le dirías que no?

Lo mismo pasa con los maestros espirituales: Jesús, Buda o cualquier otro iluminado. Fueron genios por su manera de usar la mente y el corazón, así como Beethoven fue un genio con la música o Shakespeare con las palabras. ¿Por qué no aprender de ellos, seguir su liderazgo, estudiar lo que hacían bien?

Un Curso de Milagros usa la terminología cristiana tradicional, pero de una manera muy poco tradicional. Palabras como Cristo, Espíritu Santo, salvación, Jesús, y otras, se utilizan según su significación psicológica más bien que religiosa. Como estudiante y maestra de *Un Curso de Milagros*, he podido comprobar la gran resistencia que muchas personas muestran a los términos cristianos. Como judía, yo pensaba que eran solo los judíos los que tenían un problema con la palabra «Jesús», pero me equivocaba. No son solo los judíos los que se ponen nerviosos al oír mencionar su nombre. Si pronuncias la palabra Jesús ante un grupo de cristianos moderados, es probable que provoque tanta resistencia como en cualquier otro grupo.

Y entiendo por qué. Tal como se afirma en el Curso, «se han hecho amargos ídolos de aquel que solo quiere ser un hermano para el mundo». Son tantos los términos cristianos de los que se ha echado mano para crear y perpetuar la culpa que muchas personas inteligentes han decidido rechazarlos por completo. En muchos casos, a decir verdad, el problema es peor para los cristianos que para los judíos. Generalmente, a los niños judíos no se les enseña absolutamente nada sobre los términos cristianos, mientras que para muchos niños cristianos estas palabras están cargadas de culpa, castigo y miedo al infierno.

Las palabras no son más que palabras, y siempre se puede encontrar otras nuevas para reemplazar a las que agravian o disgustan. En el caso de Jesús, sin embargo, el problema no es tan simple como para resolverlo sencillamente encontrando otra palabra. Jesús es su nombre, y de nada sirve hacer como si se llamara Alberto. Al rechazar automáticamente a Jesús, basándose en lo que algunos cristianos tradicionales han hecho con y en su nombre, muchas personas han tirado el grano junto con la paja. En relación con *Un Curso de Milagros* y otras presentaciones esotéricas de la filosofía crística, han rechazado sin más el material, basándose únicamente en su lenguaje. Al hacerlo han caído en una trampa mental que en Alcohólicos Anónimos se conoce como «desprecio anterior a la investigación».

Hace años acudí a una cena en Nueva York. En la mesa, el tema de conversación era una novela que se acababa de publicar, y alguien me preguntó si la había leído. Yo solo había leído la reseña del libro en el *New York Times*, pero mentí y dije que sí. Me sentí muy avergonzada de mí misma. No había leído el libro, pero tenía la información suficiente para fingir, durante un momento, que sí. Estaba dispuesta a dejar que una opinión ajena pasara por ser la mía.

No mucho tiempo después, recordé aquel incidente cuando estaba decidiendo si leer o no un libro –que por cierto era uno de los libros de *Un Curso de Milagros*– que trataba de

Jesús, sobre quien no había aprendido nada en mi niñez. Simplemente, me habían dicho: «Nosotros no leemos esas cosas, cariño». Pero los judíos, además, son conocidos por la forma en que estimulan los logros intelectuales en sus hijos. A mí —aunque nadie lo hubiera dicho a juzgar por mi comportamiento en aquella cena— me habían enseñado a leer y a pensar por mi cuenta... y solía hacerlo. A mi modo de ver, *Un Curso de Milagros* no promociona a Jesús. "Si bien los libros proceden de Él, queda muy claro en ellos que se puede ser un estudiante avanzado del Curso y no tener una relación personal con Jesús."

El Curso entiende nuestras resistencias, pero no las alimenta. Es hora de que se produzca una verdadera revolución en nuestra manera de entender la filosofía crística, y muy particularmente en nuestra manera de entender a Jesús. La religión cristiana no tiene ningún monopolio sobre Cristo ni sobre el propio Jesús. En cada generación debemos volver a descubrir lo que es verdad para nosotros.

¿Quién es Jesús? Es un símbolo personal del Espíritu Santo. Al haber sido totalmente sanado por el Espíritu Santo, se ha vuelto uno con Él. Jesús no es el único rostro que toma el Espíritu Santo. Es *uno* de ellos. Es decididamente una vivencia de la cima de la montaña, pero eso no quiere decir que sea el único que está allá arriba.

Jesús vivió en este mundo del miedo y solo percibió el amor. Cada acción suya, cada palabra, cada idea estaba guiada por el Espíritu Santo, no por el ego. Fue un ser totalmente purificado. Pensar en Él es pensar en el amor perfecto que hay dentro de nosotros, y, por consiguiente, invocarlo.

Jesús alcanzó la realización total de la mente crística, y Dios le confirió entonces el poder de ayudar al resto de los humanos para que lleguemos a ese lugar que está dentro de nosotros mismos. Tal como Él mismo afirma en el Curso, «Yo estoy a cargo del proceso de Expiación». Y, como comparte con Dios la visión de las cosas, se ha «convertido» en esa visión. Ve a cada uno de nosotros tal como Dios nos ve –inocentes y perfectos, amorosos y dignos de amor– y nos enseña a vernos de esa manera. Así es como nos guía para salir del infierno y llevarnos al Cielo. Ver con sus ojos es expiar los errores de nuestra percepción. Ese es el milagro que él opera en nuestra vida, la luz mística que irrumpe desde el interior de nuestra alma. Nuestra mente fue creada para que fuera un altar al Hijo de Dios. Él representa al Hijo de Dios. Adorarlo es adorar el potencial de amor perfecto que hay en todos nosotros.

Los cuentos de hadas son alusiones místicas al poder del ser interior, transmitidas de generación en generación. Son historias de transformación. Cuentos como los de Blancanieves y la Bella Durmiente son metáforas de la relación entre el ego y la mente divina. La mala madrastra, que es el ego, puede hacer dormir a la Bella Durmiente o a nuestro Cristo interior, pero jamás podrá destruirlos. Lo que ha sido creado por Dios es indestructible. Lo más destructivo que ella puede hacer es hechizarnos, hacer que la belleza se duerma. Y lo hace. Pero el amor que hay dentro de nosotros no se extingue; solo se queda dormido durante un tiempo muy largo. En todos los cuentos de hadas llega el príncipe. Su beso nos hace recordar quiénes somos y por qué vinimos aquí. El Príncipe es el Espíritu Santo, que viene, con vestimentas y disfraces diversos, a despertarnos con Su amor. En el momento en que casi se ha perdido toda esperanza, cuando parece que el mal ha triunfado por fin, nuestro Salvador aparece para tomarnos en sus brazos. Tiene múltiples rostros, y uno de ellos es el de Jesús. No es un ídolo ni una muleta. Es nuestro hermano mayor. Es un regalo.

4

LA ENTREGA

«Pues descansamos despreocupados
en las manos de Dios...».

La fe

«No hay ningún problema
que la fe no pueda resolver».

¿Y si verdaderamente creyéramos que hay un Dios, un orden benéfico en las cosas, una fuerza que las mantiene unidas sin necesidad de nuestro control consciente? ¿Y si pudiéramos ver, en nuestra vida diaria, cómo opera esa fuerza? ¿Y si creyéramos que de alguna manera nos ama, se preocupa por nosotros y nos protege? ¿Y si creyéramos que podemos darnos el lujo de relajarnos?

El cuerpo físico está siempre funcionando, es un conjunto de mecanismos de un diseño tan brillante y tal eficacia que nuestras obras humanas jamás ni siquiera se le han acercado. El corazón late, los pulmones respiran, los oídos oyen, el pelo crece. Y nosotros no tenemos que hacerlos funcionar: simplemente, funcionan. Los planetas giran alrededor del Sol, las semillas se convierten en flores, los embriones en bebés, sin necesidad de nuestra ayuda. Su movimiento forma parte de un sistema natural. Tú y yo también somos partes integrantes de ese sistema. Podemos dejar que dirija nuestra vida la misma fuerza que hace crecer las flores... o podemos dirigirla por nuestra cuenta.

Tener fe es confiar en la fuerza que mueve el universo. La fe no es ciega, es visionaria. Tener fe es creer que el universo está de nuestra parte y que sabe lo que hace. La fe es el conocimiento psicológico de que el bien despliega una fuerza que opera constantemente en todas las dimensiones. Nuestros intentos de dirigirla no hacen más que interferir en ella. Nuestra disposición a confiar en ella le permite operar en beneficio nuestro. Sin la fe intentamos frenéticamente controlar lo que no es asunto nuestro controlar, y arreglar lo que no tenemos poder para arreglar. Lo que tratamos de controlar funciona mucho mejor sin nuestra intervención, y lo que tratamos de arreglar, de todas maneras no podemos arreglarlo. Sin fe, estamos perdiendo el tiempo.

Hay leyes objetivas y discernibles de los fenómenos físicos. Tomemos la ley de la gravedad, por ejemplo, o las leyes de la termodinámica. No se trata exactamente de que uno tenga fe en la ley de la gravedad, sino de que sabe que existe.

También hay leyes objetivas y discernibles de los fenómenos que no son físicos. Estos dos conjuntos de leyes –las del mundo externo y las del mundo interno– son paralelos.

Externamente, el universo apoya nuestra supervivencia física. La fotosíntesis en las plantas y el plancton en el océano producen el oxígeno que necesitamos para respirar. Es importante respetar las leyes que rigen el universo físico porque al violarlas amenazamos nuestra supervivencia. Cuando contaminamos los océanos o destruimos la vida vegetal, estamos destruyendo nuestro sistema de apoyo, y, por lo tanto, nos estamos autodestruyendo.

Internamente, el universo apoya también –emocional y psicológicamente– nuestra supervivencia. El equivalente interno del oxígeno, lo que necesitamos para sobrevivir, es el amor. Las relaciones humanas existen para producir amor. Cuando contaminamos nuestras relaciones con pensamientos faltos de amor, o las destruimos o abortamos con actitudes poco amorosas, estamos amenazando nuestra supervivencia emocional.

Es decir, que las leyes del universo se limitan a describir cómo son las cosas. No se inventa esas leyes, las descubre. No dependen de nuestra fe. Tener fe en ellas solo significa que entendemos lo que son. La violación de estas leyes no indica falta de bondad, sino falta de inteligencia. Respetamos las leyes de la naturaleza para sobrevivir. ¿Y cuál es la suprema ley interna? Que nos amemos los unos a los otros. Porque, en caso contrario, moriremos todos. La falta de amor nos puede matar con tanta seguridad como la falta de oxígeno.

La resistencia

«La falta de fe no es realmente falta de fe, sino fe que se ha depositado en lo que no es nada».

Un Curso de Milagros dice que "no existen personas sin fe". La fe es un aspecto de la conciencia. Tenemos fe en el miedo o en el amor. Tenemos fe en el poder del mundo o en el poder de Dios.

Lo que básicamente nos han enseñado es que, en cuanto adultos responsables, lo que nos corresponde es ser activos, ser de naturaleza masculina, salir a conseguir trabajo, llevar el control de nuestra vida, agarrar el toro por los cuernos. Nos han enseñado que ahí reside nuestro poder. Creemos que somos poderosos más por lo que hemos logrado que por lo que somos, de manera que caemos en la trampa de sentirnos impotentes para lograr nada hasta que ya lo hemos logrado.

Si alguien nos sugiere que nos dejemos llevar por la corriente y soltemos un poquito de lastre, nos ponemos realmente histéricos. De todas maneras, a la vista está que en ciertos aspectos somos totalmente improductivos, y lo último que nos podemos imaginar es ser todavía más pasivos de lo que somos.

La energía pasiva tiene su propia clase de fuerza. El poder personal resulta de un equilibrio entre las fuerzas masculina y femenina. La energía pasiva sin energía activa se convierte en ociosidad, pero la energía activa sin energía pasiva se convierte en tiranía. Una sobredosis de energía masculina, agresiva, es machista, controladora, desequilibrada y antinatural. El problema es que la energía agresiva es la única que nos han enseñado a respetar. Nos dijeron que la gente agresiva es la que triunfa en la vida, para que exaltáramos nuestra conciencia masculina, que, cuando no la atempera la femenina, es dura y rígida. Por consiguiente, así somos: todos, hombres y mujeres. Nos hemos creado una mentalidad batalladora. Siempre estamos «luchando» por algo: por el trabajo, el dinero, una relación, para dejar una relación, perder peso, abandonar la bebida, para que nos entiendan, para conseguir que alguien se quede o se vaya, y así interminablemente. Jamás deponemos las armas.

El lugar femenino y de entrega que hay en nosotros es pasivo. No «hace» nada. El proceso de espiritualización –tanto en los hombres como en las mujeres– es un proceso de feminización, un aquietamiento de la mente. Es el cultivo del magnetismo personal.

Si tienes una pila de limaduras de hierro y quieres realizar con ellas hermosos diseños, puedes hacerlo de dos maneras: tratar de disponer los minúsculos fragmentos de hierro en hermosas líneas como telarañas con los dedos... o comprarte un imán. El imán, que simboliza nuestra conciencia femenina, la cual ejerce su poder mediante la atracción más que por la actividad, atraerá las limaduras.

Este aspecto de nuestra conciencia –atrayente, receptivo, femenino– es el espacio de la entrega mental. En la filosofía taoísta, el «yin» es el principio femenino, que representa las fuerzas de la tierra, mientras que el «yang» es el principio masculino, que representa el espíritu. Cuando nos referimos a Dios como «Él», toda la humanidad se convierte en «Ella». No se trata de una cuestión hombre-mujer. La referencia a Dios como principio masculino no afecta en modo alguno a la convicción feminista. Nuestra parte femenina es exactamente tan importante como la masculina.

La relación correcta entre el principio masculino y el femenino es tal que en ella lo femenino se entrega a lo masculino. La entrega no es debilidad ni pérdida. Es una poderosa no resistencia. Mediante la apertura y la receptividad por parte de la conciencia humana, se permite que el espíritu impregne nuestra vida, que le dé significado y dirección. En términos de la filosofía crística, María simboliza lo femenino que hay dentro de nosotros, lo que es fecundado por Dios. La hembra permite este proceso y se realiza entregándose a Él. Esto no es debilidad de su parte; es fuerza. Cristo sobre la Tierra tiene como padre a Dios, y como madre a nuestra condición humana. Por mediación de una conexión mística entre lo humano y lo divino, damos nacimiento a nuestro Yo superior.

La renuncia a los resultados

«Nunca perderás el rumbo,
pues Dios es quien te guía».

Cuando nos entregamos a Dios, nos entregamos a algo mayor que nosotros, a un universo que sabe lo que está haciendo. Cuando abandonamos el intento de controlar los acontecimientos, estos se suceden por sí solos en un orden natural, un orden que funciona. Nosotros descansamos, mientras un poder mucho mayor que el nuestro se hace cargo de todo y lo hace mucho mejor que nosotros. Aprendemos a confiar en que el poder que mantiene unidas las galaxias puede manejar las circunstancias de nuestra vida, relativamente poco importantes.

La entrega significa, por definición, renunciar al apego a los resultados. Cuando nos entregamos a Dios, nos desprendemos de nuestro apego a la forma en que suceden las cosas afuera y empezamos a preocuparnos más por lo que pasa en nuestro interior.

La experiencia del amor es una opción que hacemos, una decisión de la mente: ver el amor como el único objetivo y el único valor real en cualquier situación. Mientras no elegimos esta opción, seguimos luchando por obtener resultados que creemos que nos harían felices. Pero todos hemos adquirido cosas que pensábamos que nos harían felices, solo para descubrir que no era así. Esta búsqueda externa de cualquier cosa —menos el amor— que nos complete y sea la fuente de nuestra felicidad es idolatría. El dinero, el sexo, el poder o cualquier otra satisfacción mundana no nos ofrecen más que un alivio temporal de nuestro pequeño dolor existencial.

«Dios» significa amor, y «voluntad» significa pensamiento. La voluntad de Dios es, pues, un pensamiento de amor. Si Dios es la fuente de todo bien, entonces el amor que hay dentro de nosotros también es la fuente de todo bien. Cuando amamos, nos colocamos automáticamente en un contexto de actitudes y comportamientos que conducen a un despliegue de acontecimientos en el nivel supremo del bien para todos los afectados. No siempre sabemos cómo será ese despliegue, pero tampoco lo necesitamos. Dios hará Su parte si nosotros hacemos la nuestra. Nuestra única tarea en cada situación consiste simplemente en aflojar nuestra resistencia al amor. Lo que entonces suceda es asunto Suyo. Nosotros hemos renunciado al control. Estamos dejándole conducir a Él. Tenemos fe en que sabe cómo hacerlo.

El tópico dice que algunas personas son más fieles que otras. Una aseveración más verdadera es que, en algunos dominios, algunos de nosotros estamos más entregados que otros. Lo primero que entregamos a Dios, ciertamente, son las cosas que no nos importan demasiado. Hay personas que no tienen inconveniente en abandonar su apego a los objetivos profesionales, pero no hay manera de que renuncien a las relaciones románticas, o viceversa. Todo lo que en realidad no nos importa tanto... estupendo, Dios puede disponer de ello. Pero si es realmente importante, nos parece mejor administrarlo nosotros. La verdad, naturalmente, es que cuanto más importante sea para nosotros, tanto más importante es renunciar a ello. Aquello que se entrega es lo que mejor cuidado estará. Poner algo en las manos de Dios es entregarlo mentalmente a la protección y el cuidado de la sociedad de beneficencia del universo. Guardárnoslo para nosotros significa un constante aferrar, atrapar y manipular. Continuamente abrimos el horno para ver si el pan se cuece, y con eso lo único que logramos es que jamás llegue a hacerlo.

Allí donde nos apegamos a los resultados, nos resulta difícil renunciar al control. Pero ¿cómo podemos saber qué resultado tratar de conseguir en una situación cuando no sabemos lo que va a suceder mañana? ¿Qué es lo que pedimos? En vez de «Dios amado, por favor deja que nos enamoremos, o por favor dame este trabajo», digamos: «Dios amado, mi deseo, mi primera prioridad es la paz interior. Quiero la vivencia del amor. No sé lo que eso me aportará, y dejo en Tus manos el resultado de esta situación. Confío en lo que Tú quieras. Hágase Tu voluntad. Amén».

Yo sentía que no podía darme el lujo de relajarme porque Dios tenía que pensar en cosas más importantes que mi vida. Finalmente me di cuenta de que Dios no es caprichoso, sino que es más bien un amor impersonal por todo lo que vive. Mi vida no es ni más ni menos preciosa para Él que cualquier otra. Entregarnos a Dios es aceptar el hecho de que Él nos ama y se ocupa de nosotros, porque ama y se ocupa de todo lo que vive. La entrega no obstruye nuestro poder; lo intensifica. Dios es simplemente el amor que hay dentro de nosotros, de manera que retornar a Él es retornar a nosotros mismos.

La vida entregada

«Bendita criatura de Dios, ¿cuándo vas a aprender que solo la santidad puede hacerte feliz y darte paz?»

Relajarte, sentir el amor en tu corazón y hacer que sea tu luz interior en cualquier situación... tal es el significado de la entrega espiritual. Y eso nos cambia, nos convierte en personas más profundas, más atractivas.

En el budismo zen hay un concepto que se llama la «mente zen» o la «mente del principiante». Con esto quieren decir que la mente debe ser como un tazón de arroz vacío. Si ya está lleno, el universo no puede llenarlo. Si está vacío, tiene espacio para recibir. Esto significa que, cuando creemos que ya tenemos las cosas resueltas, no se nos puede enseñar nada más. La auténtica visión intuitiva no puede darse en una mente que no está abierta para recibirla. La entrega es un proceso de vaciamiento de la mente.

En la tradición crística, este es el significado de «llegar a ser como un niño pequeño». Los niños pequeños no creen que saben lo que significan las cosas. A decir verdad, saben que no saben. Le piden a alguien mayor y que sepa más que se lo explique. Nosotros somos como niños que no saben, pero creemos que sí.

La persona sensata no pretende que sabe lo que es imposible saber. «No sé» puede ser un enunciado que confiera autoridad. Cuando nos encontramos en una situación desconocida, dentro de nosotros hay algo que sabe. Con nuestra mente consciente, "nos hacemos a un lado para que un poder más elevado en nuestro interior pueda hacer acto de presencia y mostrarnos el camino a seguir".

Necesitamos menos pose y más carisma auténtico. Carisma era originariamente un término religioso que significaba «del espíritu» o «inspirado». Se refiere a dejar que la luz de Dios irradie a través de nosotros. Es una chispa que algunas personas poseen y que no se puede adquirir con dinero. Es una energía invisible con efectos visibles. Si nos despreocupamos, amamos y nada más, no nos convertimos en personas cuya vida es gris. Muy al contrario, es entonces cuando nos volvemos realmente brillantes. Porque dejamos brillar nuestra propia luz.

Estamos hechos para ser de esa manera. Estamos hechos para brillar. Mira a los niños pequeños. Son todos tan únicos, antes de que empiecen a tratar de serlo, porque demuestran el poder de la auténtica humildad. Esta es también la explicación de «la suerte del principiante». Cuando nos encontramos por primera vez en una situación y desconocemos las reglas, no fingimos que las conocemos, y todavía no sabemos de qué hay que tener miedo. Esto libera a la mente para crear a partir de su propio poder superior. Las situaciones cambian y «las luces se encienden» simplemente porque nuestra mente se ha abierto para recibir al amor. Hemos dejado de ser un estorbo en nuestro propio camino.

El amor es una manera de ganar, una vibración triunfante y atractiva. Si pensamos que el éxito es difícil, entonces, para nosotros, lo será. El éxito en la vida no tiene por qué conllevar ninguna tensión negativa. No tenemos que pelearnos continuamente. Si lo piensas bien, verás que «agarrar el toro por los cuernos» es algo muy peligroso. De hecho, la tensión de la ambición limita efectivamente nuestra capacidad para el éxito porque nos mantiene en un estado de contracción emocional y física. Parece que nos diera energía, pero en realidad no es así, como si fuera el azúcar blanco de la salud mental; tras un ascenso rápido, sobreviene una caída. El cultivo del descanso mental, o de la entrega, es como comer alimentos sanos. No nos dan un inmediato empujón hacia arriba, pero con el tiempo nos proporcionan mucha más energía.

Para ello no es necesario pasarse el día sentado en la postura del loto. Sigue habiendo una excitación, pero más suave. Muchas personas asocian la vida espiritual con una película de serie B. Sin embargo, Dios no hace desaparecer todo el dramatismo de la vida, sino solamente el dramatismo barato. No hay nada más dramático que el auténtico crecimiento personal. Nada puede ser más auténticamente dramático que los niños que se convierten en hombres de verdad y las niñas que llegan a ser verdaderas mujeres.

Cuando nos entregamos y nos limitamos a amar sucede algo sorprendente. Nos introducimos en otro mundo, en un ámbito de poder que está ya dentro de nosotros. El mundo cambia cuando nosotros cambiamos, se ablanda cuando nos ablandamos, nos ama cuando nos decidimos a amarlo.

Entrega es la decisión de dejar de pelear con el mundo y, en cambio, empezar a amarlo. Es una paulatina liberación del dolor. Pero liberarse no es separarse por la fuerza de algo, sino “fundirse serenamente con lo que realmente somos”. Nos despojamos de nuestra armadura y descubrimos la fuerza de nuestro yo crístico. *Un Curso de Milagros* nos dice que si bien «pensamos que sin el ego todo sería caótico, lo que es verdad es lo opuesto. Sin el ego, todo sería amor».

Lo que se nos pide es, simplemente, que cambiemos nuestra manera de enfocar las cosas y experimentemos una percepción más tierna. Es todo lo que Dios necesita. Apenas un único y sincero momento de entrega, en el que el amor sea más importante que nada, y ya sabemos que nada más importa realmente, en absoluto. Lo que Él nos da a cambio de abrirnos a Él es un desbordamiento de Su poder desde muy adentro de nosotros. Recibimos Su poder para compartirlo con el mundo, para sanar todas las heridas, para despertar todos los corazones.

5

LOS MILAGROS

«Tu santidad invierte todas las leyes del mundo.
Está más allá de cualquier restricción de tiempo, espacio,
distancia, así como de cualquier clase de límite».

El perdón

«Ante el glorioso Resplandor del Reino,
la culpabilidad se desvanece, y, habiéndose transformado
en bondad, ya nunca volverá a ser lo que fue».

«Los milagros ocurren naturalmente como expresiones de amor». Reflejan un cambio en nuestra manera de pensar, un cambio que libera el poder de la mente hacia los procesos de sanación y rectificación.

Esta sanación asume muchas formas. A veces, un milagro es un cambio en las condiciones materiales, como puede ser una curación física. Otras veces es un cambio psicológico o emocional. Y no tanto un cambio en una situación objetiva

—aunque con frecuencia también eso ocurra— como en la forma en que nosotros la percibimos. Lo que cambia es, principalmente, la manera como se nos aparece en la mente una experiencia, es decir, la vivencia que tenemos de ella.

El mundo humano, con nuestra absoluta concentración en el comportamiento y en todo lo que acontece fuera de nosotros, es un mundo engañoso. Es un velo que nos separa de un mundo más real, un sueño colectivo. El milagro no consiste en disponer de otra manera las imágenes del sueño. El milagro es despertarnos.

Al pedir milagros, lo que buscamos es un objetivo práctico: un retorno a la paz interior. No pedimos que cambie nada externo a nosotros, sino algo que está en nuestro interior. Vamos en busca de una perspectiva vital más suave, más tierna.

La vieja física newtoniana sostenía que las cosas tienen una realidad objetiva independiente de cómo las percibimos. La física cuántica, y más especialmente el principio de incertidumbre de Heisenberg, nos revela que, a medida que nuestra percepción de un objeto cambia, el objeto mismo, literalmente, también cambia. La ciencia de la religión es la ciencia de la conciencia, porque en última instancia toda creación se expresa por mediación de la mente. Así pues, tal como se afirma en *Un Curso de Milagros*, nuestra herramienta más eficaz para cambiar el mundo es nuestra capacidad para «cambiar de mentalidad con respecto al mundo».

Como el pensamiento es el nivel creativo de las cosas, cambiar la mente es la potenciación personal fundamental. Aunque escoger el amor en vez del miedo sea una decisión humana, el cambio radical que esta produce en todas las dimensiones de nuestra vida es un regalo de Dios. Los milagros son unas “intercesiones en nombre de nuestra santidad”, procedentes de un sistema de pensamiento que se encuentra más allá del nuestro. En la presencia del amor, las leyes que rigen el estado normal de las cosas quedan superadas. El pensamiento que ya no tiene ningún límite nos aporta una experiencia que ya no tiene ningún límite.

Nuestra herencia son las leyes que rigen el mundo en que creemos. Si nos consideramos seres de este mundo, entonces nos regirán las leyes que lo rigen: las de la escasez y la muerte. Si nos consideramos hijos de Dios, cuyo verdadero hogar se encuentra en un nivel de conciencia allende este mundo, nos percataremos entonces de que «no nos gobiernan otras leyes que las de Dios».

Nuestra percepción de nosotros mismos determina nuestro comportamiento. Si creemos que somos criaturas pequeñas, limitadas, inadecuadas, tenderemos a comportarnos de esa manera, y la energía que irradiemos reflejará esa creencia, no importa lo que hagamos. Si pensamos que somos criaturas magníficas, con una abundancia infinita de amor y de capacidad de dar, entonces tenderemos a conducirnos de esa manera, y la energía que nos rodee reflejará nuestro estado de conciencia.

“Los milagros, como tales, no se han de dirigir conscientemente”. Se producen como efectos involuntarios de una personalidad amorosa, de una fuerza invisible que emana de alguien cuya intención consciente es dar y recibir amor. A medida que nos liberamos de los miedos que bloquean el amor que llevamos dentro, nos convertimos en instrumentos de Dios, en Sus obradores de milagros.

Dios, en cuanto amor, se expande constantemente, floreciendo y creando nuevas pautas para la expresión y el logro del júbilo. Cuando a nuestra mente, centrada en el amor, se le permite que sea un canal abierto por el que Dios se expresa, nuestra vida se convierte en el medio de expresión de ese júbilo. Este es el significado de nuestra vida. Estamos aquí como representaciones físicas de un principio divino. Decir que estamos en la Tierra para servir a Dios significa que estamos en la Tierra para amar.

No fuimos, sin más, arrojados al azar sobre un mar de rocas. Tenemos una misión, que es salvar al mundo mediante el poder del amor. El mundo tiene una desesperada necesidad de sanar, como un pájaro con un ala rota. La gente lo sabe, y los que han rezado son millones.

Dios nos ha oído. Y envió ayuda. Te envió a ti.

Convertirse en un obrador de milagros significa tomar parte en un movimiento espiritual clandestino que está revitalizando el mundo, participando en una revolución de sus valores en el nivel más profundo posible. Esto no quiere decir que hayas de anunciárselo a nadie. Un miembro de la resistencia francesa no iba a enfrentarse con un oficial del ejército alemán que había ocupado París para decirle: «Hola, soy Jacques, de la Resistencia francesa». De la misma manera, tú no le cuentas a gente que no tiene la menor idea de lo que estás diciendo que has cambiado, que ahora trabajas para Dios, que Él te ha enviado con una misión de sanador y que el mundo ha de prepararse para grandes cambios. Los obradores de milagros aprenden a guardar silencio. Es importante saber que, cuando se habla de la sabiduría espiritual en un momento o lugar inadecuado, o con una persona inadecuada, el que habla más parece un necio que un sabio.

El Curso, cuando habla del plan de Dios para la salvación del mundo, lo llama "el plan de los maestros de Dios". El plan llama a los maestros de Dios a sanar el mundo valiéndose del poder del amor. Esta enseñanza tiene muy poco que ver con la comunicación verbal y todo que ver con una cualidad de la energía humana. «Enseñar es demostrar». Un maestro de Dios es cualquiera que opte por serlo. «Los maestros de Dios proceden de todas partes del mundo y de todas las religiones, aunque algunos no pertenecen a ninguna religión. Los maestros de Dios son los que han respondido». La frase «Muchos son los llamados, pero pocos los escogidos» significa que "a todos se los llama, pero pocos se preocupan por escuchar". La llamada de Dios es universal, se emite para todas las mentes en todo momento. Sin embargo, no todos optan por atender a la llamada de su propio corazón. Como demasiado bien sabemos todos, poco les cuesta a las voces chillonas y frenéticas del mundo exterior sofocar la tímida vocecita interior del amor.

Nuestro trabajo como maestros de Dios, si decidimos aceptarlo, consiste en buscar constantemente, en nuestro interior, una mayor capacidad de amor y de perdón. Hacemos esto mediante una «forma selectiva de recordar», mediante una decisión consciente de recordar únicamente los pensamientos amorosos y de desaferrarnos de cualesquiera pensamientos atemorizantes. Este es el significado del perdón, una importante piedra angular de la filosofía de *Un Curso de Milagros*. Como muchos de los términos tradicionales usados en el Curso, también este se utiliza de una manera nada tradicional.

Tradicionalmente, pensamos que perdonar es algo que debemos hacer cuando creemos que alguien es culpable de algo. En el Curso, sin embargo, se nos enseña que nadie es culpable, que no hay culpa, porque solo el amor es real. Nuestra función consiste en ver, a través de la falsa idea de la culpa, la inocencia que está más allá. «Perdonar no es otra cosa que recordar únicamente los pensamientos amorosos que diste en el pasado, y aquellos que se te dieron a ti. Todo lo demás debe olvidarse». Lo que se nos pide es que extendamos nuestra percepción más allá de los errores que nuestras percepciones físicas nos revelan –lo que alguien hizo, lo que alguien dijo–, para captar la santidad en ellos que solo el corazón nos revela. Entonces, de hecho, no hay nada que perdonar. Lo que tradicionalmente se ha entendido por perdón –lo que en el *Canto de la oración* se llama «perdón-para-destruir»– es, por lo tanto, un acto de enjuiciamiento. Es la arrogancia de alguien que se ve a sí mismo como mejor que otra persona, o quizá como igualmente pecador, lo que sigue siendo una percepción errónea y una expresión de la arrogancia del ego.

Como todas las mentes están conectadas, que alguien rectifique su percepción es, en algún nivel, una sanación de la mente de la raza humana como tal. La práctica del perdón es la contribución más importante que podemos hacer a la sanación del mundo. De personas enfadadas no se puede esperar que creen un planeta pacífico. A mí me divierte recordar cómo me enojaba cuando la gente no quería firmar mis escritos en petición de la paz.

El perdón es un trabajo de dedicación completa, y a veces muy difícil. No conseguimos perdonar siempre, pero hacer el esfuerzo es nuestra vocación más noble. Es la única probabilidad real que podemos ofrecer al mundo de volver a empezar. Un perdón radical es una liberación completa del pasado, tanto respecto a las relaciones personales como a las tragedias colectivas.

Vivir en el presente

«Todo tu pasado, excepto su belleza, ha desaparecido, y no queda ni rastro de él, salvo una bendición».

Dios existe en la eternidad. El único punto donde la eternidad se encuentra con el tiempo es el presente. «El presente es el único tiempo que hay». Un milagro es un cambio que nos lleva de la idea de lo que podríamos haber hecho en el pasado o de lo que deberíamos hacer en el futuro a pensar en lo que nos sentimos libres de hacer en este mismo lugar y en este mismo momento. Un milagro es una liberación de la servidumbre interior. Nuestra capacidad de brillar es igual a nuestra capacidad de olvidar el pasado y el futuro. Por eso los niños pequeños resplandecen. No recuerdan el pasado y no se relacionan con el futuro. Sed como niños pequeños, para que el mundo finalmente pueda crecer.

Uno de los ejercicios del Cuaderno de Trabajo de *Un Curso de Milagros* dice: «El pasado ya pasó. No me puede afectar». Perdonar el pasado es un paso importante para permitirnos la experiencia de los milagros. El único significado de cualquier cosa que pertenezca al pasado es que nos trajo aquí, y tal es el honor que merece. Lo único que es real en nuestro pasado es el amor que dimos y el que recibimos. Todo lo demás es ilusorio. El pasado no es más que una idea que tenemos. Todo está, literalmente, en nuestra mente. El Curso nos dice: «Entrégale el pasado a Aquel que puede hacer que cambies de parecer con respecto a él por ti». Entregar el pasado al Espíritu Santo es pedir que en nuestra mente no queden más que pensamientos de amor acerca de Él, y que todo lo demás desaparezca.

Lo que nos queda entonces es el presente, el único momento en que suceden los milagros. "Ponemos tanto el pasado como el futuro en manos de Dios." La frase bíblica «El tiempo ya no existirá» significa que un día viviremos plenamente en el presente, sin obsesionarnos por el pasado ni por el futuro.

El universo nos provee a cada momento de una hoja en blanco; la creación de Dios no tiene nada en nuestra contra. Nuestro problema es que no nos lo creemos. Pidamos perdón, no a "Dios, que jamás nos ha condenado", sino a nosotros mismos, por todo lo que creemos que hicimos y que dejamos de hacer. Démonos permiso para volver a empezar.

Todos hemos deseado, en un momento u otro de nuestra vida, no haber hecho algo que hicimos, o haber hecho algo que no hicimos. Son los momentos, no importa que se remonten a ayer o a varios años atrás, que no nos animamos a evocar. Una de las técnicas más liberadoras que nos ofrece *Un Curso de Milagros* es una plegaria mediante la cual damos instrucciones al universo para que deshaga nuestros errores:

> *«... el primer paso en el proceso de deshacimiento es reconocer que decidiste equivocadamente a sabiendas, pero que con igual empeño puedes decidir de otra manera. Sé muy firme contigo mismo con respecto a esto, y mantente plenamente consciente de que el proceso de*

deshacimiento, que no procede de ti, se encuentra no obstante en ti porque Dios lo puso ahí. Tu papel consiste simplemente en hacer que tu pensamiento retorne al punto en que se cometió el error, y en entregárselo allí a la Expiación en paz. Repite para tus adentros lo que sigue a continuación tan sinceramente como puedas, recordando que el Espíritu Santo responderá de lleno a tu más leve invitación:

Debo haber decidido equivocadamente porque no estoy en paz.
Yo mismo tomé esa decisión, por lo tanto, puedo tomar otra.
Quiero tomar otra decisión porque deseo estar en paz.
No me siento culpable porque el Espíritu Santo, si se lo permito, desvanecerá todas las consecuencias de mi decisión equivocada.
Elijo permitírselo, al dejar que Él decida en favor de Dios por mí».

¡Y ya está! Se trata de un curso sobre *milagros*, no de un curso sobre mover muebles. "Los milagros invierten las leyes físicas. El tiempo y el espacio están bajo su control."

En cuanto al futuro, el Curso señala que no hay manera de que sepamos lo que va a suceder mañana, pasado mañana o dentro de cinco años. Solo el ego hace conjeturas sobre el futuro. En el Cielo "ponemos el futuro en manos de Dios". El Espíritu Santo nos devuelve una fe y una confianza totales en que, si hoy vivimos con el corazón totalmente abierto, el mañana se cuidará de sí mismo. Tal como dijo Jesús en el

Sermón de la Montaña: «No os afanéis, pues, por el día de mañana, que el día de mañana traerá su propio afán».

"El ego basa su percepción de la realidad en lo que ha sucedido en el pasado, traslada esas percepciones al presente y crea, por lo tanto, un futuro similar al pasado." Si sentimos que hubo carencias en nuestro pasado, nuestras ideas sobre el futuro se basan en esa percepción. Entonces convertimos el presente en un esfuerzo por compensar el pasado. Como esa percepción es nuestra creencia central, volvemos a crear las mismas condiciones en el futuro. «El pasado, el presente y el futuro no son estados continuos, a no ser que impongas continuidad en ellos». En el presente tenemos la oportunidad de romper la continuidad del pasado y el futuro pidiendo la intervención del Espíritu Santo. Este es el milagro. Queremos una vida nueva, un nuevo comienzo. Deseamos una vida que no esté contaminada por ninguna negrura del pasado, y, como "tenemos derecho a los milagros", tenemos derecho a esa plena liberación. Esto es lo que quiere decir que Jesús nos purifica de nuestros pecados. Él nos limpia de los pensamientos faltos de amor. Renunciamos a todo pensamiento que implique juzgar y nos mantenga así atados al pasado. Renunciamos a todo pensamiento de apego que nos mantenga con la mano tendida hacia el futuro.

El mundo del ego es un mundo de cambios constantes, de altibajos, de luz y oscuridad. El Cielo es un ámbito de paz constante, porque es la conciencia de una realidad que está más allá del cambio. «Y el Cielo no cambiará, pues nacer al bendito presente es liberarse de los cambios».

El mundo que nos revela el Espíritu Santo trasciende este mundo, y se nos revela por mediación de una percepción diferente. Morimos en uno de estos mundos para poder nacer en el otro. «Renacer es abandonar el pasado y contemplar el presente sin condenación». El mundo del tiempo no es el mundo real; el mundo de la eternidad es nuestro verdadero hogar. Cargados de posibilidades, vamos en camino hacia allí.

La resurrección

«Tu resurrección es tu redespertar».

El propósito de nuestra vida es dar nacimiento a lo mejor que llevamos dentro. Cristo viene como un niño pequeño porque el símbolo del recién nacido es el de alguien cuya inocencia no está echada a perder por la historia pasada ni por la culpa. El Cristo niño que llevamos dentro no tiene historia. Es el símbolo de una persona a quien se le da la oportunidad de volver a empezar. En última instancia, la única manera de sanar las heridas del pasado es perdonándolas y no aferrándose a ellas. El obrador de milagros ve que su propósito en la vida es que lo usen al servicio del perdón de la humanidad, para despertarnos de nuestro sueño colectivo.

En el Curso leemos que «en la Biblia se menciona que sobre Adán se abatió un sueño profundo, mas no se hace referencia en ninguna parte a que haya despertado». Hasta ahora, no ha habido un «amplio redespertar o renacimiento». Todos podemos contribuir a un renacimiento global en la medida en que nos permitamos despertar de nuestro propio sueño personal de separación y culpa, liberar nuestro pasado y aceptar una vida nueva en el presente. Solo por mediación de nuestro despertar personal podrá despertarse el mundo. No podemos dar lo que no tenemos.

A todos nos ha sido asignado un sector del jardín, un rincón del universo que nos corresponde transformar. Nuestro rincón del universo es nuestra propia vida –nuestras relaciones, nuestro hogar, nuestro trabajo, nuestras circunstancias actuales– exactamente tal como es. Cada situación en que nos encontramos es una oportunidad, perfectamente planeada por el Espíritu Santo, para enseñar el amor en vez del miedo. En cualquier sistema de energía del que formemos parte, nuestro trabajo es sanarlo, purificar las formas del pensamiento purificando nuestro propio pensamiento. En realidad nunca hay una circunstancia que necesite cambiar: somos nosotros quienes necesitamos cambiar. La plegaria no es tanto para que Dios nos cambie la vida, sino más bien para que nos cambie a nosotros.

Ese es el mayor milagro, y en última instancia el único: que te despiertes del sueño de la separación y te conviertas en otro tipo de persona. La gente se preocupa constantemente por lo que hace: si ha conseguido lo suficiente, ha escrito el mejor guion o ha creado la empresa más poderosa. Pero ni otra gran novela, ni otra gran película ni otra gran empresa comercial salvarán al mundo. Lo único que lo salvará será la aparición de grandes personas.

Si en un recipiente de cristal, cerrado, introducimos a presión más agua de la que puede contener, se quebrará. Lo mismo sucede con nuestra personalidad. El poder de Dios, particularmente en esta época, se introduce dentro de nosotros a un ritmo muy rápido, a gran velocidad. Si nuestro recipiente, nuestro vehículo, nuestro canal humano, no está adecuadamente preparado por la devoción y por una profunda reverencia ante la vida, el mismo poder cuya intención es salvarnos nos puede destruir. Entonces nuestra creatividad, en vez de hacernos personalmente poderosos, nos vuelve histéricos. Por eso la vivencia del poder creativo –de Dios dentro de nosotros– es la de una espada de doble filo: si se recibe con gracia, es una bendición; si se recibe sin gracia, nos enloquece. Esta es una de las razones por las que tantas personas creativas se han volcado a un uso destructivo de las drogas: en realidad, para amortiguar la vivencia de la recepción del poder de Dios, no para realzarla. Ser penetrados por el poder de Dios, en una cultura que no tenía nombre para él ni forma de reconocer la auténtica experiencia espiritual, nos asustó tanto que nos precipitamos al alcohol y otras drogas para no sentir lo que realmente sucedía. Solo cuando estábamos embriagados teníamos el coraje de reconocer como propia nuestra experiencia.

«Todo el mundo tiene derecho a los milagros –se dice en *Un Curso de Milagros*–, pero antes es necesaria una purificación». Las impurezas, ya sean mentales o químicas, contaminan el sistema y profanan el altar interior. Nuestro vehículo, entonces, no puede resistir la vivencia de Dios. Las aguas del espíritu se precipitan dentro de nosotros, pero el recipiente empieza a resquebrajarse. Tenemos que trabajar no con el flujo del poder –el amor de Dios se vierte dentro de nosotros con la precisa rapidez que somos capaces de manejar–, sino con nuestra propia preparación para recibirlo.

Un Curso de Milagros nos compara con personas que estuvieran en una habitación muy iluminada, quejándose de que está oscura al no darse cuenta de que se están tapando los ojos con las manos. La luz ha entrado, pero no la vemos. No nos damos cuenta de que el presente es siempre una oportunidad de volver a empezar, un momento colmado de luz. Reaccionamos ante la luz como si fuese oscuridad, y, entonces, la luz se convierte en oscuridad. A veces, solo retrospectivamente podemos ver que nos fue concedida otra oportunidad en la vida, una nueva relación o lo que fuere, pero como estábamos demasiado ocupados reaccionando ante el pasado, nos perdimos la ocasión de algo radicalmente nuevo.

Cuando somos verdaderamente sinceros con nosotros mismos, nuestro problema no es que las oportunidades de éxito no hayan aparecido. Dios siempre está expandiendo nuestras posibilidades. Se nos dan multitud de oportunidades, pero tendemos a sabotearlas. Nuestras energías conflictivas lo echan todo a perder. Pedir otra relación u otro trabajo no nos sirve de mucho si en la nueva situación nos vamos a mostrar exactamente tal como nos mostramos en la anterior. Mientras no nos sanemos de nuestros demonios internos, de nuestros hábitos mentales atemorizantes, convertiremos cada situación en la misma dolorosa tragedia que la anterior. Todo lo que hacemos está impregnado de la energía con que lo hacemos. Si estamos frenéticos, nuestra vida será frenética. Si estamos en paz, nuestra vida será pacífica. Así, en cualquier situación, nuestro objetivo es la paz interior. Nuestro estado interno determina las experiencias de nuestra vida, y no son nuestras experiencias las que determinan nuestro estado interno.

El término «crucifixión» alude a la pauta energética del miedo. Representa el sentimiento limitado y negativo del ego, y la forma en que este siempre intenta limitar, contradecir o invalidar al amor. El término «resurrección» alude a la pauta energética del amor, que reemplaza al miedo y lo trasciende. La función de un obrador de milagros es el perdón. Al realizar nuestra función, nos convertimos en canales para la resurrección.

Dios y el ser humano son el equipo creativo fundamental. Dios es como la electricidad. Una casa puede disponer de instalación eléctrica, pero, si no hay ningún aparato eléctrico, ¿de qué servirá? Si vemos a Dios como la electricidad, nosotros somos Sus lámparas. No importa el tamaño de la lámpara, ni su forma ni su diseño. Lo único que importa es que esté conectada. No importa quiénes somos, ni cuáles son nuestros dones. Lo único que importa es que estemos dispuestos a que Él nos use a Su servicio. Nuestra disposición, nuestra convicción, nos dan un poder milagroso. Los servidores de Dios llevan la impronta de su Maestro.

Las lámparas sin electricidad no dan luz, y la electricidad sin lámparas, tampoco. Juntas, sin embargo, eliminan toda oscuridad.

La madurez cósmica

«Criatura de Dios, fuiste creado para crear lo bueno, lo hermoso y lo santo».

A medida que nos convertimos en canales más puros para la luz de Dios, se intensifica nuestro apetito de la dulzura que es posible lograr en este mundo. La meta de un obrador de milagros no es pelear con el mundo tal como es, sino crear el mundo que podría ser.

Limitarse a tratar el síntoma de un problema no es en realidad tratarlo. Tomemos las bombas nucleares, por ejemplo. Si todos nos empeñamos mucho, firmamos suficientes peticiones y elegimos funcionarios nuevos, podremos erradicarlas. Pero ¿de qué nos servirá eso, en última instancia, si no nos liberamos del odio que hay en nuestro corazón? Nuestros hijos o los hijos de nuestros hijos fabricarán una fuerza destructiva más poderosa que esas bombas, si aún siguen albergando dentro de sí el miedo y el conflicto.

Todo en el universo físico forma parte del viaje que nos adentra en el miedo o del que nos devuelve al amor, según de qué manera lo use la mente. Lo que dedicamos al amor se usa con fines de amor. De este modo, trabajamos dentro de este ilusorio mundo, a nivel político, social, ambiental o en lo que sea, pero reconocemos que la verdadera transformación del mundo no proviene de lo que estemos haciendo, sino de la conciencia con que lo hagamos. De hecho, lo único que hacemos es ganar tiempo hasta que la verdadera transformación de las energías globales tenga oportunidad de abrirse paso.

El propósito del obrador de milagros es espiritualmente magnífico, no personalmente ostentoso. El gran drama cósmico no es tu carrera, ni tu dinero, ni ninguna de tus experiencias mundanas. Ciertamente, tu carrera es importante, y también tu dinero, tu talento, tu energía y tus relaciones personales. Pero solo son importantes en la medida en que están consagrados a Dios para que los use para Sus fines. Cuando dejamos atrás la inmadura preocupación por nuestro pequeño yo, trascendemos nuestro egoísmo y alcanzamos la madurez cósmica.

Mientras no encontramos esa madurez cósmica somos pueriles. Nos preocupamos por las letras del coche, por nuestra carrera, nuestra cirugía plástica, nuestras mezquinas heridas, mientras la situación política deriva hacia el desastre y el agujero en la capa de ozono empeora día tras día. Somos pueriles cuando estamos tan preocupados por cosas que en última instancia no importan que perdemos nuestra conexión esencial con lo que verdaderamente importa.

Hay una diferencia entre pueril e infantil. Infantil implica espiritualidad, como en la ternura, y un no saber profundo que hace que estemos abiertos a las nuevas impresiones. Somos infantiles cuando nos vemos a nosotros mismos en los brazos de Dios. Aprendemos a hacernos a un lado y a dejar que Él nos señale el camino.

Dios no está separado de nosotros, porque es el amor que mora en nuestra mente. Todos los problemas, los de adentro y los de afuera, se deben a que alguien está separado del amor. Treinta y cinco mil personas al día se mueren de hambre en la Tierra, y no hay escasez de alimentos. La cuestión no es qué clase de Dios dejaría morir de hambre a los niños, sino más bien qué clase de personas dejan morir de hambre a los niños. Un obrador de milagros devuelve el mundo a Dios haciendo un viraje consciente hacia un modo de vida más lleno de amor. Esperar con cínica resignación que el mundo se hunda hace de nosotros parte del problema, no la respuesta al problema. Debemos reconocer conscientemente que, para Dios, «no hay grados de dificultad en los milagros». El amor sana todas las heridas. Ningún problema es demasiado pequeño para merecer la atención de Dios, ni demasiado grande para que Él no pueda resolverlo.

Todos los sistemas del mundo –en lo social, en lo político, en lo económico, en lo biológico– comienzan a desmoronarse bajo el peso de nuestra propia crueldad. Sin milagros, se podría argumentar que se acabó la fiesta, que ya es demasiado tarde para salvar el mundo. Mucha gente está convencida de que el mundo se encamina a un colapso total inevitable. Cualquier persona inteligente sabe que el mundo se mueve en muchos sentidos en una espiral descendente, y todo objeto sigue moviéndose en la dirección que en este momento siga a menos que se le aplique una fuerza opuesta más fuerte. Esa fuerza opuesta son los milagros. Cuando el amor alcance una masa crítica, cuando haya suficiente gente en cuya mentalidad tenga cabida el milagro, el mundo experimentará un cambio radical.

Esta es la undécima hora. El Curso nos dice que no es cosa nuestra lo que aprendamos, sino solo si aprendemos mediante la alegría o mediante el dolor. Aprenderemos a amarnos los unos a los otros, pero que lo aprendamos dolorosamente o pacíficamente es cosa nuestra. Si seguimos en nuestro oscuro camino y llegamos a la guerra nuclear, entonces, incluso si no quedaran sobre el planeta más de cinco personas al final de la conflagración, esas cinco personas habrán comprendido. Seguramente, se mirarán y dirán: «Tratemos de llevarnos bien». Pero si lo deseamos, podemos soslayar el guion de un holocausto nuclear. La mayoría de nosotros ya hemos padecido nuestros propios desastres personales. No hay necesidad de pasarlos otra vez de manera colectiva. Podemos entenderlo así más adelante, o podemos entenderlo ahora. Saber que tenemos una opción es comprender el mundo de un modo auténticamente adulto.

Después de que Dorothy hubo terminado su dramático viaje a Oz, el mago bueno le dijo que lo único que hubiera tenido que hacer era entrechocar tres veces los talones y decir: «Quiero irme a casa», «Quiero irme a casa», «Quiero irme a casa». No habría sido necesaria la larga y fatigosa caminata por el sendero de ladrillos amarillos. Dorothy, que estaba muy ofendida, estoy segura, preguntó:

—¿Por qué no me lo dijiste?

Y el mago replicó:

—¡Porque no me habrías creído!

En las antiguas tragedias griegas hay un recurso común, conocido como el *Deus ex machina*. La trama va evolucionando hasta una culminación desastrosa, y, precisamente cuando toda esperanza parece perdida, aparece un dios y salva la situación. Esta es una importante información arquetípica. En el último momento, cuando todo parece perdido, Dios tiende a aparecer. No porque tenga un sentido del humor sádico y espere a que estemos totalmente desesperados antes de mostrarnos su poder. Tarda tanto porque no es hasta ese momento cuando nos molestamos en pensar en Él. Durante todo este tiempo creíamos que Lo estábamos esperando. Poca idea teníamos de que era Él quien nos estaba esperando a nosotros.

El renacimiento

«Eso es lo que se quiere decir con "los mansos heredarán la tierra". Literalmente, se apoderarán de ella debido a su fortaleza».

Es hora de que cumplamos nuestro propósito, de que vivamos sobre la tierra y no tengamos más pensamiento que el del Cielo. "De este modo, el Cielo y la Tierra se convertirán en uno solo. No continuarán existiendo como estados separados."

Hay veces que el pensamiento milagroso no es fácil, porque nuestras pautas mentales habituales están impregnadas de miedo. Cuando así sucede –cuando parece que el enojo, los celos o el dolor se nos han adherido al corazón y no podemos desprendernos de ellos–, entonces, ¿cómo hacemos milagros? Pidiendo al Espíritu Santo que nos ayude.

El Curso nos dice que podemos hacer muchas cosas, pero lo que nunca podremos hacer es invocar al Espíritu Santo en vano. Según el Curso, "no le pedimos demasiado a Dios; de hecho, le pedimos demasiado poco". Cada vez que nos sentimos perdidos, trastornados o asustados, lo único que tenemos que hacer es pedirle ayuda. Quizá la ayuda no venga de la manera que esperábamos, o incluso que creíamos desear, pero vendrá y la reconoceremos por la forma en que nos sentiremos. A pesar de todo, nos sentiremos en paz.

Pensamos que hay diferentes categorías en la vida: el dinero, la salud, las relaciones... y además, para algunos, la «vida espiritual». Pero solo el ego establece categorías. En realidad, solamente se desarrolla un drama en nuestra vida: nuestra separación de Dios y nuestro reencuentro con Él. Simplemente repetimos el mismo drama de diferentes maneras.

El Curso dice que "creemos tener muchos problemas diferentes, pero en realidad solo tenemos uno". La negación del amor es el único problema, y su aceptación la única respuesta. El amor sana todas nuestras relaciones: con el dinero, con el cuerpo, con el trabajo, con la sexualidad, con la muerte, con nosotros mismos y con los demás. Por mediación del poder milagroso del puro amor, nos desprendemos de nuestra historia pasada, en todos los ámbitos, y volvemos a empezar.

Si tratamos los principios milagrosos como si fueran juguetes, serán como juguetes en nuestra vida. Pero si los tratamos como al poder del universo, eso serán para nosotros. El pasado quedó atrás. No importa quiénes seamos, de dónde venimos, lo que nos decían mamá y papá, los errores que cometimos, las enfermedades que tuvimos o lo deprimidos que nos sentimos. El futuro se puede reprogramar en este mismo momento. No necesitamos otro seminario, otro título, otra vida ni la aprobación de nadie para que esto ocurra. Lo único que tenemos que hacer es pedir un milagro y dejar que suceda, no resistirnos a él. Puede haber un nuevo comienzo, una vida diferente de la anterior. Nuestras relaciones se renovarán. Nuestra carrera, nuestro cuerpo, nuestro planeta se renovarán. Ese es el modo en que se hará la voluntad de Dios, así en la Tierra como en el Cielo. No más adelante, sino ahora. No en ninguna otra parte, sino aquí. No por mediación del dolor, sino de la paz. Así sea. Amén.

SEGUNDA PARTE

La práctica

6

LAS RELACIONES

«El templo del Espíritu Santo
no es un cuerpo, sino una relación».

El encuentro sagrado

> *«Cuando te encuentres con alguien, recuerda que se trata de un encuentro santo. Tal como lo consideres a él, así te considerarás a ti mismo. Tal como lo trates, así te tratarás a ti mismo. Tal como pienses de él, así pensarás de ti mismo. Nunca te olvides de esto, pues en tus semejantes o bien te encuentras a ti mismo o bien te pierdes a ti mismo».*

Antes de leer *Un Curso de Milagros*, estudié muchos otros escritos espirituales y filosóficos. Los sentí como si me guiaran a lo largo de un enorme tramo de escaleras hasta una catedral gigantesca levantada dentro de mí, pero, una vez que llegaba a lo alto de las escaleras, la puerta de la iglesia estaba cerrada con llave. El Curso me dio la llave que abría la puerta. La llave, muy simplemente, son las otras personas.

El Cielo, de acuerdo con el Curso, no es ni una condición ni un lugar, sino más bien «la conciencia de la perfecta unicidad». Puesto que el Padre y el Hijo son uno, amar a uno de ellos es amar al otro. El amor de Dios no está fuera de nosotros. La letra de una canción de la obra teatral *Los miserables* dice: «Amar a otra persona es ver la faz de Dios». La «faz de Cristo» es la inocencia y el amor que se ocultan tras las máscaras que todos usamos, y ver ese rostro, tocarlo y amarlo en nosotros mismos y en los demás es la experiencia de Dios. Es lo divino de nuestra condición humana. Es la elevación espiritual que todos buscamos.

En toda relación, en todo momento, enseñamos primordialmente una de estas dos cosas: a amar o a temer. «Enseñar es demostrar». Cuando demostramos amor hacia los otros, aprendemos que somos queribles y aprendemos a amar con mayor profundidad. Cuando demostramos temor o negatividad, aprendemos a autocondenarnos y a tener más miedo de la vida. Siempre aprenderemos lo que hemos decidido enseñar. «Las ideas no abandonan su fuente», y por eso siempre formamos parte de Dios y nuestras ideas siempre forman parte de nosotros. Si opto por bendecir a otra persona, terminaré sintiéndome siempre más bienaventurada. Si proyecto culpa sobre otra persona, terminaré sintiéndome siempre más culpable.

Las relaciones existen para apresurar nuestra marcha hacia Dios. Cuando nos entregamos al Espíritu Santo, cuando Él está a cargo de nuestras percepciones, nuestros encuentros se convierten en encuentros sagrados con el perfecto

Hijo de Dios. *Un Curso de Milagros* dice que las personas con las que nos encontremos serán quienes nos crucifiquen o nos salven, dependiendo de lo que nosotros decidamos ser con ellas. Concentrarnos en la culpa del otro clava aún más profundamente en nuestra propia carne los clavos del odio hacia nosotros mismos. Concentrarnos en su inocencia nos libera. Puesto que «no tenemos pensamientos neutros», cada relación nos adentra más en el Cielo o nos sume más profundamente en el infierno.

El perdón en las relaciones

«El perdón elimina lo que se
interpone entre tu hermano y tú».

Un Curso de Milagros se enorgullece de ser un curso práctico con un objetivo práctico: la consecución de la paz interior. El perdón es la clave de la paz interior, porque es la técnica mental mediante la cual nuestros sentimientos se transforman, pasando del miedo al amor. Nuestras percepciones de los demás suelen convertirse en un campo de batalla entre el deseo de juzgar del ego y el deseo del Espíritu Santo de aceptar a todas las personas tal como son. El ego es el gran criticón. Está siempre al acecho de nuestros defectos y de los ajenos. El Espíritu Santo va en busca de nuestra inocencia. Nos ve a todos como realmente somos, y, puesto que somos las creaciones perfectas de Dios, ama lo que ve. Los aspectos de nuestra personalidad donde tendemos a apartarnos del amor no son nuestros defectos, sino nuestras heridas. Dios no quiere castigarnos, sino sanarnos. Y así es como Él quiere que veamos las heridas en los demás.

El perdón es «una forma selectiva de recordar», tomar conscientemente la decisión de concentrarse en el amor y desentendernos de lo demás. Pero el ego es implacable: «es capaz de ser desconfiado en el mejor de los casos, y cruel en el peor». Presenta los argumentos más sutiles e insidiosos para expulsar de nuestro corazón a nuestro prójimo. La piedra angular de la enseñanza del ego es: «El Hijo de Dios es culpable». La piedra angular de la enseñanza del Espíritu Santo es: «El Hijo de Dios es inocente».

El obrador de milagros invita conscientemente al Espíritu Santo a entrar en todas las relaciones para que lo libere de la tentación de juzgar y buscar culpabilidad. Pidamos al Espíritu Santo que nos salve de nuestra tendencia a condenar, que nos revele la inocencia que los otros llevan dentro, para que podamos ver la que nosotros llevamos dentro.

«Dios amado, en tus manos pongo esta relación» quiere decir «Dios amado, permite que vea a esta persona a través de tus ojos». Al aceptar la Expiación, estamos pidiendo ver como ve Dios, pensar como piensa Dios, amar como Él ama. Le estamos pidiendo que nos ayude a ver la inocencia de alguien.

Una vez estaba yo de vacaciones en Europa con mi familia. Aunque tanto mi madre como yo hacíamos nobles esfuerzos por llevarnos bien, la cosa no funcionaba. Las viejas pautas de ataque y defensa seguían interponiéndose entre nosotras. Ella quería una hija más conservadora y yo quería una madre más moderna. Yo abría una y otra vez el libro de textos del Curso en busca de ayuda e inspiración, y, para mi gran consternación, cada vez que lo abría, el libro me mostraba la misma sección, donde decía: «Examina honestamente qué es lo que has pensado que Dios no habría pensado, y qué no has pensado que Dios habría querido que pensases». Dicho de otra manera, ¿dónde no coincidían mis pensamientos con los de Dios? El asunto me estaba volviendo loca. Yo quería ver reforzados mis sentimientos defensivos. Lo que menos deseaba que me dijeran era que el único error estaba en mi propio pensamiento.

Finalmente, mientras contemplaba la plaza de San Marcos en Venecia, miré atentamente a mi madre y me dije: «Es verdad; al mirarla, Dios no está pensando "Sophie Ann es tan odiosa"». Mientras no optara por verla de otra manera, mientras no dejara de empeñarme en ver solo sus errores, no compartiría la percepción de Dios y no podría estar en paz. Tan pronto como lo vi, aflojé mi tensa fijación en lo que yo percibía como su culpa. A partir de ese momento, la situación empezó a cambiar. Milagrosamente, ella comenzó a ser más agradable conmigo, y yo más agradable con ella.

Es fácil perdonar a la gente que jamás ha hecho nada que nos enfureciera. Y, sin embargo, las personas que nos enfurecen son nuestros maestros más importantes: nos indican los límites de nuestra capacidad de perdonar. «Abrigar resentimientos es un ataque contra el plan de Dios para la salvación». La decisión de olvidar nuestros agravios contra los demás es la decisión de vernos como realmente somos, porque cualquier sombra a la que permitamos que no nos deje ver la perfección de los demás tampoco nos dejará ver la nuestra.

Puede ser muy difícil liberarnos de nuestra percepción de la culpabilidad de alguien cuando sabemos que, de acuerdo con todas las normas de la ética, la moral o la integridad, tenemos derecho a considerar culpable a esa persona. Mas el Curso pregunta: «¿Preferirías tener razón a ser feliz?». Si estás juzgando a un hermano, te equivocas aunque tengas razón. Ha habido veces en que me costó muchísimo renunciar a mi juicio sobre alguien, y en que me quejaba mentalmente: «¡Pero si tengo razón!». Me sentía como si renunciar a juzgar equivaliera a excusar el comportamiento. Pensaba: «Bueno, pero alguien tiene que defender los principios en este mundo. Si no hacemos más que perdonarlo todo, ¡entonces todos los niveles de excelencia desaparecerán!».

Pero Dios no necesita de nosotros para que patrullemos el universo. Amenazar con el dedo a alguien no ayuda a que esa persona cambie. En todo caso, el hecho de que percibamos la culpa de alguien no hace más que mantenerlo atascado en ella. Cuando amenazamos a una persona con el dedo, en sentido figurado o literal, no por eso es más fácil que consigamos corregir su comportamiento agraviante. Tratar a alguien con compasión y misericordia hace que sea mucho más probable obtener de esa persona una respuesta sanada. Entonces es más difícil que la gente se ponga a la defensiva, y más fácil que acepte la corrección. En algún nivel, cuando no obramos bien nos damos cuenta. Si supiéramos cómo, haríamos las cosas de diferente manera. No necesitamos que nos ataquen, sino que nos ayuden. El perdón forja un contexto nuevo, dentro del cual es más fácil que podamos cambiar.

Perdonar es optar por ver a las personas tal como son «ahora». Cuando estamos enfadados con alguien, es por algo que esa persona dijo o hizo antes de ese momento. Pero la gente no es lo que hizo o dijo. Las relaciones renacen cuando dejamos de dar importancia a la percepción del pasado de nuestro hermano. "Cuando traemos el pasado al presente, creamos un futuro exactamente igual que el pasado." Si dejamos de aferrarnos al pasado, hacemos lugar para los milagros.

Atacar a un hermano es un recordatorio de su pasado culpable. Si escogemos afirmar la culpa de un hermano, estamos optando por seguir experimentándola. El futuro se programa en el presente. Dejar de aferrarse al pasado es recordar que en el presente mi hermano es inocente. Es un acto de afable generosidad aceptar a una persona basándonos en aquello que sabemos que es verdad acerca de ella, independientemente de que ella misma esté o no en contacto con esa verdad.

Solo el amor es real. En realidad, no existe nada más. Si una persona actúa sin amor, eso significa que, independientemente de su negatividad –cólera o lo que fuere–, su comportamiento se deriva del miedo y en realidad no existe. Está alucinando. Tú la perdonas, entonces, porque no hay nada que perdonar. El perdón es una forma de discernimiento entre lo que es real y lo que no es real.

Cuando las personas actúan sin amor, es que se han olvidado de quiénes son. Se han quedado dormidas y no son conscientes del Cristo interior. La tarea del obrador de milagros es mantenerse despierto. Si escogemos no quedarnos dormidos soñando con la culpa de nuestro hermano, de esa manera nos será concedido el poder de despertarlo.

Un ejemplo básico de obrador de milagros es Pollyanna,* y el ego lo sabe, razón por la cual nuestra cultura la invalida constantemente. Pollyanna se encontró de repente en un sitio

* La autora alude a la heroína incorregiblemente optimista de los cuentos de Mrs. John Lyman Porter. *(N. de la T.)*

donde todos habían estado durante años de un humor espantoso y agresivo, pero ella optó por no ver esa agresividad, porque tenía fe en lo que se ocultaba tras ella. Pollyanna extendió su percepción más allá de lo que le revelaban sus sentidos físicos, hasta llegar, mediante su corazón, a lo que era verdadero en cada ser humano. No importaba cómo se comportara nadie. Pollyanna tenía fe en el amor que ella sabía que existe siempre, en todos, por detrás del miedo, y por eso los invitaba a expresarlo. Ejercitó el poder del perdón, ¡y en breve tiempo todos se mostraban agradables y todos eran felices! Cuando alguien me comenta que me comporto como Pollyanna, me digo para mis adentros: «Ojalá fuera yo tan poderosa».

Renunciar a juzgar

«Juzgar no es un atributo de Dios».

Un Curso de Milagros nos dice que cada vez que pensamos en atacar a alguien es como si estuviéramos sosteniendo una espada sobre la cabeza de esa persona. La espada, sin embargo, no cae sobre ella, sino sobre nosotros. Como todo pensamiento que tenemos se refiere a nosotros mismos, condenar a otra persona es autocondenarnos.

¿Cómo nos liberamos de la tendencia a juzgar? En gran parte, mediante una nueva interpretación de lo que juzgamos. *Un Curso de Milagros* describe la diferencia entre un pecado y un error. "Un pecado implicaría que hemos hecho algo tan malo que Dios está enojado con nosotros." Pero como no podemos hacer nada que cambie nuestra naturaleza esencial,

Dios no tiene por qué estar enfadado. Solo el amor es real. Nada más existe. "El Hijo de Dios no puede pecar. Podemos cometer errores", sin duda, y es evidente que los cometemos. Pero la actitud de Dios hacia el error es un deseo de sanarnos. Como somos coléricos y punitivos, nos hemos inventado la idea de un Dios colérico y punitivo. Sin embargo, nosotros hemos sido creados a imagen de Dios, y no al revés. En cuanto extensiones Suyas, también nosotros somos el espíritu de la compasión, y en nuestro sano juicio no intentamos juzgar, sino sanar. Y lo hacemos mediante el perdón. Cuando alguien se comporta sin amor –cuando alguien nos grita, o nos miente, o nos roba– es que ha perdido el contacto con su propia esencia. Ha olvidado quién es. Pero todo lo que alguien hace, dice el Curso, es o bien «amor o una petición de amor». Si alguien nos trata con amor, no hay duda de que el amor es la respuesta apropiada. Si nos trata con miedo, hemos de ver su comportamiento como una petición de amor.

El sistema penitenciario estadounidense ejemplifica la diferencia filosófica y práctica entre percibir el pecado o percibir el error. Consideramos culpables a los criminales e intentamos castigarlos. Pero todo lo que les hacemos a los demás nos lo hacemos a nosotros mismos. Las estadísticas son la dolorosa prueba de que nuestras prisiones son escuelas del crimen; una enorme cantidad de crímenes los cometen personas que ya han pasado por la cárcel. Al castigar a otros, terminamos autocastigándonos. ¿Significa esto que hemos de perdonar a un violador, decirle que entendemos que tuvo un mal día y mandarlo a su casa? Por supuesto que no. Lo que tenemos que hacer es pedir un milagro. Un milagro, en este caso, sería pasar de percibir las prisiones como lugares de castigo a percibirlas como lugares de rehabilitación. Cuando de manera consciente cambiemos su finalidad, pasando del miedo al amor, liberaremos infinitas posibilidades de sanación.

El perdón es el arte marcial de la conciencia. En aikido y otras artes marciales, esquivamos la fuerza de nuestro atacante en vez de resistirnos a ella. Entonces, la energía del ataque se vuelve, como un búmeran, en la dirección del propio atacante. Nuestro poder reside en no reaccionar. El perdón funciona de la misma manera. Cuando devolvemos el ataque, y la defensa es una forma de ataque, iniciamos una guerra que nadie puede ganar. Como el desamor no es real, ni en nosotros mismos ni en los demás, estamos supeditados a él. El problema, evidentemente, es que creemos que sí. Al buscar un milagro no participamos en las batallas de la vida, sino que más bien pedimos que se nos eleve por encima de ellas. El Espíritu Santo nos recuerda que la batalla no es real.

«"La venganza es mía", dice el Señor» significa: «Abandona la idea de venganza». Dios compensa todo agravio, pero no mediante el ataque, el juicio o el castigo. Contrariamente a lo que sentimos cuando estamos perdidos en las emociones que nos tientan a juzgar, no hay ninguna cólera justa. De niña, solía pelearme con mi hermano o mi hermana, y, cuando mi madre volvía a casa, se enfadaba con nosotros porque discutíamos. Siempre había alguno que decía:

—Ellos empezaron.

Pero en realidad no importa quién «empezó». Tanto si eres el primero en golpear como si devuelves el golpe, eres un instrumento del ataque y no del amor.

Hace varios años asistí a un cóctel donde me dejé llevar a una acalorada discusión sobre la política exterior norteamericana. Más tarde, esa noche, tuve una especie de fantasía onírica. Se me aparecía un caballero que me decía:

—Discúlpeme, señorita Williamson, pero pensamos que debemos decírselo: En la lista cósmica usted figura como un halcón, no como una paloma.

Yo me enfurecía y respondía indignada:

—Imposible. Estoy totalmente en favor de la paz. Si alguien es una paloma, soy yo.

—Me temo que no —era su respuesta—. He estado revisando nuestros gráficos y aquí dice muy claramente: Marianne Williamson, belicista. Usted está en guerra con Ronald Reagan, Caspar Weinberger, la CIA... en definitiva, con todo el sistema de defensa norteamericano. Lo siento, pero usted es indudablemente un halcón.

Por supuesto, comprendí que estaba en lo cierto. Yo tenía en la cabeza tantos misiles como Ronald Reagan. Pensaba que estaba mal que él juzgara a los comunistas, pero que estaba bien que yo lo juzgara a él. ¿Por qué? ¡Porque yo tenía razón, naturalmente!

Me pasé años siendo una izquierdista irascible hasta que me di cuenta de que una generación irascible no puede alcanzar la paz. Todo lo que hacemos está penetrado por la energía con que lo hacemos. Como decía Gandhi: «Debemos ser el cambio». Lo que el ego no quiere que veamos es que los cañones de los que necesitamos deshacernos primero son los que llevamos en la cabeza.

La opción de amar

«El ego es la elección en favor de la culpabilidad; el Espíritu Santo, la elección en favor de la inocencia».

El ego insiste siempre en lo que alguien ha hecho mal. El Espíritu Santo insiste siempre en lo que ha hecho bien. El Curso equipara el ego a un perro carroñero que va en busca de cada partícula que pueda probar la culpabilidad de nuestro hermano para ponerla a los pies de su amo. De modo similar, el Espíritu Santo envía a sus propios mensajeros en busca de pruebas de la inocencia de nuestro hermano. Lo importante es que decidimos lo que queremos ver antes de verlo. Recibimos lo que pedimos. «La proyección da lugar a la percepción». En la vida podemos encontrar –y de hecho encontraremos– cualquier cosa que andemos buscando. El Curso afirma que pensamos que entenderemos lo suficiente a una persona para saber si es o no digna de nuestro amor, pero que, a menos que la amemos, jamás podremos entenderla. El sendero espiritual implica asumir conscientemente la responsabilidad de lo que optamos por percibir, es decir, la culpa o la inocencia de nuestro hermano. Vemos la inocencia de un hermano cuando eso es lo único que «queremos» ver. La gente no es perfecta, es decir, todavía no expresa exteriormente su perfección interna. El hecho de que elijamos concentrarnos en la culpa de su personalidad o en la inocencia de su alma es cosa nuestra.

Lo que nos parece culpa en la gente es su miedo. Toda negatividad se deriva del miedo. Cuando alguien está enojado, tiene miedo. Cuando alguien es grosero, tiene miedo. Cuando alguien es manipulador, tiene miedo. Cuando alguien es cruel, tiene miedo. No hay miedo que el amor no disuelva. No hay negatividad que el perdón no transforme.

La oscuridad es simplemente la ausencia de luz, y el miedo no es más que la ausencia de amor. No podemos liberarnos de la oscuridad golpeándola con un palo, porque no hay nada que golpear. Si queremos liberarnos de ella, tenemos que encender una luz. De la misma manera, si queremos liberarnos del miedo, no lo conseguiremos con él; debemos reemplazarlo por el amor.

La opción de amar no siempre es fácil. El ego opone una resistencia atroz a abandonar las respuestas cargadas de miedo. Aquí es donde interviene el Espíritu Santo. No es tarea nuestra cambiar nuestras percepciones, sino recordar pedirle a Él que nos las cambie.

Digamos que tu marido te ha dejado por otra mujer. Tú no puedes cambiar a los demás, y tampoco puedes pedirle a Dios que los cambie. Sin embargo, sí puedes pedirle que te haga ver esta situación de otra manera. Puedes pedirle paz. Puedes pedir al Espíritu Santo que cambie tus percepciones. El milagro es que en la medida en que dejas de juzgar a tu marido y a la otra mujer, tu dolor visceral empieza a calmarse.

En esa situación, el ego puede decirte que no tendrás paz hasta que tu marido no vuelva. Pero la paz no está determinada por circunstancias ajenas a nosotros. La paz es el resultado del perdón. El dolor no proviene del amor que los demás nos niegan, sino más bien del amor que nosotros les negamos. En un caso como este, sentimos que lo que nos hiere es lo que alguien nos hizo. Pero lo que en realidad ha ocurrido es que la cerrazón de un corazón ajeno nos llevó a la tentación de cerrar el nuestro, y lo que nos duele es nuestra propia negación del amor. Por eso el milagro es un cambio en nuestro propio pensamiento: la disposición a mantener abierto nuestro corazón, independientemente de lo que suceda fuera de nosotros.

En cualquier situación siempre puede darse un milagro, porque nadie puede decidir por nosotros cómo interpretar nuestra propia experiencia. «No hay más que dos emociones: el amor y el miedo». Podemos interpretar el miedo como una petición de amor. Los obradores de milagros, dice el Curso, son generosos por su propio interés. Damos una oportunidad a alguien para poder estar en paz nosotros mismos.

El ego dice que podemos proyectar nuestra rabia sobre otra persona y no sentirla nosotros mismos, pero, como hay continuidad entre todas las mentes, seguimos sintiendo cualquier cosa que proyectemos en los demás. Enfurecernos con alguien puede hacer que nos sintamos mejor durante un tiempo, pero en última instancia el miedo y la culpa revierten sobre nosotros. Si juzgamos a otra persona, ella a su vez nos juzgará... y, aunque no lo haga, ¡nosotros sentiremos que lo hace!

Vivir en este mundo nos ha enseñado a responder instintivamente desde un espacio antinatural, saltando siempre a la rabia, la paranoia, la actitud defensiva o cualquier otra forma del miedo. El pensamiento antinatural es natural para nosotros, y los sentimientos antinaturales nos parecen naturales.

No es el propósito de *Un Curso de Milagros* que pintemos de rosa nuestro enojo y pretendamos que no existe. Lo que es psicológicamente erróneo es espiritualmente erróneo. Negar o suprimir las emociones es un error. Cuando se siente hervir por dentro, uno no dice: «Es que no estoy enojado, de veras que no. Estoy en la página 140 de *Un Curso de Milagros* y ya no me enfado más». El Espíritu Santo nos dice: «No intentéis purificaros antes de acudir a mí, porque yo soy el purificador». Una vez me encaminaba a dar una conferencia sobre el Curso y pensé en una mujer que conocía y con quien estaba enfadada. Inmediatamente traté de ocultar aquel pensamiento porque no era lo suficientemente santo para mí estar pensando eso en aquel momento. Entonces me pareció como si dentro de la cabeza una voz me dijera: «Oye, que soy tu amigo, ¿recuerdas?». El Espíritu Santo no me estaba juzgando por mi enojo. Estaba allí para ayudarme a superarlo.

No debemos olvidar para qué está el Espíritu Santo. Sin negar que estamos alterados, al mismo tiempo reconozcamos el hecho de que todos nuestros sentimientos se generan en nuestro pensamiento sin amor, y estemos dispuestos a sanar esa falta de amor. El crecimiento nunca tiene que ver con concentrarnos en las lecciones de otra persona, sino en las nuestras. No somos víctimas del mundo exterior. Por más difícil que sea creerlo a veces, siempre somos responsables de nuestra manera de ver las cosas. No habría ningún salvador si no hubiera necesidad de uno. Es cierto que en este mundo suceden cosas crueles y horribles que hacen casi imposible amar, pero el Espíritu Santo está dentro de nosotros para hacer lo imposible. Él hace por nosotros lo que solos no podemos hacer. Nos presta Su fuerza, y, cuando Su mente se une con la nuestra, el pensamiento del ego desaparece.

Pero para que esto suceda debemos tener conciencia de los sentimientos del ego. «Él no puede eliminar con Su luz lo que tú mantienes oculto, pues tú no se lo has ofrecido y Él no puede quitártelo». Si el Espíritu Santo cambiara nuestras pautas mentales sin que se lo pidiéramos, eso sería violar nuestro libre albedrío. Pero si le pedimos que las cambie, lo hará. Lo que se nos pide es que, cuando estemos enfadados o alterados por la razón que fuere, digamos: «Estoy enojado, pero dispuesto a no estarlo. Estoy dispuesto a ver esta situación de otra manera». Pidamos al Espíritu Santo que intervenga en la situación y nos la muestre desde un punto de vista diferente.

Una vez estaba haciéndome aplicar uñas de porcelana y la amiga de mi manicura entró en la habitación. Yo no podía tolerar su carácter. Desde el momento en que esa mujer abría la boca, sentía como si alguien estuviera rascando una pizarra con las uñas. Como no tenía las manos libres, no podía irme de la habitación, y, como la manicura acudía a mis conferencias, me sentí avergonzada de mi propia reacción. Me puse a rezar, pidiendo a Dios que me ayudara, y Su respuesta fue espectacular. Pasados unos momentos, aquella «repugnante» mujer empezó a hablar de su niñez, especialmente de su relación con su padre. Cuando comenzó a hablar de su educación, se me hizo perfectamente claro que había crecido con poca autoestima y una desmesurada necesidad de cultivar una personalidad pomposa que, a su entender, denotaba fuerza. Sus defensas, por supuesto, no le funcionaban: al provenir del miedo, solo conseguían alejar a la gente. De pronto, el mismo comportamiento que cinco minutos antes me irritaba tanto me inspiró una profunda compasión. El Espíritu Santo me había conducido a la información que me iba a ablandar el corazón, y ahora yo veía a esa mujer de otra manera. Ese era el milagro: su comportamiento no había cambiado, pero yo sí.

Los niveles de enseñanza

«Por lo tanto, el plan dispone que cada maestro de Dios establezca contactos muy específicos».

Las relaciones son tareas que tenemos que realizar. Forman parte de un vasto plan para nuestra iluminación, el diseño del Espíritu Santo mediante el cual a cada alma se la conduce a una conciencia y una expansión del amor mucho mayores. Las relaciones son los laboratorios del Espíritu Santo, en los cuales Él reúne a personas que así tienen la máxima oportunidad de crecimiento. Él evalúa quién puede aprender más de quién en cualquier momento dado, y después asigna a esas personas la una a la otra. Como un ordenador universal gigantesco, sabe exactamente qué combinación de energías, y en qué contexto exacto, es más útil para llevar adelante el plan de salvación divino. Ningún encuentro es accidental. «Los que tienen que conocerse se conocerán, ya que juntos tienen el potencial para desarrollar una relación santa».

El Curso afirma que hay "tres niveles de enseñanza" en las relaciones. El primer nivel consiste en lo que parecen ser encuentros fortuitos, por ejemplo el de dos extraños en un ascensor o el de dos estudiantes que «por casualidad» vuelven a casa juntos después de la escuela. El segundo nivel «es una relación más prolongada en la que, por algún tiempo, dos personas se embarcan en una situación de enseñanza-aprendizaje bastante intensa, y luego parecen separarse». El tercer nivel de enseñanza se da en relaciones que, una vez formadas, son de por vida. En estas situaciones de enseñanza-aprendizaje «se le provee a cada persona de un compañero de aprendizaje determinado que le ofrece oportunidades ilimitadas de aprender».

Incluso en el primer nivel de enseñanza, las personas que se encuentran en el ascensor pueden mirarse con una sonrisa y los estudiantes pueden hacerse amigos. Es principalmente en los encuentros casuales donde se nos da la oportunidad de practicar el arte de cincelar las aristas ásperas de nuestra personalidad. Sean las que fueren las características personales que se ponen en evidencia en nuestras interacciones casuales, aparecerán inevitablemente magnificadas en otras relaciones más intensas. Si nos mostramos irritables con el cajero del banco, difícilmente seremos más afables con las personas que amamos.

En el segundo nivel de enseñanza, se reúne a las personas para hacer un trabajo más intenso. Durante el tiempo que estarán juntas, pasarán por todas aquellas experiencias que les suministren las siguientes lecciones que han de aprender. Cuando la proximidad física ya no sirve de base al más elevado nivel de enseñanza y de aprendizaje posible entre ellas, la tarea les exigirá la separación física. Sin embargo, lo que entonces se nos aparece como el fin de la relación no es realmente un final. Las relaciones son eternas. Pertenecen a la mente, no al cuerpo, porque las personas son energía y no sustancia física. La unión de los cuerpos puede o no denotar una auténtica unión, porque la unión es algo mental. Puede ser que personas que han compartido durante veinticinco años el mismo lecho no estén verdaderamente unidas, y otras a miles de kilómetros de distancia no estén en modo alguno separadas.

Con frecuencia, parejas que se han separado o divorciado ven con tristeza el «fracaso» de su relación. Pero si ambas personas han aprendido lo que tenían que aprender, entonces la relación fue un éxito. Ahora ha llegado el momento de la separación física, de modo que se pueda seguir aprendiendo de otras maneras. Esto no solo significa aprender en otra parte, de otras personas; significa también aprender la lección de puro amor que encierra el hecho de tener que renunciar a una relación.

Las relaciones del tercer nivel, que duran toda la vida, son generalmente pocas, porque «su existencia implica que los que intervienen en ellas han alcanzado simultáneamente un nivel en el que el equilibrio enseñanza-aprendizaje es perfecto». Esto no significa, sin embargo, que necesariamente reconozcamos las tareas que nos son asignadas en el tercer nivel; la verdad es que en general no es así. Hasta es probable que sintamos hostilidad hacia esas personas. Alguien con quien tenemos lecciones que aprender durante toda la vida es alguien que nos obliga a crecer. A veces es alguien con quien compartimos amorosamente toda la vida, y otras es alguien a quien sentimos durante años, o incluso para siempre, como una espina clavada en el corazón. El solo hecho de que alguien tenga mucho que enseñarnos no significa que esa persona nos guste. La gente que más tiene que enseñarnos suele ser la que nos muestra, como si los reflejara, los límites de nuestra propia capacidad de amar, la gente que consciente o inconscientemente cuestiona nuestras actitudes temerosas y nos muestra nuestras murallas. Nuestras murallas son nuestras heridas, los lugares donde sentimos que ya no podemos amar más, no podemos conectarnos con más profundidad, no podemos perdonar más allá de cierto punto. Estamos, cada uno, en la vida de los otros para ayudarnos a ver dónde tenemos más necesidad de sanar, y para ayudarnos a sanar.

La relación especial

«La relación de amor especial es el arma principal del ego para impedir que llegues al Cielo».

Todos podemos reconocer en nosotros el deseo de encontrar la pareja perfecta; es casi una obsesión cultural. Pero de acuerdo con *Un Curso de Milagros*, la búsqueda de la persona perfecta, que represente la «solución», es una de nuestras peores heridas psíquicas, y uno de los engaños más poderosos del ego. Es lo que el Curso llama «la relación especial». Aunque la palabra «especial» alude normalmente a algo maravilloso, desde la perspectiva del Curso significa diferente y, por lo tanto, aparte o separado, que es una característica del ego más bien que del espíritu. Una relación especial es una relación basada en el miedo.

"Dios creó solamente un Hijo unigénito", y nos ama a todos como si fuéramos uno. Para Él nadie es diferente ni especial porque en realidad nadie está separado de nadie. Como nuestra paz reside en amar como Dios ama, debemos esforzarnos por amar a todo el mundo. Nuestro deseo de hallar una «persona especial», una parte de la Condición de Hijo que nos complete, es dañino porque es engañoso. Significa que estamos buscando la salvación en la separación más bien que en la unidad. El único amor que nos completa es el amor a Dios, y el amor a Dios es el amor a todo el mundo. Esto no significa que la forma de relacionarnos tenga que ser la misma con todas las personas, sino que debemos buscar en todas las relaciones el mismo contenido: un amor fraternal y una amistad que trasciendan los cambios de forma y los cuerpos.

De la misma manera como "el Espíritu Santo fue la respuesta de Dios a la separación, de igual modo la relación especial fue entonces la respuesta del ego a la creación del Espíritu Santo". Después de la separación empezamos a sentir en nuestro interior un enorme agujero, y la mayoría de nosotros seguimos sintiéndolo. El único antídoto para esto es la Expiación o retorno a Dios, porque el dolor que sentimos es efectivamente nuestra propia negación del amor. El ego, sin embargo, nos dice otra cosa. Sostiene que el amor que necesitamos debe venir de otra persona, y que ahí afuera hay alguien especial que puede llenar ese hueco. Como el deseo de ese alguien especial surge en realidad de nuestra creencia en que estamos separados de Dios, el deseo mismo simboliza la separación y la culpa que sentimos a causa de ella. Nuestra búsqueda, entonces, carga con la energía de la separación y de la culpa. Por eso, con frecuencia, en nuestras relaciones más íntimas se genera tanta rabia. Estamos proyectando en la otra persona la rabia que sentimos contra nosotros mismos por amputar nuestro propio amor.

Con frecuencia, cuando creemos que estamos «enamorados» de una persona, como indica *Un Curso de Milagros*, en realidad estamos cualquier cosa menos eso. La relación especial no se basa fundamentalmente en el amor, sino en la culpa. La relación especial es la fuerza de seducción del ego que pugna por alejarnos de Dios. Es una forma importante de idolatría, la tentación de pensar que algo diferente de Dios pueda completarnos y darnos paz. El ego nos dice que ahí afuera hay una persona especial que hará que desaparezca todo el dolor. En realidad no nos lo creemos, evidentemente, pero de alguna manera sí nos lo creemos. Nuestra cultura nos ha metido la idea en la cabeza, valiéndose de libros, canciones, películas, anuncios y, lo que es más importante, la conspiración de los otros egos. El trabajo del Espíritu Santo es hacer que la energía del amor especial abandone la falsedad para convertirse en algo sagrado.

La relación especial vuelve demasiado importante a otra persona: su conducta, sus opciones, su opinión de nosotros. Nos hace pensar que la necesitamos, cuando en realidad estamos completos y enteros tal como somos. El amor especial es un amor «ciego», que se equivoca al elegir la herida que intenta sanar. Se dirige a la brecha que hay entre nosotros y Dios que en realidad no existe, aunque creamos que sí. Al dirigirnos a esta brecha como algo real y desplazar su origen hacia otra persona, en realidad nos fabricamos la experiencia que procuramos rectificar.

Con la guía del Espíritu Santo, nos reunimos para compartir el alborozo. Bajo la dirección del ego, nos reunimos para compartir la desesperación. Sin embargo, en realidad la negatividad no se puede compartir, porque es una ilusión. «Una relación especial es un tipo de unión en el que la unión está excluida».

Una relación no está destinada a ser la unión de dos inválidos emocionales. El propósito de una relación no es que dos personas incompletas se conviertan en una, sino que dos personas completas se unan para mayor gloria de Dios.

La relación especial es un dispositivo mediante el cual el ego nos separa en lugar de unirnos. Basada en la creencia en el vacío interior, está siempre preguntando: «¿Qué puedo conseguir?», mientras que el Espíritu Santo pregunta: «¿Qué puedo dar?». El ego procura usar a otras personas para satisfacer lo que define como nuestras necesidades. Actualmente, algunas voces siguen insistiendo interminablemente en si una relación «satisface o no nuestras necesidades». Pero cuando intentamos usar una relación al servicio de nuestros propios fines, vacilamos, porque reforzamos nuestra ilusión de necesidad. Bajo la dirección del ego andamos siempre en busca de algo, y, sin embargo, continuamente saboteamos lo que hemos encontrado.

Una de mis amigas me llamó un día para decirme que había salido con un hombre que realmente le gustaba. A la semana siguiente, me llamó y me dijo que él había anulado una cita con ella para irse al campo, y que después de todo no le gustaba.

—No voy a aceptarle eso a nadie —me dijo—. Yo estoy preparada para una relación.

—No —le contesté—, no estás preparada para una relación si no puedes permitir a la otra persona que cometa un error.

El ego le había dicho que rechazara a ese hombre porque ella estaba preparada para una relación, pero lo que hacía en realidad era asegurarse de que no la tuviera. El ego no busca alguien a quien amar, sino alguien a quien atacar. En lo relativo al amor, su precepto es «Busca, pero no halles». Va en busca de un reflejo de sí mismo, otra máscara que oculte la faz de Cristo. En la relación especial, yo tengo miedo de mostrarte la auténtica verdad de mí misma —mis miedos, mis debilidades— porque temo que, si la ves, me abandonarás. Estoy suponiendo que eres un crítico tan despiadado como yo. Y, sin embargo, no estiro el cuello para ver tus puntos débiles, porque me pone nerviosa pensar que me he liado con alguien que tiene puntos débiles. Todo el tinglado va en contra de la autenticidad, y, por consiguiente, del auténtico crecimiento.

Una relación especial perpetúa la mascarada autopunitiva en la que todos buscamos desesperadamente atraer el amor siendo alguien que no somos. Aunque vamos en busca del amor, en realidad estamos cultivando el odio hacia nosotros mismos, nuestra carencia de autoestima.

¿Cuál es aquí nuestro milagro? Es dejar de pensar en querer ser especial y empezar a pensar en la santidad. Nuestras pautas mentales respecto a las relaciones están tan impregnadas de miedo –ataque y actitudes defensivas, culpa y egoísmo, por más bonitos disfraces que les pongamos– que muchas veces terminamos de rodillas. Y esta, como siempre, es una buena posición. Roguemos a Dios para que guíe nuestros pensamientos y sentimientos. «Puedes poner cualquier relación bajo el cuidado del Espíritu Santo y estar seguro de que no será una fuente de dolor».

La relación santa

«La relación santa es la relación no santa de antes transformada y vista con otros ojos».

Si la relación especial es la respuesta del ego a la creación del Espíritu Santo, la relación santa es la respuesta del Espíritu Santo. "La relación santa es la relación especial de antes transformada." En la relación especial, el ego guía nuestro pensamiento y nos encontramos en el miedo, de máscara a máscara. En la relación santa, el Espíritu Santo ha cambiado la idea que nos hacíamos del propósito del amor, y nos encontramos de corazón a corazón.

Un Curso de Milagros describe la diferencia entre una alianza profana y una santa:

> *«Pues una relación no santa se basa en diferencias y en que cada uno piense que el otro tiene lo que a él le falta. Se juntan, cada uno con el propósito de completarse a sí mismo robando al otro. Siguen juntos hasta que piensan que ya no queda nada más por robar, y luego se separan. Y así van deambulando por un mundo de extraños, diferentes de ellos, compartiendo quizá con su cuerpo un techo que no cobija a ninguno de los dos; en la misma habitación, y sin embargo, separados por un mundo de distancia.*
>
> *Una relación santa parte de una premisa diferente. Cada uno ha mirado dentro de sí y no ha visto ninguna insuficiencia. Al aceptar su compleción, desea extenderla uniéndose a otro, tan pleno como él».*

El propósito de una relación especial es enseñarnos a que nos odiemos a nosotros mismos, en tanto que el propósito de una relación santa es sanarnos de nuestro autoaborrecimiento. En la relación especial estamos siempre tratando de ocultar nuestras debilidades. En la relación santa se sobreentiende que todos tenemos lugares aún no sanados, y que el propósito de que estemos con otra persona es sanar. No intentamos ocultar nuestras debilidades, sino que más bien entendemos que la relación es un contexto para sanar mediante un perdón recíproco. Adán y Eva estaban desnudos en el jardín del Edén, pero no se avergonzaban de ello. Eso no significa que estuvieran físicamente desnudos. Significa que estaban desnudos emocionalmente, de una forma real y sincera, y, sin embargo, no se avergonzaban porque se sentían completamente aceptados tal como eran.

El Curso compara la relación especial a un cuadro montado en un marco. El ego está más interesado en el marco –la idea de la persona perfecta que lo «arreglará» todo– que en el cuadro, que es la persona misma. El marco es barroco, y está ornamentado con rubíes y diamantes. El Curso afirma, no obstante, que los rubíes son nuestra propia sangre y los diamantes nuestras propias lágrimas. Esa es la esencia del especialismo. No es amor sino explotación. Lo que llamamos amor es a menudo odio, o, en el mejor de los casos, un robo. Aunque tal vez no seamos conscientes de ello, siempre buscamos a alguien que tiene lo que creemos que a nosotros nos falta, y una vez que lo obtenemos de ellos nos sentimos listos para cambiar de relación. En la relación santa, nos interesamos en el cuadro en sí. No queremos otro marco que el que preste suficiente apoyo al cuadro para mantenerlo en su lugar. No estamos interesados en nuestro hermano por lo que puede hacer por nosotros. Estamos interesados en nuestro hermano, y punto.

La relación santa es, por encima de todo, una amistad entre dos hermanos. No nos han puesto aquí para que nos sometamos a examen los unos a los otros, ni para juzgarnos ni para usar a los demás con el fin de satisfacer nuestras propias necesidades, las de nuestro ego. No estamos aquí para corregir, cambiar o despreciar a los demás. Estamos aquí para apoyarnos, perdonarnos y sanarnos los unos a los otros. En mi trabajo de consejera psicológica, me encontré una vez con una pareja que estaba a punto de acabar desagradablemente con su relación. El hombre se había ido de casa y salía con otra mujer, y su esposa estaba furiosa. Durante nuestra sesión, refiriéndose a la nueva pareja de él, le dijo:

—¡Te gusta únicamente porque no para de decirte lo maravilloso que eres!

Él la miró con aire muy serio y respondió en voz baja:

—Sí, creo que eso tiene algo que ver.

¿Cómo encontramos una relación santa? No pidamos a Dios que nos cambie de pareja, sino que nos cambie mentalmente. No escapemos de alguien que nos atrae porque tenemos miedo de que sea una relación especial. Siempre que hay una relación en potencia, existe la posibilidad de que sea especial. Con frecuencia, pregunto a mi público qué es lo primero que debemos hacer cuando nos sentimos atraídos por alguien, y me responden a coro: «¡Rezar!». La plegaria es más o menos así: «Dios amado, Tú sabes, y yo también, que en estas cosas tengo más potencial neurótico que en cualquier otra. Por favor, toma la atracción que siento por esta persona, los pensamientos y sentimientos que me inspira, y úsalos para Tus propios fines. Permite que esta relación evolucione de acuerdo con Tu voluntad. Amén».

El progreso espiritual es como una desintoxicación. Las cosas tienen que aflorar para que podamos liberarnos de ellas. Una vez que hemos pedido que nos sanen, nuestras zonas enfermas se ven obligadas a salir a la superficie. Una relación usada por el Espíritu Santo se convierte en un lugar donde nuestros bloqueos contra el amor ya no son suprimidos ni negados, sino más bien llevados a nuestro conocimiento consciente. No nos volvemos locos como suele pasarnos con la gente por quien nos sentimos atraídos. Entonces podemos ver claramente lo que funciona mal y, cuando estamos preparados, pedirle a Dios que nos muestre otro camino.

En cuanto templos de sanación, las relaciones son como una visita a la consulta del médico divino. ¿Cómo puede ayudarnos un médico si no le mostramos nuestras heridas? Tenemos que revelarle los lugares donde se alberga el miedo antes de que pueda sanarlos. *Un Curso de Milagros* nos enseña que "se debe llevar la oscuridad a la luz, y no al revés". Si una relación nos permite apenas evitar nuestras zonas enfermas, nos estamos ocultando en ella, no creciendo. El universo no le prestará su apoyo.

El ego piensa que una relación perfecta es aquella donde todo el mundo muestra un semblante perfecto. Pero no es necesariamente así, porque una exhibición de fuerza no siempre es sincera, no siempre es una expresión auténtica de nuestro ser. Si yo finjo que tengo las cosas claras en un campo donde realmente no es así, cultivo una falsa imagen de mí misma, y lo hago por miedo: miedo de que si tú vieras la verdad, mi verdad, me rechazarías.

La idea que tiene Dios y la que tiene el ego de una «buena relación» son completamente diferentes. Para el ego, una buena relación es aquella en la cual otra persona se conduce básicamente de la manera que nosotros queremos y nunca nos saca de quicio, jamás sale de los límites de la zona en la que nos encontramos cómodos. Pero si una relación existe para apoyar nuestro crecimiento, entonces existe, en muchos sentidos, precisamente para hacer todo eso, para forzarnos a abandonar nuestra limitada tolerancia y nuestra incapacidad para amar incondicionalmente. No estamos alineados con el Espíritu Santo mientras la gente no pueda comportarse de la manera que quiera sin que por eso se altere nuestra paz interior. Ha habido ocasiones en que mi idea de una relación era: «Esto es terrible», hasta que al reflexionar más a fondo me daba cuenta de que probablemente Dios estaría diciéndose: «Oh, qué bueno». Dicho de otra manera, Marianne tiene oportunidad de ver con mayor claridad sus propias neurosis.

Una amiga me contó una vez que había roto con su novio.

–¿Por qué? –le pregunté.

–Porque estuvo cinco días sin llamarme.

No dije nada.

–Él sabe que necesito que me renueve continuamente la seguridad de su afecto –continuó–, de manera que pongo mis límites. ¿No te parece bien?

–No, me parece pueril –respondí, y después de una pausa, le pregunté–: ¿No has pensado en aceptarlo tal cual es?

–Vaya, gracias por tu apoyo –me dijo.

–No hay de qué –respondí.

Yo sabía que para ella el apoyo era que los demás se mostraran de acuerdo en que su novio era culpable. Es muy fácil encontrar apoyo para nuestra creencia en la culpa. Pero el verdadero apoyo es ayudarnos mutuamente a ver más allá de los errores de los demás, a renunciar a nuestros juicios y a ver el amor que hay más allá.

Nuestra neurosis en las relaciones se deriva generalmente de que tenemos un programa preestablecido para la otra persona, o para la relación como tal. No es misión nuestra tratar de convertir una relación en lo que nosotros creemos que debería ser. Si alguien no se comporta como una gran pareja romántica, quizá sea porque no tiene que serlo en relación con nosotros. Y no por eso se equivoca. No todas las relaciones tienen que ser el romance definitivo: si el tren no se detiene en tu estación, no es tu tren. El ego intenta usar una relación para satisfacer nuestras necesidades tal como nosotros las definimos; el Espíritu Santo pide que la relación sea usada por Dios para que sirva a Sus propósitos. Y Su propósito es siempre que podamos aprender a amar con más pureza. Amamos con pureza cuando permitimos a los demás que sean como son. El ego busca la intimidad mediante el control y la culpa. El Espíritu Santo la busca mediante la aceptación y la liberación.

En la relación santa no procuramos cambiar a los demás, sino más bien ver qué hermosos son ya. Nuestra plegaria llega a ser: «Dios amado, deja caer el velo que tengo frente a los ojos y ayúdame a ver la belleza de mi hermano». Lo que nos hace sufrir en una relación es nuestra incapacidad de aceptar a los demás exactamente tal como son.

Nuestro ego no es otra cosa que nuestro miedo. Todos tenemos un ego, y eso no hace de nosotros malas personas. El ego no es el lugar donde somos malos, sino donde nos sentimos heridos. El Curso dice que "a cierto nivel todos tenemos miedo de que, si los demás vieran cómo somos en realidad, retrocederían horrorizados". Por eso nos inventamos la máscara, para ocultar lo que verdaderamente somos. Pero nuestro ser auténtico –Cristo dentro de nosotros– es lo más hermoso de nosotros. Debemos revelarnos en nuestro nivel más profundo para descubrir hasta qué punto somos realmente dignos de amor. Cuando profundizamos lo suficiente en nuestra verdadera naturaleza, lo que encontramos no es oscuridad, sino una luz infinita. Eso es lo que el ego no quiere que veamos: que nuestra seguridad reside verdaderamente en despojarnos de la máscara. Pero no lo podremos hacer si constantemente tememos que nos juzguen. La relación sagrada es un contexto donde nos sentimos lo suficientemente seguros para ser nosotros mismos, sabiendo que nuestra oscuridad no será juzgada, sino perdonada. De esta manera se nos sana y se nos deja en libertad de adentrarnos en la luz de nuestro ser auténtico. Estamos motivados para crecer. Una relación santa es «un estado mental común, donde ambos gustosamente entregan sus errores a la corrección, de manera que los dos puedan ser felizmente sanados cual uno solo».

El amor romántico

«No hay otro amor que el de Dios».

"No hay diferentes clases de amor. No hay una clase de amor entre madre e hijo, otra entre amantes y otra entre amigos. El amor real es el que está en el corazón de todas las relaciones. Ese es el amor de Dios, el cual no cambia con las formas ni con las circunstancias."

Una amiga mía me comentó recientemente:

–Tu relación con tu bebé debe de estar mostrándote toda una nueva clase de amor.

–No –le respondí–, pero sí me está mostrando una nueva profundidad de la ternura, que me enseña más sobre lo que es el amor.

La gente pregunta por qué no puede encontrar un romance íntimo y profundo. La pregunta es comprensible, porque la gente se siente sola. La intimidad de un amor romántico, sin embargo, es como un curso de licenciados universitarios para doctorarse en amor, cuando muchos apenas si hemos salido de la escuela primaria. Cuando no tenemos ninguna relación de pareja, el ego nos hace creer que, si la tuviéramos, todo sufrimiento desaparecería. Y, sin embargo, cuando una relación de pareja perdura termina por hacer aflorar a la superficie una gran parte de nuestro dolor existencial. Eso forma parte de su propósito. El amor pondrá a prueba toda nuestra capacidad de compasión, de aceptación, de liberación, de perdón y de desinterés. Es probable que tendamos a olvidar los retos inherentes en una relación mientras no la tenemos, pero los recordamos con bastante claridad una vez que la encontramos.

Las relaciones no necesariamente nos libran del dolor. Lo único que nos «libra del dolor» es sanar de aquello que nos lo causa. No es la ausencia de otra persona en nuestra vida lo que provoca el dolor, sino más bien lo que hacemos con ella cuando está. El amor puro no pide otra cosa que paz para un hermano, porque sabe que solo de esa manera podemos estar en paz nosotros mismos. ¿Cuántas veces he tenido que preguntarme si lo que quería era que «él» estuviera en paz o que me llamara? El puro amor hacia otra persona es el restablecimiento de la «línea de comunicación del corazón». Por lo tanto, el ego se le opone con todas sus fuerzas. Hará todo lo que pueda para bloquear, de la forma que sea, la vivencia del amor. Cuando dos personas se unen en Dios, las murallas que aparentemente las separan desaparecen. Por un tiempo, el ser amado no parece un simple mortal, sino alguna otra cosa, algo más. Y la verdad es que «es» algo más. Todo el mundo es el perfecto Hijo de Dios, y, cuando nos enamoramos, por un instante vemos la verdad total de alguien. No es nuestra imaginación: ese ser es perfecto.

Pero rápidamente se impone la locura. Tan pronto como aparece la luz, el ego se empeña enérgicamente en extinguirla. En un abrir y cerrar de ojos, proyectamos en el plano físico la perfección que hemos logrado atisbar en el plano espiritual. En vez de comprender que la perfección espiritual no tiene por qué coincidir con la perfección material y física, empezamos a buscar esta última. Pensamos que con la perfección espiritual de alguien no es suficiente. Además, tiene que vestir perfectamente, tiene que estar a la última, tiene que ser deslumbrante. Y así nadie puede seguir siendo un ser humano. Nos idealizamos los unos a los otros, y, cuando no nos mostramos a la altura del ideal, nos decepcionamos.

Rechazar a otro ser humano por el simple hecho de que es humano se ha convertido en una neurosis colectiva. La gente se pregunta cuándo encontrará a su alma gemela, pero rogar por que aparezca la persona adecuada no sirve de nada si no estamos preparados para recibirla. Nuestros compañeros del alma son seres humanos, como nosotros, que pasan por el proceso normal de crecimiento. Nadie está jamás «terminado». La cima de una montaña es siempre la base de otra, e, incluso si encontramos a alguien cuando nos sentimos «por encima de todo», lo más probable es que muy pronto pasemos por alguna circunstancia que nos confronte. Y lo que hace que esto sea inevitable es nuestro compromiso de crecer. Pero al ego no le gusta el aspecto de las personas a quienes les están «pasando cosas». No es atrayente. Como sucede con todo lo demás, es raro que el problema con las relaciones sea que no hayamos tenido maravillosas oportunidades o conocido a gente maravillosa. El problema es que no hemos sabido cómo sacar el mejor partido de las oportunidades que hemos tenido. A veces no nos dimos cuenta a tiempo de lo maravillosas que eran aquellas personas. El amor nos rodea por todas partes. El ego es lo que nos bloquea, no dejándonos percibir la presencia del amor. Y la idea de que hay una persona perfecta, solo que todavía no ha llegado, es uno de nuestros principales bloqueos.

Nuestra vulnerabilidad al mito de la persona «adecuada» nace de nuestra glorificación del amor romántico. El ego usa este amor para sus fines «especiales», llevándonos a poner en peligro nuestras relaciones al sobrevalorar su contenido romántico. La diferencia entre una amistad y un romance se puede ejemplificar con la imagen de una rosa de tallo largo. El tallo es la amistad; la flor es el romance. Como el ego está orientado a lo sensorial, automáticamente prestamos atención a la flor. Pero todos los elementos nutritivos que esta necesita para vivir le llegan por mediación del tallo. En comparación con la flor, el tallo puede parecer deslucido, pero, si se lo cortamos, la flor no durará mucho. Una vez usé esta imagen en una conferencia, y una mujer le añadió una idea encantadora: un romance que perdura en el tiempo es como un rosal. En determinada estación se le caen las flores, pero, si la planta está bien nutrida, cuando vuelva a ser temporada le aparecerán otras nuevas. La desaparición del fervor romántico no anuncia necesariamente el final de una relación maravillosa, salvo para el ego. El Espíritu es capaz de ver las semillas del renacimiento en cualquier muestra de decadencia.

Un Curso de Milagros dice que "nuestra tarea no es buscar el amor; es buscar todas las barreras que oponemos a su llegada". Pensar que ahí afuera hay alguna persona especial que va a salvarnos es una barrera al puro amor, es una de las grandes armas del arsenal del ego, una manera de que se vale para mantenernos alejados del amor, aunque no quiere que nosotros lo sepamos. Buscamos desesperadamente el amor, pero esa misma desesperación hace que lo destruyamos cuando lo tenemos. Pensar que una persona especial va a salvarnos nos lleva a imponer la carga de una tremenda presión emocional a cualquiera que se presente y que nos parezca adecuado para cumplir los requisitos.

No tenemos que recordarle a Dios que nos gustaría tener relaciones maravillosas. Él ya lo sabe. *Un Curso de Milagros* nos enseña que un deseo es una plegaria. Y la plegaria más inteligente no es «Dios amado, envíame a alguien maravilloso», sino «Dios amado, ayúdame a darme cuenta de que soy alguien maravilloso». Hace años yo solía rezar para que viniera un hombre maravilloso que me librase de mi desesperación. Finalmente, me pregunté por qué no trataba de resolver ese problema antes de que él apareciera. No puedo imaginarme que ningún hombre le diga a un amigo:

—¿Sabes qué? ¡Anoche conocí a una mujer desesperada fabulosa!

Buscar a la persona «adecuada» no lleva más que a la desesperación, porque no existe. Y no hay persona adecuada porque no hay persona inadecuada. Hay quienquiera que esté frente a nosotros, y las lecciones perfectas que podemos aprender de esa persona.

Si lo que desea tu corazón es una pareja, podría ser que el Espíritu Santo te enviara a alguien que no sea tu pareja definitiva, sino algo mejor: alguien con quien te sea dada la oportunidad de elaborar aquellos aspectos tuyos que es necesario que sanes antes de estar preparado (o preparada) para una intimidad más profunda. La creencia en el amor especial nos lleva a restar importancia a todo lo que no vemos como material para la «relación definitiva». De esa manera he dejado yo de prestar atención a algunos diamantes, en vez de sacar partido de situaciones que me habrían servido para acelerar mi crecimiento. A veces no llegamos a «cultivarnos» en las relaciones que tenemos ahí, frente a nosotros, porque pensamos que «la vida real» se inicia cuando «él» o «ella» llega. Esto no es, nuevamente, más que una treta del ego para asegurarse de que busquemos pero no encontremos. El problema de no tomarse las relaciones en serio si no parecen «la persona adecuada» es el siguiente: de vez en cuando, esa persona llega –a veces hasta se nos aparece como la persona inadecuada transformada–, pero estropeamos la situación por falta de práctica. Está ahí, pero nosotros no estamos listos. No nos hemos preparado porque estábamos esperando a la persona adecuada.

Un Curso de Milagros dice que un día nos daremos cuenta de que nada sucede fuera de nuestra mente. La forma en que parece que una persona se nos muestra está íntimamente vinculada con la forma en que nosotros optamos por mostrarnos a ella. He aprendido que mis respuestas más productivas en las relaciones no se dan cuando me concentro en los detalles referentes a otra persona, sino cuando me esfuerzo en desempeñar mi propio papel en la relación en el nivel más alto de que soy capaz. El amor es una emoción que requiere nuestra participación. En una relación santa asumimos un papel activo en la creación de un contexto en el que la interacción puede desplegarse de la manera más constructiva. Creamos activamente unas condiciones interesantes, en vez de mirar pasivamente a nuestro alrededor para ver si hay o no algo que nos pueda interesar.

Nadie es siempre maravilloso. Nadie es siempre *sexy*. Pero el amor es una decisión. Esperar a ver si alguien nos gusta lo suficiente es pueril, y no puede menos que hacer que la otra persona se sienta, en algún nivel, como si estuviera haciendo una prueba para conseguir el papel. En ese espacio nos sentimos nerviosos, y cuando nos sentimos nerviosos no estamos en nuestro mejor momento. El ego va en busca de alguien que le atraiga lo suficiente para brindarle su apoyo. Las personas adultas que sabemos lo que son los milagros brindamos apoyo a la gente para que sea atractiva. Parte del trabajo sobre nosotros mismos, con el fin de prepararnos para una relación profunda, es aprender cómo apoyar a otra persona para que sea lo mejor que puede ser. Cada uno de los miembros de una pareja ha de desempeñar un papel sacerdotal en la vida del otro. Han de ayudarse el uno al otro a tener acceso a las partes más elevadas de sí mismos.

Yo he estado con hombres que, al parecer, jamás pensaron que valiera lo suficiente para ellos. También he estado con hombres que tenían la inteligencia de decirme «Esta noche estás preciosa» con la frecuencia necesaria para reforzar mi autoestima y ayudar a que me presentara de una manera mejor ante la vida. Desde el punto de vista objetivo, nadie es realmente atractivo ni deja de serlo. Nada de eso. Hay personas que manifiestan el brillo que en potencia todos tenemos, y hay quienes no lo hacen. Los que lo hacen son generalmente personas a quienes en algún momento de su vida alguien —el padre, la madre o un amante— les dijo, con palabras o sin ellas, que eran bellas y maravillosas. Para la gente, el amor es lo mismo que el agua para las plantas.

Examinar el pasado puede ayudar a que veamos más claramente muchos de nuestros problemas, pero la sanación no se produce en el pasado, sino en el presente. Hoy en día existe la manía de echar la culpa de nuestra desesperación a lo que nos sucedió en la niñez. Lo que el ego no quiere que veamos es que nuestro dolor no proviene del amor que no nos dieron en el pasado, sino del que nosotros mismos no nos damos en el presente. La salvación se encuentra en el presente. En cada momento tenemos una ocasión de cambiar nuestro pasado y nuestro futuro, reprogramando el presente. Este punto de vista es blasfemo para el ego, que nos juzga ásperamente por adherirnos a él. Aun si hemos aprendido de nuestros padres los caminos del desamor, perpetuar esas pautas negándoles hoy el amor no es la mejor manera de superar el problema. No se llega a la luz investigando eternamente la oscuridad. En cierto punto, la discusión siempre se vuelve circular. El único camino hacia la luz consiste en entrar en ella.

«Pobre de mí, mis padres jamás me dijeron que era hermosa»: esta no es una idea que conduzca al milagro, sino que más bien mantiene el sentimiento de ser una víctima. En este caso, la actitud que llevaría al milagro sería decirse: «Mis padres nunca me dijeron que era hermosa. El valor que tiene saberlo es que ahora veo con más claridad por qué me cuesta tanto dejar que me lo digan, y entiendo por qué no me he acostumbrado a decírselo a los demás. Pero puedo habituarme ahora. La decisión de dar lo que yo no he recibido es siempre una opción asequible». Recientemente, un hombre me contó que cuando era pequeño, su padre nunca le hacía regalos. Le sugerí que sanaría si ahora le enviaba a su padre montones de regalos.

Yo solía preocuparme mucho por si recibía o no apoyo, y no lo bastante por si yo misma estaba o no apoyando activamente a otras personas. En el ámbito del romance, me di cuenta de que lo que necesitaba era ayudar a un hombre a que se sintiera más hombre, en vez de pasarme el tiempo preocupándome por si él era o no lo bastante hombre. Ayudamos a los demás a acceder a lo más elevado que tienen si accedemos nosotros a lo más elevado que tenemos. Para crecer hemos de concentrarnos en nuestras propias lecciones, no en las ajenas. *Un Curso de Milagros* nos enseña que «en cualquier situación, lo único que puede faltar es lo que *tú* no has dado». Yo me pasé años esperando que un hombre me hiciera sentir «como una mujer de verdad». Los hombres solo empezaron a mostrarme la energía más masculina que yo tan ansiosamente esperaba cuando me di cuenta de que mi energía femenina no era un regalo que pudiera hacerme un hombre, sino más bien mi propio regalo para mí y para él.

El cuento de hadas *El príncipe rana* revela las profundas conexiones psicológicas entre nuestras actitudes hacia la gente y su capacidad de transformación. En el cuento, una princesa besa a una rana, y esta se convierte en un príncipe. Lo que esto significa es que el poder milagroso del amor es capaz de crear un contexto en el que la gente, como si floreciera, alcanza naturalmente su potencial más elevado. Y esto es algo que no pueden hacer las quejas, las críticas ni otras actitudes con las que se pretenda cambiar a la gente. Según el Curso, creemos que queremos entender a los otros para ver si son dignos o no de nuestro amor, pero, en realidad, hasta que no los amamos no podemos entenderlos. Lo que no se ama no se entiende. Nos mantenemos aparte de los demás y esperamos que ellos se ganen nuestro amor, pero las personas merecen nuestro amor solo por el hecho de ser como Dios las creó. Mientras esperemos que sean mejores, nos veremos constantemente decepcionados. Solo cuando optamos por unirnos a los demás, aprobándolos y amándolos incondicionalmente, se produce de repente el milagro para ambas partes. En las relaciones, esta es la clave principal, el milagro decisivo.

Renunciar al miedo

«El amor perfecto expulsa al miedo».

Una buena relación no es siempre miel y rosas. Es un proceso de nacimiento, a menudo doloroso, con frecuencia confuso. Cuando nació mi hija, estaba cubierta de sangre y de todo lo imaginable. Hubo mucho que hacer antes de que finalmente apareciera un hermoso bebé.

El hecho de que dos personas tengan una «relación espiritual» no significa necesariamente que estén siempre sonriéndose. Para mí, «espiritual» significa, ante todo, «auténtico». El año pasado, durante el servicio religioso de Nochevieja, dije que no nos habíamos reunido para una celebración despreocupada, sino meditada y consciente. Eso incluía cierta aflicción y el reconocimiento de las decepciones sufridas durante el año, que tendrían que ser procesadas y perdonadas antes de que pudiéramos celebrar verdaderamente las campanadas de la medianoche como señal de un nuevo comienzo.

Así es como, también en las relaciones, nos reunimos para hacer un verdadero trabajo. Y el verdadero trabajo solo se puede hacer si existe una rigurosa sinceridad, que es lo que todos anhelamos, pero tenemos miedo de comunicarnos abiertamente con otra persona porque pensamos que los demás nos dejarán si ven quiénes somos en realidad.

En una ocasión, una pareja que asistía a mis conferencias vino a verme para que les aconsejara. Ese mismo día el hombre había dicho a la mujer que quería romper la relación. Indignada y herida, ella le preguntó si la acompañaría a verme para ayudarle a superar la pérdida. Mientras los dos estaban sentados frente a mí en el sofá, le expliqué a Bob que mi intención no era intentar que volvieran a unirse, sino unirme a ellos para pedir la paz.

Recordé en ese momento una situación similar en la que me había encontrado una vez, y la habilidad con que la había manejado mi terapeuta, y dije exactamente lo mismo que ella había dicho.

–Bob –le pregunté–, ¿por qué estás tan enojado con Deborah?

–No estoy enojado con ella –negó él.

–Bueno, pues lo pareces –insistí.

–Sé que no es cosa mía arreglar a Deborah –me respondió–. No quiero cambiarla; lo único que quiero es irme.

–Oh, apuesto a que eso te parece muy espiritual –señalé.

Me miró sorprendido. Yo sabía que él consideraba que había sido un buen estudiante de *Un Curso de Milagros*.

–No has dejado de juzgar a Deborah –le dije–. Le has ocultado información vital, datos sin los cuales ella no podía funcionar eficazmente dentro de la relación. ¿Por qué no le cuentas la razón de que estés tan enojado?

–No estoy enojado –volvió a repetir.

—Bueno —le dije—. Eres un actor. Haz como si lo estuvieras. Vamos, Bob, que estamos en un lugar seguro. Díselo.

Y, una vez que empezó, se despachó a gusto. Le dijo que ella no tenía la menor idea de cómo convivir con otra persona, que hacía todo lo que le daba la gana sin importarle si a él le apetecía hacer lo mismo. No recuerdo exactamente qué más le dijo, pero, una vez que él se decidió a dejar salir lo que llevaba dentro, soltó un chorro de palabras. Cuando terminó, Deborah, evidentemente conmovida, dijo con sinceridad, en voz baja:

—Es que yo no lo sabía. Gracias por decírmelo.

Se fueron y no se separaron. Más adelante me dijeron que su relación renació en aquella sesión. La cólera que sentía Bob era energía reprimida que se generaba en el hecho de haber sentido que no era «espiritual» compartir sinceramente sus sentimientos con ella mientras convivían.

Es mucho mejor comunicar nuestros sentimientos que reprimirlos. El enojo suele ser el resultado de una serie de sentimientos no comunicados que se nos amontonan dentro hasta que por fin estallan. En una relación santa, forma parte del compromiso expresar sincera y asiduamente nuestros sentimientos y apoyar a nuestra pareja para que pueda hacer lo mismo. Es tanto lo que así se va comunicando a lo largo del camino que disminuye la probabilidad de que se vaya acumulando el resentimiento en el interior de uno u otro de los miembros de la pareja.

Debemos trabajar con lo que tenemos. Si el enojo emerge, aceptémoslo. Si creemos que nuestra pareja no nos amará si nos enojamos, dejamos de ser sinceros y la relación está indudablemente condenada al fracaso. Yo sugiero a las parejas que establezcan un acuerdo: que ninguno de los dos romperá la relación por una pelea. Es muy importante disponer de un espacio de seguridad para pelearse. Y lo digo porque lo que parecen peleas no siempre lo son. Una vez mantenía yo una acalorada discusión con un amigo, y otro amigo común que estaba presente comentó:

—No puedo soportar que estéis continuamente peleándoos.

—No nos estamos peleando —le respondí—. Somos judíos.

Él pensaba que nos peleábamos, pero aquello para nosotros era una conversación apasionada.

El enojo es un tema candente para los buscadores espirituales. A mucha gente, por ejemplo, le resulta problemática la cólera de Jesús con los mercaderes del templo. Si Jesús era tan puro, preguntan, ¿cómo es posible que se haya enfurecido tanto? Pero la misma escena no le planteará ningún problema a un judío o a un italiano. La supresión del ego no es la supresión de la personalidad. Lo que llamamos «la cólera de Jesús» era energía. No hay que apresurarse tanto a poner el rótulo de enojo a un estallido emocional. Es una liberación de energía que no hay que considerar como una emoción negativa o «no espiritual».

Por otro lado, el mero hecho de que alguien no exprese su rabia no quiere decir que no la sienta. A la rabia vuelta hacia afuera se la llama rabia. A la rabia vuelta hacia adentro se la llama úlcera, cáncer, etcétera. Lo peor que se puede hacer con la ira es negar que uno la siente. El punto de vista milagroso no es fingir que no estás enfadado, sino más bien decir: «Estoy enfadado, pero quisiera no estarlo. Dios amado, por favor, muéstrame lo que no veo». Hay una manera de compartir nuestro enojo con la gente, sin expresarlo como un ataque. En vez de decir, por ejemplo: «Me haces sentir así o asá», podemos decir: «Me siento de este modo. No estoy diciendo que tú me hagas sentir así, ni que la culpa sea tuya. Simplemente, comparto esto contigo como parte de mi proceso de sanación, para liberarme de este sentimiento e ir más allá de él». De esta manera asumes la responsabilidad de tus sentimientos, y lo que se podría haber visto como una discusión —o incluso haber eludido como un tema desagradable— puede convertirse en una parte importante del poder curativo de las relaciones. Entonces no hablamos como adversarios, sino como compañeros. Las verdaderas relaciones exigen una comunicación sincera, por más dolorosa que sea y por más miedo que cause. *Un Curso de Milagros* afirma que los milagros proceden de una comunicación que se ha dado y se ha recibido totalmente.

Cuando le pides a Dios que sane tu vida, Él proyecta una luz brillantísima sobre todo lo que necesitas mirar. Y tú terminas por ver cosas tuyas que tal vez preferirías ignorar. Tenemos una recia armadura que se nos ha ido consolidando delante del corazón, un montón de miedo que se disfraza farisaicamente de alguna otra cosa. Como bien sabe cualquiera que alguna vez haya hecho psicoterapia en serio, el proceso de crecimiento personal no es fácil. Debemos enfrentarnos a nuestra propia fealdad. Con frecuencia tenemos que tomar dolorosa conciencia de que una pauta constituye un callejón sin salida antes de que estemos dispuestos a renunciar a ella. Cuando empezamos a trabajar en profundidad en nosotros mismos, a menudo nos parece que nuestra vida empeora en vez de mejorar. Pero en realidad no es así; lo que pasa es que percibimos mejor nuestras propias transgresiones porque ya no estamos anestesiados por la inconsciencia. Ya no estamos distanciados, por obra de la negación o de la disociación, de nuestra propia experiencia. Empezamos a ver claramente a qué jugamos.

Este proceso puede ser tan doloroso que nos sentimos tentados de dar marcha atrás. Hace falta coraje –a esto se lo suele llamar la senda del guerrero espiritual– para soportar los dolores lacerantes del descubrimiento de nosotros mismos en vez de escoger el dolor sordo de la inconsciencia que arrastraríamos durante lo que nos queda de vida. Yo me río cuando alguien sugiere que *Un Curso de Milagros* nos guía por el camino fácil. El Curso es muchas cosas, pero no precisamente fácil. Antes de alcanzar suficiente poder para abandonar a nuestro ego, tenemos que mirarlo directamente a los ojos.

El ego no es un monstruo. No es más que la idea de un monstruo. Todos llevamos dentro demonios y dragones, pero también al gallardo príncipe. Jamás he leído un cuento de hadas en el que los dragones triunfaran sobre el príncipe. Y nunca he intentado realmente superar una pauta sin haber tenido la vivencia de que Dios me concedía Su gracia cuando se la pedía con humildad. «Uno recibe lo bueno junto con lo malo», solía decirnos mi padre, a mis hermanos y a mí, cuando éramos niños. Cuanto más sabemos de la luz que hay dentro de nosotros, más fácil se nos hace, en última instancia, perdonarnos el hecho de que todavía no somos perfectos. Si lo fuéramos, no habríamos nacido. Sin embargo, nuestra misión es perfeccionarnos, y una parte importante del proceso es ver dónde no somos perfectos. Nos convertimos en personalidades perfeccionadas al aceptar la perfección espiritual que existe ya dentro de nosotros.

De Leonardo da Vinci se cuenta una anécdota que siempre me ha conmovido. Al principio de su carrera debía pintar una imagen de Cristo y encontró un joven de profunda hermosura que le sirvió de modelo para el rostro de Jesús. Muchos años después Leonardo estaba pintando un cuadro donde figuraba Judas y se echó a andar por las calles de Florencia en busca del modelo perfecto para hacer el papel del gran traidor. Finalmente encontró a alguien con un aire sombrío y maligno que le pareció el modelo perfecto para la imagen de Judas, y le pidió si quería posar para él. El hombre lo miró y le dijo: «Tú ya no me recuerdas, pero yo te conozco. Hace años, te serví de modelo para tu imagen de Jesús».

En la película *La guerra de las galaxias*, Darth Vader resulta que había sido un hombre excelente muchísimo tiempo atrás. Y, antes de la caída, Lucifer era el ángel más hermoso del Cielo. El ego es simplemente el lugar donde se estropeó el invento, donde hubo el cortocircuito, donde el amor quedó bloqueado. Muchas veces he expresado negatividad en vez de amor en mi vida, pero hay una cosa de la que estoy muy segura: habría hecho las cosas mejor si hubiera sabido cómo. Me habría expresado con amor si en aquel momento hubiera sentido que podía hacerlo con la seguridad de que seguiría viendo satisfechas mis necesidades.

Mientras no apreciamos plenamente que el ego es el impostor que llevamos dentro, con frecuencia nos sentimos avergonzados de admitir ante nosotros mismos —y mucho más ante los demás— a qué jugamos. En vez de sentir compasión por nosotros mismos, y de recordar que nuestras neurosis son nuestras heridas, tendemos a sentirnos demasiado avergonzados para verlas siquiera. Creemos que somos malos. "Pensamos que si nosotros, o –no lo quiera Dios– alguna otra persona pudiera ver la verdad acerca de nosotros, retrocederíamos aterrorizados." La verdad es que si nosotros, o cualquier otra persona, pudiéramos ver la auténtica verdad sobre nosotros mismos, nos quedaríamos deslumbrados por la luz. Al mirar profundamente dentro de nosotros, no obstante, tenemos que enfrentarnos en primer lugar a lo que *Un Curso de Milagros* denomina el «anillo de temor». Antes de que el príncipe pueda rescatar a la doncella afligida, tiene que matar a los dragones que rodean su castillo. Y lo mismo tenemos que hacer todos. Los dragones son nuestros demonios, nuestras heridas, nuestro ego, nuestras ingeniosas maneras de negarnos amor, a nosotros tanto como a los demás. Tenemos que arrancar de raíz las pautas que nos ha impuesto el ego y depurarnos bien para que el amor puro que llevamos dentro pueda asomarse al mundo.

Un maestro espiritual de la India señaló una vez que el cielo nunca es gris. Siempre es azul. Lo que sucede es que a veces aparecen nubes grises que lo cubren, y entonces pensamos que el cielo es gris. Lo mismo pasa con nuestra mente. Somos siempre perfectos. No podemos no serlo. Nuestros miedos, nuestros malos hábitos, nuestras pautas negativas, se adueñan de la mente y, temporalmente, ocultan nuestra perfección. Eso es todo. Aún seguimos siendo perfectos hijos de Dios. Jamás ha habido una tormenta que no haya pasado. Las nubes grises no duran eternamente. El cielo azul sí.

Entonces, ¿qué hemos de hacer con nuestro miedo, nuestra cólera, las nubes que cubren el amor que llevamos dentro? Abandonarlos en manos del Espíritu Santo. Él los transforma por medio del amor, y jamás valiéndose de un ataque a otra persona. Lo destructivo es el ataque, no el enojo por sí solo. Vociferar contra unos cojines es un recurso que se ha popularizado en ciertos círculos, y por buenas razones. Sacar afuera la energía suele ser una buena manera de deshacerse de la tensión física que tanto nos dificulta la oración cuando más la necesitamos. Nuestro enojo se yergue por delante de nuestro amor, y dejarlo salir forma parte del proceso necesario para abandonarlo. Lo último que has de querer es ceder al insidioso engaño de considerar que la vida espiritual y las relaciones espirituales son siempre tranquilas y beatíficas.

El trabajo en nosotros mismos

«Lo único que puede faltar en cualquier situación es lo que tú no has dado».

Las relaciones tienen sentido porque son oportunidades de expandir nuestro corazón y de llegar a amar más profundamente. El Espíritu Santo es el mediador de los milagros, una guía para vernos a nosotros mismos de una manera diferente en relación con otras personas. Observo cómo mi bebé expande su amor hacia todos los seres que encuentra. Todavía no ha aprendido que hay gente peligrosa. Nada se interpone entre su natural impulso amoroso y su expresión del amor. Sonríe con la ternura de sus verdaderos sentimientos. Un día tendré que enseñarle que no toda expresión de amor es apropiada. Pero cerrar la puerta no es lo mismo que cerrar el corazón. El reto más grande de mi condición de madre será ayudarle a mantener el corazón abierto mientras vive en un mundo que inspira tanto miedo.

En realidad, no podemos dar a nuestros hijos lo que nosotros mismos no tenemos. En ese sentido, el mayor regalo que puedo hacer a mi hija es seguir trabajando en mí misma. Los niños aprenden más por medio de la imitación que de ninguna otra forma. Nuestra mayor oportunidad de influir positivamente en la vida de otra persona es aceptar en la nuestra el amor de Dios.

Uno de los principios básicos de los milagros en las relaciones es que debemos mirarnos a nosotros mismos –nuestras propias lecciones, nuestros pensamientos y nuestro comportamiento– para encontrar la paz con otra persona. «La única responsabilidad del obrador de milagros es aceptar la Expiación para sí mismo». El ego nos tentará siempre a pensar que el fracaso de una relación tiene que ver con lo que «el otro» hizo mal, con lo que «el otro» no ve o con lo que «el otro» necesita aprender. Pero el foco debe seguir estando en nosotros mismos. La falta de amor de los demás nos afecta solo en la medida en que los juzgamos en función de ella. De otro modo somos invulnerables al ego, como tiene que serlo el Hijo de Dios.

A veces la gente me dice:

–Pero, Marianne, yo creo que el noventa por ciento del problema proviene de «su» comportamiento.

–Muy bien –les respondo–. Entonces tenemos un diez por ciento para investigar y aprender.

Ese diez por ciento que es «tu» parte es lo que necesitas mirar, y de donde puedes aprender. Es lo que te llevarás contigo cuando empieces a actuar en el próximo guion. El ego lo sabe, y por eso procura poner el foco en la otra persona. El propósito del ego es llevarnos continuamente a la autodestrucción sin que sepamos lo que estamos haciendo. Ya es bastante difícil depurar tu propio comportamiento; el empeño en depurar el del otro no es más que una treta del ego para disuadirte de que te dediques a estudiar tus propias lecciones. Para aprender todo lo posible de las relaciones, tienes que concentrarte en tus propios problemas.

Actualmente es muy común oír que la gente se queja de que su problema es que siempre «se equivoca» al escoger a otra persona. Aquí, el ego es muy insidioso. Trata de convencernos de que estamos asumiendo la responsabilidad del problema, cuando en realidad no lo hacemos más que en un grado mínimo. Como nuestra descripción del problema sigue señalando algún culpable, no puede sino llevarnos a una oscuridad más densa, no a la luz. «Sigo escogiendo a personas que no son capaces de asumir un compromiso»: esta no es la percepción de una mente orientada hacia el milagro. Un planteamiento más inteligente sería: «¿Hasta qué punto me comprometo yo, en realidad? ¿Hasta qué punto estoy preparado, en lo más profundo de mi ser, para dar y recibir amor de manera íntima y comprometida?». O bien: «¿Cómo puedo perdonar a aquellos que en su trato conmigo no pudieron ir más allá de cierta muralla de miedo? ¿Cómo puedo perdonarme el modo en que participé en su miedo o contribuí a generarlo?».

A veces parece como si estuviéramos enganchados: nos sentimos obsesionados o compulsivos en relación con otra persona. En este caso, es bastante seguro que, en algún nivel, no permitimos que esa persona se desenganche. A pesar de la tentación de buscar fuera de nosotros tanto la fuente como la respuesta de un problema, adquiriremos una mentalidad orientada hacia el milagro si las buscamos dentro de nosotros. El precio que pagamos por no asumir la responsabilidad de nuestro propio dolor es no llegar a darnos cuenta de que podemos cambiar nuestras condiciones si cambiamos nuestros pensamientos. Independientemente de quién haya iniciado una interacción dolorosa, o qué parte del error es atribuible al pensamiento del otro, el Espíritu Santo siempre nos ofrece la posibilidad de escapar completamente del dolor si buscamos refugio en el perdón. No es necesario que la otra persona participe conscientemente con nosotros en el cambio. "El que esté más cuerdo de los dos en ese momento –dice *Un Curso de Milagros*– debe invitar al Espíritu Santo a la situación." No importa que la otra persona no comparta nuestra disposición a dejar que intervenga Dios. Todo lo que necesitamos en la vida existe ya dentro de nuestra cabeza.

Una vez me encapriché con un homosexual. Quizá fuera irrazonable, pero no podía quitármelo de la cabeza. Cuando pedí un milagro, me dije a mí misma: «Marianne, estás obsesionada, y no te liberas de ello porque no quieres liberarlo a él. Acéptalo como es. Déjalo libre de estar donde quiera, de hacer lo que desee hacer y con quien quiera hacerlo. Lo que falta aquí es lo que tú no das. Lo que te causa dolor es lo que tú le haces a él. Emocionalmente, tu ego está tratando de controlarlo, y por eso te sientes controlada por tus emociones». Lo entendí, y, cuando mentalmente lo dejé libre, me sentí liberada.

Los corazones cerrados

«Nadie puede dudar de la pericia del ego para presentar casos falsos».

Conocí una vez a un hombre que empezaba sus relaciones con mucha energía, pero al parecer no podía evitar que el corazón se le cerrara tan pronto como una mujer le había abierto el suyo. He oído comentar que este tipo de comportamiento en las relaciones es «una adicción a la fase de atracción». Ese hombre no andaba por el mundo hiriendo a las mujeres por pura maldad. Él quería sinceramente tener una auténtica relación comprometida, pero le faltaba la capacidad espiritual que le permitiría asentarse en un lugar durante el tiempo suficiente para construir algo sólido con una pareja a quien sintiera como su igual. Tan pronto como veía fallos y debilidades humanas en una mujer, salía huyendo. La personalidad narcisista va en busca de la perfección, con lo cual se asegura que el amor jamás tendrá ocasión de florecer. La exaltación inicial es tan embriagadora, tan tentadora, que el verdadero trabajo de crecimiento que debe seguir necesariamente a la atracción inicial puede parecer demasiado opaco y difícil para comprometerse con él. Tan pronto como ve que el otro es un ser humano real, el ego siente una repulsa que lo lleva a querer encontrar a otra persona para «jugar» con ella.

Al final de una relación con alguien así, nos sentimos como si hubiéramos tomado cocaína. Ha sido un viaje rápido y muy excitante, y en su momento pareció que sucedía algo importante. Después nos estrellamos y nos dimos cuenta de que no había pasado nada significativo, en absoluto. Todo era ficticio.

Y lo único que nos queda es un dolor de cabeza, la sensación de que «eso» no es bueno ni saludable y la determinación de no volver a hacerlo.

Pero hay una razón para que este tipo de relaciones nos atraigan. Lo que nos arrastra es la ilusión de su significado. A veces, alguien que no tiene nada que ofrecer en una relación auténtica puede presentarse como si te ofreciera el mundo. Son personas tan disociadas de sus propios sentimientos como para haberse convertido en actores sumamente hábiles, que interpretan inconscientemente cualquier papel que les asigne nuestra fantasía. Pero la responsabilidad del dolor que sentimos sigue siendo nuestra. Si no hubiéramos andado en busca de un hechizo barato, no habríamos sido vulnerables a la mentira.

¿Cómo pudimos ser tan estúpidos? Esta es la pregunta que siempre nos hacemos cuando estas experiencias acaban. Pero enseguida admitimos para nuestros adentros que en realidad no fuimos estúpidos, en absoluto. Se trataba de una droga, y el problema era que la deseábamos. Vimos exactamente cómo era el juego con aquella persona desde el principio, pero sentimos hasta tal punto la atracción del «vuelo» que estábamos dispuestos a fingir –durante una noche, una semana o el tiempo que durase– que no lo veíamos. El hecho de que un hombre te diga: «Eres maravillosa, una mujer estupenda. Este es un gran día para mí. Cualquiera se sentiría afortunado de poder salir contigo» cuando apenas hace una hora que te conoce es una luz roja que parpadea en señal de peligro para cualquier mujer que tenga cerebro. El problema es que nuestras heridas pueden ser muy profundas, es decir, que podemos estar tan ávidas de oír esas palabras, aunque en lo más hondo sepamos que no son verdad, que dejemos de lado toda consideración racional. Cuando la gente se muere de hambre, está desesperada.

Muchas mujeres me preguntan por qué siempre conocen a hombres que abusan de ellas, y lo que yo suelo contestarles es esto:

—El problema no es que los conozcas, sino que les des tu número de teléfono.

El problema, en otras palabras, no es que atraigamos a cierto tipo de persona, sino más bien que nos atrae cierto tipo de persona. Quizás alguien emocionalmente distante nos recuerde, por ejemplo, a nuestro padre o nuestra madre... o a ambos. «Su energía es distante y tiene un sutil matiz de desaprobación —nos decimos—; me siento como en casa». El problema, entonces, no es solo que nos ofrezcan dolor, sino que nos sentimos cómodos con ese dolor. Es lo que siempre hemos conocido.

El reverso de la medalla de esas peligrosas atracciones que nos echan en brazos de personas que no tienen nada que ofrecernos es nuestra tendencia a encontrar aburridas a aquellas que sí lo tienen. Nada que sea ajeno a nuestro sistema puede metérsenos dentro y quedarse mucho tiempo allí. Y esto es válido tanto para algo ingerido por el cuerpo como para lo que nos entra en la mente. Si me trago un trozo de papel de aluminio, el cuerpo lo regurgitará hasta expulsarlo. Si me piden que me trague una idea que «no va» conmigo, mi sistema psicológico pasará por el mismo proceso de regurgitación para deshacerse del material que le repele.

Si estoy convencida de que no valgo lo suficiente, me resultará difícil aceptar en mi vida a alguien que cree que sí valgo. Es el síndrome de Groucho Marx, que no quería tratar con nadie que lo quisiera aceptar a él como socio de su club. La única manera de admitir realmente que alguien me encuentre maravillosa es encontrarme yo misma maravillosa. Pero, para el ego, la autoaceptación es la muerte.

Por eso nos atrae la gente que no nos quiere. Desde el principio sabemos que no están con nosotros. Más tarde, cuando estas personas nos traicionan y se van, tras una estancia intensa pero bastante breve, fingimos que eso nos sorprende, pero lo sucedido encaja perfectamente en el plan de nuestro ego: «No quiero que me quieran». ¿Por qué las personas agradables y bien dispuestas nos parecen aburridas? Porque el ego confunde la excitación con el riesgo emocional, y encuentra que una persona amable y accesible no es suficientemente peligrosa. La ironía es que la verdad es lo opuesto: las personas accesibles son las peligrosas, porque nos confrontan con la posibilidad de una intimidad auténtica. Son gente que realmente podría frecuentarnos durante tanto tiempo que llegaría a conocernos. Podrían socavar nuestras defensas, valiéndose no de la violencia, sino del amor. Y eso es lo que el ego no quiere que veamos. La gente accesible nos asusta porque amenaza la ciudadela del ego. La razón de que no nos atraigan es que nosotros somos inaccesibles.

Sanemos nuestras heridas

«La curación es la manera
de superar la separación».

Rara vez escogemos conscientemente las barreras que oponemos al amor. Son el resultado de nuestros esfuerzos por proteger los lugares donde tenemos herido el corazón. Alguna vez, en alguna parte, tuvimos la sensación de que un corazón abierto era causa de dolor o de humillación. Amamos con la apertura de un niño, y a alguien no le importó, o se rio, o incluso nos castigó por hacerlo. En un fugaz momento, quizás una fracción de segundo, tomamos la decisión de protegernos ante la posibilidad de volver a sentir jamás ese dolor. No queríamos permitirnos ser tan vulnerables nunca más. Nos erigimos defensas emocionales. Intentamos construir una fortaleza que protegiera nuestro corazón de cualquier ataque. El único problema es que, de acuerdo con el Curso, creamos aquello de lo cual nos defendemos.

Hubo una época en mi vida en la que sentía que debía dejar de abrir tanto mi corazón a la gente que no respondía como yo deseaba que me respondieran. Me enojaba con las personas que sentía que me habían herido, pero en vez de entrar en contacto con esa rabia y ofrecérsela a Dios, la negaba. Casi todos los estudiantes del Curso caen en esta trampa. Si no se lleva el enojo a la conciencia, no tiene adónde ir. Entonces se convierte en un ataque contra uno mismo o en un ataque inconsciente e inapropiado contra los demás.

Al no reconocer la plena extensión de mi rabia, y pensando que la lección que tenía que aprender era simplemente que no debía revelar tan abiertamente mis sentimientos, iniciaba relaciones con dos factores en mi contra: estaba cerrada –léase «era fría»– e iba armada de ocultos cuchillos emocionales provenientes de mi enojo inconsciente. Y entre este último y la frialdad podía cortarle las alas al más santo de los hombres, con lo cual, naturalmente, mi rabia y mi desconfianza iban en aumento.

Una vez que estuve hablando con una terapeuta muy sabia, le hice un comentario más o menos de este estilo:

—A muchas mujeres de mi edad nos resulta muy difícil encontrar hombres disponibles realmente capaces de amar y de comprometerse.

Su respuesta me sonó como un repicar de campanas:

—Cuando una mujer dice algo así, generalmente en el fondo tiene una actitud de desprecio por los hombres.

Desprecio por los hombres. Desprecio por los hombres. Las palabras me resonaron en el cráneo. No sé si ese era el problema de todas las mujeres que le habían dicho algo así, pero en mi caso había dado en el clavo. Con frecuencia pensaba en algo que decía el Curso: creemos que estamos enojados por lo que nos ha hecho nuestro hermano, pero en realidad lo estamos por lo que nosotros le hemos hecho a él. Yo sabía vagamente que aquello era verdad, ¡pero tuve que escarbar mucho para ver qué era lo que les hacía a aquellos hombres que me estaban haciendo a mí todas esas cosas horribles! El Curso habla de las «tenebrosas figuras» que arrastramos de nuestro pasado, y nos dice que tendemos a no ver a nadie tal como es. Reprochamos a los demás cosas que otras personas nos hicieron en el pasado. Si mi pareja me decía: «Cariño, no puedo volver el domingo por la noche como había planeado. Debo seguir trabajando en este proyecto y quizá no vuelva hasta el martes», era como si me hubiera dicho que se me había muerto el gato y el perro se me estaba muriendo. El problema no era que él volviera a casa unos días más tarde, sino cómo me hacía sentir interiormente oírle decir eso. No puedo describir la sombría desesperación que me atravesaba el corazón. Ya no estaba relacionándome con mi pareja, ni con aquella circunstancia.

Estaba recordando todas las veces que me había sentido como si yo no importara, no fuera atractiva, papá no quisiera tomarme en brazos o algún otro hombre no quisiera seguir teniendo relaciones conmigo.

Desde la perspectiva del Curso, esta situación reaparecía entonces para que yo pudiera sentir de nuevo lo mismo y darme cuenta de que no tenía nada que ver con el presente. Pedí un milagro: «Estoy dispuesta a ver esto de otra manera. Estoy dispuesta a recordar quién soy». La respuesta de Dios a mi dolor no iba a ser –contrariamente a lo que mi ego decía que era la única manera de librarme de ese sufrimiento– un hombre que me repitiera sesenta veces al día: «Eres fabulosa, eres maravillosa, te amo, te necesito», y después me demostrara lo deseable que era quizá dos veces al día y preferiblemente tres. La posibilidad de sanar no podía venir en última instancia de hombres que no tolerarían –porque en realidad nadie puede tolerarlas– mis carencias, ni la culpa que yo intentaba despertar en ellos para conseguir que quedaran satisfechas mis necesidades, o lo que yo creía que eran mis necesidades. Mi verdadera necesidad, por supuesto, era darme cuenta de que no necesitaba que un hombre llenara mis insaciables necesidades emocionales, que no eran reales, sino apenas un reflejo del hecho de que me consideraba inferior. La salvación solo llegaría si renunciaba a la idea de que no valía lo suficiente. Al defenderme de que me abandonaran, seguía creando, una y otra vez, las condiciones adecuadas para que ocurriera precisamente eso.

¿Por qué no pueden comprometerse los hombres? Yo solo puedo responder por mi experiencia, pero en esos casos, y en los de muchas mujeres que he conocido, los hombres no se comprometieron porque esas mujeres y yo nos acorazamos contra el compromiso. Nuestra coraza es nuestra oscuridad: la oscuridad del corazón, la oscuridad del dolor, la oscuridad del momento en que hacemos ese comentario perverso o esa demanda injusta.

Nuestras defensas reflejan nuestras heridas, que nadie excepto nosotros mismos puede sanar. Los demás pueden darnos amor, inocente y sinceramente, pero si ya estamos convencidos de que no se puede confiar en la gente, si esa es la decisión que ya hemos tomado, entonces nuestra mente interpretará el comportamiento de cualquier persona como una prueba de que la conclusión a que hemos llegado es correcta. El Curso nos dice que decidimos lo que queremos ver antes de verlo. Si queremos centrarnos en la falta de respeto de alguien por nuestros sentimientos, sin duda la encontraremos, dado el hecho de que no hay demasiados maestros iluminados disponibles. Pero un montón de gente está haciendo esfuerzos mayores de lo que les reconocemos y trabajando contra algunas desventajas formidables cuando nuestro ego nos ha convencido de que los hombres o las mujeres son imbéciles, o de que no les gustamos, o de que siempre se van y nos dejan, o de que simplemente no hay en el mundo nadie que sirva para nada.

Cambiar de mentalidad

«El cambio fundamental ocurrirá cuando el pensador cambie de mentalidad».

El objetivo de la práctica espiritual es la recuperación plena, y solo de una cosa es preciso recuperarse: del sentimiento fracturado de uno mismo. Nadie puede convencerte de que eres una persona válida si tú no te lo crees. Si los demás actúan como si lo fueras, tú no les creerás, o bien llegarás a depender hasta tal punto de que te lo aseguren continuamente que lo único que conseguirás mediante esa dependencia será que cambien de opinión. De cualquiera de las dos maneras, tú te quedas convencido de que no eres una persona válida. El único ejercicio que se repite varias veces en el *Libro de ejercicios* de *Un Curso de Milagros* es «Soy tal como Dios me creó». El Curso dice que el único problema que realmente tienes es que te has olvidado de quién eres.

Mediante tu deseo de ver la perfección en los demás te despiertas a tu propia perfección, aunque a veces esto no es fácil. Cuando siento que la vieja y conocida oscuridad empieza a descender sobre mí, cuando por ejemplo un hombre hace un comentario que racionalmente reconozco que es bastante inocente, pero que me hace sentir abandonada, dejada de lado o rechazada, ya he pasado por bastantes situaciones así en mi vida como para saber que el mal no está en lo que él acaba de decir. Él no es el enemigo. El enemigo es este sentimiento que en el pasado me ha llevado a atacarlo o a defenderme hasta el punto de hacer que él sienta exactamente lo que yo siento que él siente, aunque en realidad él no lo estuviese sintiendo. Pero puedo optar por ver la situación de diferente manera. Esta es mi muralla. Es el punto donde debemos ser muy conscientes y llamar a Dios pidiendo un milagro: «Dios amado, ayúdame, por favor. Es esto. Aquí mismo. Ahí es donde la espada me entra en el corazón. Ahí es donde la cago cada vez».

El momento en que el dolor es más intenso es una oportunidad maravillosa. El ego preferiría que jamás mirásemos directamente al dolor. Cuando estamos en crisis, hay una buena probabilidad de que nos descuidemos y pidamos ayuda al Cielo. Al ego le gustaría que nunca estuviéramos en crisis. Él prefiere que por el fondo de nuestra vida corra un calmado río de desdicha, no tan malo como para hacernos pensar si no serán nuestras propias opciones lo que provoca el dolor. Solo cuando el dolor está aquí, tenemos la oportunidad de «derrotar a Satán y expulsarlo para siempre».

—Marianne —me dijo una vez un hombre—, tú sabes que puedes trabajar en este asunto con tu terapeuta, con *Un Curso de Milagros*, con tu editor, con el que da las charlas sobre relaciones humanas y con todas tus amigas, pero nadie te dará la magnífica oportunidad que tienes de trabajar en ello conmigo.

Lo que quería decir, por supuesto, era que con los demás podría describir el dolor, pero con él podría sentirlo. Y en aquel momento, si yo no elegía la opción pueril y narcisista de eludir la responsabilidad y abandonarlo, sino que me quedaba a afrontar el miedo y a superarlo, se cumpliría la finalidad de la relación. Cuando llevamos nuestra oscuridad a la luz y la perdonamos, entonces podemos seguir adelante.

Sanamos por medio del descubrimiento y la plegaria. La conciencia sola no nos sana. Si el análisis pudiera, por sí solo, sanar nuestras heridas, ya estaríamos todos sanos. Nuestras neurosis están profundamente incrustadas en nuestro psiquismo, como un tumor que envuelve a un órgano vital.

El proceso del cambio milagroso es doble:

1. Veo mi error o pauta negativa.
2. Pido a Dios que me libere de ello.

El primer principio sin el segundo es impotente. Como dicen en Alcohólicos Anónimos, «tus buenas ideas son las que te han traído aquí». Tú eres el problema, pero no la solución.

El segundo principio tampoco es suficiente para cambiarnos. El Espíritu Santo no puede tomar de nosotros lo que no queremos entregarle. Él no trabaja sin nuestro consentimiento. No puede quitarnos los fallos de carácter si nosotros no queremos, porque eso sería violar nuestro libre albedrío. Nosotros escogimos esas pautas, y, por más equivocados que estuviéramos cuando lo hicimos, Él no nos obligará a renunciar a ellas.

Al pedir a Dios que te sane, te comprometes a dejarte sanar. Esto significa que optas por cambiar, y la resistencia del ego al cambio es intensa: quiere que pensemos que somos demasiado «viejos» para cambiar. Decir que estás enfadado porque eres alcohólico, por ejemplo, quizá describa tu enojo, pero no lo justifica. La única ventaja de saber que estás enojado es que puedes elegir estar de otra manera. Puedes pasarte años en terapia, pero hasta que no decidas actuar de un modo distinto, no harás más que dar vueltas en círculo. Por supuesto que te sientes raro mostrándote dulce cuando has sido áspero durante toda tu vida, pero eso no es excusa para no intentarlo.

Un Curso de Milagros afirma que la manera más eficaz de enseñarle a un niño no es diciéndole «No hagas eso», sino «Haz esto». No llegamos a la luz mediante un interminable análisis de la oscuridad. Llegamos a la luz eligiendo la luz. Luz significa comprensión, y solo comprendiendo sanamos.

Si el propósito de una relación es que la gente sane, y la sanación solo puede producirse cuando mostramos nuestras heridas, entonces el ego nos enfrenta a un callejón sin salida:

«Si no me muestro tal como soy, no habrá crecimiento, y sin crecimiento llegará en última instancia el aburrimiento, que es la muerte de la relación; pero si me muestro con sinceridad, entonces quizá pareceré poco atractiva y mi pareja me dejará».

El narcisismo del ego nos mantiene esperando que aparezca la persona perfecta. El Espíritu Santo sabe que la búsqueda de la perfección en los demás no es más que una cortina de humo que oculta nuestra necesidad de cultivar la perfección en nosotros mismos. Y si hubiera una persona perfecta ahí afuera –que no la hay–, ¿le gustarías tú? Cuando renunciamos a la obsesión pueril de escudriñar el planeta en busca de la persona perfecta, podemos empezar a cultivar la habilidad de tener relaciones compasivas. Dejamos de juzgar a los demás para relacionarnos con ellos. Antes que nada, reconocemos que no nos relacionamos para concentrarnos en lo bien o lo mal que los demás aprenden sus lecciones, sino para aprender las nuestras.

El ego se defiende del amor, no del miedo. El dolor que se siente en las relaciones puede ser perversamente cómodo, porque ya lo conocemos. Nos hemos acostumbrado a él. Una vez oí una cinta grabada por el maestro espiritual Ram Dass en la que decía que había leído un artículo sobre un bebé maltratado a quien habían separado de su madre. Mientras la asistenta social intentaba llevárselo, el niño pugnaba por seguir en los brazos de su madre. Aunque ella lo golpeaba, era la única persona que él conocía. Estaba acostumbrado a ella y quería permanecer en territorio familiar.

Esta historia ejemplifica nuestra relación con nuestro propio ego. El ego es nuestro dolor, pero es lo único que conocemos, y nos resistimos a abandonarlo. Con frecuencia, el esfuerzo necesario para dejar atrás las pautas dolorosas es más incómodo que mantenerse dentro de ellas. Y el crecimiento personal también nos duele, porque nos hace sentir avergonzados y humillados al enfrentarnos a nuestra propia oscuridad. Pero el objetivo del crecimiento personal es el viaje de salida de las oscuras pautas emocionales que nos causan dolor, para encaminarnos a las que nos proporcionan paz. El libro *Psychotherapy: Purpose, Process and Practice* [Psicoterapia: propósito, proceso y práctica] afirma que en última instancia la religión y la psicoterapia se convierten en lo mismo. Ambas representan la relación entre pensamiento y experiencia, y el Espíritu Santo se vale de ellas para celebrar una de las potencialidades humanas más gloriosas: nuestra capacidad de cambiar.

Actualmente hay una tendencia a analizar infinitamente nuestras neurosis, usando sin embargo el análisis más para justificar que para sanar la herida. Pasado cierto punto, cuando ya se ha visto cómo evolucionó una pauta («Mi padre era emocionalmente inaccesible» o «Mi madre me maltrataba») y el efecto que tuvo aquello sobre nuestra personalidad («No sé dejar que un hombre se me aproxime» o «Ahora me cuesta mucho confiar en cualquier figura de autoridad»), el cambio se produce debido a una decisión de nuestra parte: la decisión de sanar, la decisión de cambiar. No es tan importante por qué me enojo o me pongo a la defensiva. Lo que importa es que decida que quiero sanar y pida a Dios que me ayude.

Como un actor que lee las líneas de un guion, yo puedo escoger una respuesta nueva ante la vida, una lectura nueva. Hay gente que a estas alturas clamaría: «¡Negación!». Pero lo que estamos negando es el impostor que llevamos dentro. El hecho de que tengamos un sentimiento sincero no significa que sinceramente seamos «eso». Yo no soy mi rabia. ¿Tengo que reconocerla? Sí, pero solo para ir más allá de ella. Una vez que he visto mi rabia, estoy en condiciones, como dicen en Alcohólicos Anónimos, de «actuar como si» fuera capaz de hacerlo de diferente manera. Porque lo soy. Nuestro ego se ha inventado un personaje de ficción al que ahora consideramos como nuestra personalidad. Pero la personalidad es algo que estamos creando continuamente, y si lo decidimos, podemos re-crearla constantemente.

Una vez un amigo me comentó que tenía miedo de que, si nos relacionábamos íntimamente, uno de los dos pudiera resultar herido. Le pregunté cuál de los dos le preocupaba.

–Tú –me respondió.

Me sentí como «rechazada por si acaso», me enojé y se lo dije.

–A eso me refiero –contestó–. Es evidente que te tomas las cosas tan a pecho que no creo que pudiera aguantártelo mucho tiempo.

Me di cuenta de que ese era un momento que había repetido de diversas maneras con diferentes personas, y muchas veces había pedido la sanación de aquello. Estaba abierta, y le pregunté:

–Dime sinceramente cómo podría haberlo hecho de otra manera. ¿Qué otra cosa podría haberte dicho?

–Podrías haberte limitado a sonreír y decirme: «¡Pues mira que eres creído!».

Su respuesta me entusiasmó. Me sentí como una ilusionada actriz trabajando con un gran director.

—Oh, ¡es estupendo! —le dije—. Demos marcha atrás y vamos a hacer una vez más esa escena. Vuelve a decir lo que dijiste.

—Marianne, tengo la sensación de que si llegáramos a intimar realmente, uno de los dos resultaría herido.

—¿Por cuál de nosotros tienes miedo? —pregunté.

—Por ti.

Lo miré y sonreí:

—Pues mira que eres creído.

Él se rio y yo grité de entusiasmo. Aquello había sido una completa revelación, una auténtica autorización, una reprogramación de mi ordenador emocional en un sector en donde inconscientemente yo había recurrido siempre a una pauta de respuesta impracticable. Ahora acababa de abrir un nuevo canal, un nuevo conjunto de posibilidades. Inicialmente había escogido el camino del enojo. Ahora escogía el del amor. No tenía por qué ser el animal herido. Podía optar por identificarme con mi propia fuerza, que en realidad para mí era el papel más fácil de representar. Podía permitirme ver a los demás por mediación de una naturaleza generosa y confiada. Mi hermano no estaba aquí para atacarme, sino para amarme. Confiar en ello y devolverle amor era por completo cosa mía.

Al aceptar la Expiación, la corrección de nuestras percepciones, se nos devuelve a lo que realmente somos. Nuestro verdadero ser de puro amor es indestructible. Todos los espejismos se disiparán. Aunque haya experiencias, como los traumas de la niñez, que pueden desviarnos de nuestra verdadera naturaleza, el Espíritu Santo nos guarda la verdad en depósito hasta que decidimos volver.

La práctica del perdón

«El perdón es la única respuesta cuerda».

Para el ego, el amor es un crimen. El ego intenta convencernos de que perdonar es algo peligroso que lleva consigo un sacrificio injusto por nuestra parte. Insiste en que el perdón nos convertirá en el chivo expiatorio de otras personas. "Para el ego, el amor es debilidad. Para el Espíritu Santo, el amor es fuerza."

Hace años, cuando se celebraron los Juegos Olímpicos de Los Ángeles, yo salía con un hombre. La ceremonia inaugural iba a ser una maravillosa representación teatral, y era muy difícil conseguir entradas. Como trabajaba para una cadena de televisión, a Mike le dieron en el último momento un pase para entrar.

Yo estaba entusiasmada por él. En la ciudad, todo el mundo sabía que iba a ser un gran acontecimiento. Decidimos que yo vería la ceremonia por televisión y que después nos encontraríamos. Al término de la emisión empecé a vestirme, imaginándome que podía pasar una hora o más hasta que tuviera noticias de él, ya que el tráfico en los alrededores del estadio no podía menos que ser un caos.

Pasó una hora y después otra. «Bueno, trabaja para la televisión –me dije–, así que probablemente haya algún inconveniente». Pasó otra hora, y otra más. Llegó y pasó la medianoche. Me desvestí y me quité el maquillaje. Se hicieron las dos, y después las tres. A veces me quedaba dormida, otras seguía acostada en la oscuridad mirando fijamente al techo; a veces me ponía morada de furia y otras me asustaba por la posibilidad de que se estuviera muriendo en alguna zanja. Llamé a su casa. No hubo respuesta. Volví a llamar. Tampoco hubo respuesta. Finalmente, tras casi no haber dormido, llamé alrededor de las seis de la mañana y él cogió el teléfono.

–Diga.

–¿Mike? –pregunté–. Soy Marianne.

–Ah, hola.

–¿Estás bien?

–Sí, ¿por qué?

–Ayer teníamos que vernos. ¿Te olvidaste?

–Ah, claro –dijo–. Es que no me di cuenta y el tiempo fue pasando.

No sé qué dije para colgar, pero sé cómo me sentía, y no era ninguna maravilla. Me habían dejado plantada, y yo sentía ese tipo de golpe a mi autoestima que se siente en las tripas y le llena a uno las venas de una especie de tinta negra emocional. Aturdida, no sé cómo terminé por dormirme. Cuando me desperté, veía la situación de manera muy distinta. Estaba segura de que él se despertaría lamentando la forma en que había actuado. En cualquier momento aparecería en mi puerta con una docena de rosas y me diría: «Hola, nena, ¿puedo llevarte a comer algo?». Y mi guion mental incluía un generoso: «Por supuesto, cariño» melodiosamente articulado. El problema es que no vino, y no solo eso, sino que tampoco llamó.

Yo estaba en una zona de penumbra. ¿Qué diría de una cosa así *Un Curso de Milagros*? Sabía que necesitaba un milagro, pero lo único que se me ocurría eran dos maneras posibles de tratar el asunto; las dos las había intentado antes en situaciones similares, y ninguna de ellas me había gustado ni había hecho que consiguiera lo que quería.

Mi primera opción era enojarme mucho y asegurarme de que se enterara: «¿Quién te crees que eres para tratarme de esa manera, hijo de puta?». El problema con esa opción era que invalidaría completamente mi posición. «Marianne es muy buena chica, pero tiene un genio insoportable. Se pone histérica cuando las cosas no son como ella quiere».

La otra opción que podía imaginarme era perdonarlo y dejar las cosas como estaban, pero tampoco me satisfacía. «No tiene importancia que me hayas plantado, Mike. Está bien. No me preocupa». Yo podía entender el amor incondicional, pero no los compromisos románticos incondicionales. No sabía qué hacer, y pedí un milagro. Consideré la posibilidad de otra posibilidad. Dejé la situación a cargo de Dios y recordé que yo no necesitaba hacer nada.

Desde el punto de vista del Curso, de lo primero que me tenía que ocupar era de mi propio juicio. Mientras yo no estuviera en paz, mi comportamiento reflejaría la energía de mi conflicto. Un comportamiento conflictivo no puede dar paz; solo produce más conflicto. Primero tenía que ocuparme de mis propias percepciones. Lo demás ya vendría luego.

Entonces me inventé un ejercicio; repetiría constantemente, en voz alta cuando pudiera y en silencio cuando hubiera alguien: «Te perdono, Mike, y te dejo en manos del Espíritu Santo. Te perdono, Mike, y te dejo en manos del Espíritu Santo. Te perdono, Mike, y te dejo en manos del Espíritu Santo».

Como Mike no llamó al día siguiente de nuestra conversación telefónica matutina, ni tampoco al otro, ni al que lo siguió, tuve que esforzarme por disipar muchísimos sentimientos negativos. Mi salmodia de perdón –una especie de mantra o afirmación repetida de sabiduría espiritual– funcionó como un bálsamo sanador de mi torbellino emocional. Me salvó de la tentación de concentrarme en el comportamiento de Mike y me mantuvo, en cambio, centrada en mis propios sentimientos. Mi objetivo era la paz interior, y yo sabía que no podría tenerla mientras siguiera percibiendo a Mike como culpable.

Tardó dos semanas en llamar. La repetición constante de la afirmación «Te perdono, Mike, y te dejo en manos del Espíritu Santo», esa disposición a perdonar a alguien, había actuado en mi cerebro como una placentera droga. No me importaba si volvía a tener noticias de él o no.

Y un día, en mi casa, suena el teléfono y oigo la voz familiar de Mike:

—¿Marianne?

Antes de poder siquiera pensarlo conscientemente, el pecho se me llenó de un cálido sentimiento de amor.

—¿Mike? ¡Hola! ¡Qué bueno tener noticias tuyas! —y realmente lo sentía así, me parecía estupendo oír su voz.

—¿Cómo te va? Te he echado de menos.

Era increíble que dijera eso. No sé si le contesté que yo también lo había echado de menos. Resultaba tan absurdo que probablemente no le dije nada. Pero esto sí lo recuerdo: me preguntó cuándo podíamos vernos.

—¿A ti cuándo te gustaría? —le pregunté.

—¿Qué te parece esta noche?

En aquel momento me salieron de la boca palabras que me sorprendieron tanto como debieron de sorprenderle a él. Con mucho amor y bondad, le dije:

—Mike, te aprecio de verdad y eso no va a cambiar. Sigo siendo tu amiga pase lo que pase. Pero, cuando se trata de estar en pareja, no parece que bailemos la misma danza. Si alguna vez quieres que almorcemos juntos, llámame. Pero, en cuanto a lo demás, se acabó.

Los dos murmuramos un par de cortesías más y cortamos la comunicación. Me quedé preocupada porque había rechazado a un hermano, pero inmediatamente después vi proyectada en medio del cielo una imagen interna de montones de botellas de champán cuyos corchos saltaban alegremente. No había rechazado a un hermano. Simplemente, me había aceptado a mí misma de otra manera, completamente nueva. Él había tenido su premio –una lección aprendida y una amistad, si la quería– y yo el mío. El perdón no me había convertido en un chivo expiatorio. Me había enseñado a ser dueña de mi «sí» y de mi «no», sin enojo, con dignidad y amor.

Comunicarse con amor

«La comunicación une; el ataque separa».

El Espíritu Santo acepta incondicionalmente a la gente. Para el ego, esto es escandaloso, porque el amor incondicional es su muerte. ¿Cómo crecerá la gente si todos andamos por el mundo aceptándonos los unos a los otros tal como somos? Aceptar a los demás tal como son tiene el efecto milagroso de que los ayuda a mejorar. La aceptación no inhibe el crecimiento, sino que más bien lo favorece.

La gente que siempre nos dice qué es lo que tenemos de malo no nos ayuda; al contrario, nos paraliza llenándonos de vergüenza y culpa. Las personas que nos aceptan nos ayudan a sentirnos bien con nosotros mismos, a relajarnos, a encontrar nuestro camino. Aceptar a los demás no significa que no hagamos nunca sugerencias constructivas. Pero, como pasa con todo, el problema no radica tanto en nuestro comportamiento como en la energía que lo mueve. Si critico a una persona para cambiarla, lo que está hablando es mi ego, pero si pido a Dios que me sane de mi tendencia a juzgar y después todavía me siento movida a comunicar algo, lo haré con amor y no con miedo. No me moverá la energía del ataque, sino la del apoyo. Con el cambio de conducta no basta. Cubrir un ataque con un baño de azúcar, disfrazarlo con un tono de voz dulce o expresarlo en jerga terapéutica no es un milagro. Un milagro es un cambio auténtico del miedo al amor. Si hablamos desde el ego, movilizaremos el ego de los demás. Si hablamos desde el Espíritu Santo, movilizaremos su amor. Un hermano que está equivocado, afirma el Curso, requiere enseñanzas, no ataques.

La sección siguiente del Curso es una poderosa guía para practicar, en las relaciones, una comunicación con la disposición anímica correcta.

> *«Los errores pertenecen al ámbito del ego, y la corrección de los mismos estriba en el rechazo del ego. Cuando corriges a un hermano le estás diciendo que está equivocado. Puede que en ese momento lo que esté diciendo no tenga sentido, y es indudable que si está hablando desde su ego no lo tenga. Tu tarea, sin embargo, sigue siendo decirle que tiene razón. No tienes que decírselo verbalmente si está diciendo tonterías. Necesita corrección en otro nivel porque su error se encuentra en otro nivel. Sigue teniendo razón porque es un Hijo de Dios».*

Los milagros se crean en un ámbito invisible. El Espíritu Santo perfecciona nuestro estilo, nos enseña a comunicarnos con amor en lugar de atacar. Con frecuencia la gente dice: «Bueno, yo les hablé. ¡Realmente me comuniqué!». Pero la comunicación es una calle de dos sentidos. Solo se produce si una persona habla y la otra la escucha. Todos hemos participado en conversaciones en que dos personas hablan sin que ninguna de ellas escuche nada de lo que dice la otra. También hemos tenido la experiencia de entendernos perfectamente con otra persona sin decir nada. Para comunicarnos de verdad debemos asumir la responsabilidad del espacio del corazón que existe entre nosotros y el otro. Ese espacio del corazón —o su ausencia— es lo que determinará si la comunicación es milagrosa o atemorizante. A veces, evidentemente, eso significa mantener la boca cerrada. El silencio puede ser una poderosa comunicación de amor. Ha habido veces en que yo estaba equivocada, y sabía que lo estaba, y sabía que ellos sabían que estaba equivocada, y los amaba por tener la amabilidad de no decir nada. Eso me daba ocasión de recuperarme con dignidad.

Cuando hablamos, la clave de la comunicación no está en lo que decimos, sino en la actitud subyacente a lo que decimos. Como no hay más que una mente, todos estamos en una continua comunicación telepática. A cada momento optamos por unir o separar, y la persona con quien hablamos siente lo que hemos escogido, sean cuales fueren nuestras palabras. La opción de unir es la clave de la comunicación, porque es la clave de la comunión. Lo que importa en una comunicación no es buscar nuestro objetivo, sino encontrar un terreno puro del ser a partir del cual construir nuestro mensaje. No intentamos unirnos por mediación de nuestras palabras; aceptamos la idea de que antes de hablar ya estamos unidos con la otra persona. Esta aceptación, en sí misma, ya es un verdadero milagro.

El maestro de Dios es un instrumento de la intuición delicadamente afinado. *Un Curso de Milagros* dice que, primero y por encima de todo, hemos de escuchar a nuestro hermano. Si después tenemos que hablar, Él nos lo hará saber. Jesús envió una vez a sus discípulos al campo y les dijo que enseñaran el evangelio.

–¿Qué hemos de decir? –le preguntaron, y la respuesta de Jesús fue:

–Os lo diré cuando hayáis llegado allí.

No tratemos de prever lo que tendremos que decirle a un hermano. Lo único que debemos hacer es pedir al Espíritu Santo que purifique nuestra percepción de la otra persona. Desde ese lugar interior, y solo desde ese lugar, encontraremos el poder de las palabras y el poder del silencio, que traen la paz de Dios.

El compromiso

«A quienes Dios ha unido como uno,
el ego no los puede desunir».

Un Curso de Milagros dice que debemos tener un compromiso total con todas nuestras relaciones, y que las personas implicadas jamás competirán entre sí. El compromiso en una relación significa que se dé un proceso de comprensión y perdón recíprocos, por más conversaciones que nos exija y por más incómodas que estas puedan ser.

Cuando nos separamos físicamente de alguien, eso no significa que nuestra relación con esa persona haya acabado. Las relaciones son eternas. La «separación» es otro capítulo de la relación. Con frecuencia, liberarse de la vieja forma de la relación se convierte en una lección de amor puro mucho más profunda que cualquiera que se pudiera haber aprendido en caso de que las dos personas hubieran seguido juntas. Al final de algunas de mis relaciones, he sentido por mi pareja un amor mucho más profundo que en ningún momento anterior. He descubierto que en ese momento el Espíritu Santo suele quitar todos los frenos, simplemente porque necesitamos de todo nuestro amor para dejar que alguien se vaya. «Te amo tanto que puedo dejarte en libertad de estar donde quieras estar, de ir adonde quieras ir. » Este momento no es el final de una relación; es la realización última del propósito de cualquier relación: que encontremos el significado del amor puro.

A veces la lección que hay que aprender en una relación es cómo continuar y hacer que las cosas funcionen. Otras veces, lo que hay que aprender es cómo salir de una situación que no sirve. Nadie puede determinar en nombre de otra persona qué principio es válido en qué circunstancia. En última instancia es nuestra conexión con el Espíritu Santo, la guía de nuestra propia intuición, lo único que puede conducirnos al supremo despliegue de los acontecimientos mediante la comprensión más profunda.

«Nunca abandones a una persona cuando te estás yendo», he dicho en muchas conferencias. ¿Qué significa esto?

Significa que es importante honrar la naturaleza eterna de las relaciones. Cuando las relaciones cambian de forma, su contenido no tiene por qué disminuir. El ego dice: «Mira, esto se acabó. No ha funcionado. Ya no nos sentimos bien juntos. Lo pasado ya pasó. Ahora estoy con otra persona». El o la «ex» se convierte en un ciudadano de segunda. Con frecuencia la nueva pareja se siente con el derecho de decir: «¿Por qué hablas de él (o de ella)? Somos nosotros quienes estamos juntos ahora». Pobre de la persona que no apoya el proceso de sanación entre un hombre o una mujer y su anterior pareja. En última instancia terminará descubriendo que su amante la tratará a ella exactamente tal como trató a su pareja anterior. Sentimos celos y la necesidad de aferrarnos a lo que tenemos porque en este ámbito como en todos los demás, el ego nos dice que la cantidad de amor que hay es limitada, que el bien de los demás nos priva del nuestro. El ego cree que los recursos son finitos, pero el amor es infinito. Siempre que se añade amor a cualquier parte del sistema, el amor aumenta en cada una de las partes. El amor no origina otra cosa que más amor. Si mi marido o mi amante ha sanado todas sus relaciones pasadas, ello aumenta su capacidad de amarme desde una posición sana y entera. La última mujer que hubo en su vida no es mi competidora, sino mi hermana.

Hacía poco tiempo que salía con un hombre cuando vino una vez a casa a cenar. Mientras preparaba la cena, le pregunté qué había hecho durante el día, y me contó que había estado trabajando en un guion con su última pareja, que seguía colaborando con él profesionalmente. Al final habían tenido una conversación bastante engorrosa sobre su relación. Ella continuaba sintiéndose dolida, le costaba desprenderse... la historia que todos conocemos. Le pregunté cómo la había dejado después de esa conversación, y me dijo que estaba bastante alterada. Dejé lo que estaba preparando, lo miré a los ojos y le dije:

—Ve a llamarla.

La idea de que esa mujer estuviera en algún lugar de la ciudad sumida en una angustia horrible mientras nosotros nos deleitábamos en un encuentro romántico se me hacía difícil de sobrellevar. Yo sabía lo que era eso. Habría sido una total falta de ética por mi parte no brindar el menor apoyo a sus sentimientos.

—¿No te molesta? —me preguntó.

—En absoluto. La cena puede esperar.

Nuestras necesidades no son algo aparte. Si contribuimos al dolor de otra persona, eso será un recuerdo que siempre volverá para acosarnos. Si hacemos lo que podemos por ayudarla, siempre habrá alguien que haga lo mismo por nosotros. No basta con sentarse ociosamente mientras los demás sufren, usando como excusa para esa actitud egoísta frases como «No es mi responsabilidad» o «Meterme en el asunto sería entrar en una situación de codependencia».

—No tuve la intención de herirte —me dijo una vez una mujer, después de una situación en la que yo me había sentido traicionada.

—Pero tampoco intentaste amarme —le respondí.

El amor no es neutral. Requiere una toma de posición. Es asumir el compromiso de tratar de conseguir la paz para todos los que intervienen en una situación.

La fe en las relaciones

«La fe es el reconocimiento de la unión».

Con frecuencia echamos de menos a una persona porque, en un ámbito invisible e intangible, todavía seguimos comunicados con ella, aún estamos conectados, esperando que la situación se resuelva.

—Estás neurótico —nos dirá la gente—. Ya es hora de desprenderte.

Pero hubo una época en que los viudos llevaban luto durante un año; el duelo se entendía, se reconocía, se validaba. No es neurótico estar de duelo por una relación; lo neurótico es no estarlo. En algún nivel, por más disociados de nuestros sentimientos que podamos estar, toda relación nos aporta esperanza; la esperanza de que pueda ser un lugar seguro, un puerto, un descanso después de todos nuestros combates.

Cuando una relación no funciona, por la razón que fuere, nuestra desilusión es natural. Cada encuentro intenso representa una conexión kármica profunda y complicada. Una relación que se acaba es algo muy semejante a una muerte, y en muchos casos la tristeza es mayor aún. Cuando alguien muere, con frecuencia ha habido una compleción y una comprensión que no se producen cuando las dos personas están vivas pero se han separado sin que ello implique una elevación de la conciencia. Quizás el ser que amamos esté ahora, simplemente, en otro barrio de la ciudad, conviviendo con otra persona, y sin embargo la distancia que nos separa es la de un universo, porque la resolución que tanto necesitamos no se ha producido. No hay que fingir que esto no es como un cuchillo clavado en el corazón, porque lo es, y no hay nada que hacer, como no sea llorar, porque las lágrimas brotan como la sangre de una herida.

"Ahora es el momento de la fe." Dejémonos ablandar por nuestras lágrimas. Cuando los cuchillos emocionales atraviesan el corazón, se desmoronan murallas que, para empezar, no tenían por qué estar ahí. Entonces podemos aprender. Podemos aprender lo que es ficticio y lo que es real. Podemos aprender que no hay que confiar en ídolos, y podemos aprender que hay un amor que nunca jamás desaparece.

En las relaciones se dan muchos conflictos que ponen a prueba nuestra fe. Uno de ellos es la traición. Se trata de una palabra que en realidad no entendemos si nadie nos ha traicionado. El dolor es muchísimo más intenso cuando es un amigo quien esgrime el cuchillo.

En el Curso, Jesús dice que, aunque de acuerdo con el pensamiento del mundo fue traicionado, él optó por no percibirlo de ese modo. Dicho de otra manera: él sabía que en realidad no lo podían traicionar, porque lo que no es amor no es real. Entonces, cuando nos atacan, cuando la medicina es tan amarga que necesitamos recurrir a todas nuestras fuerzas para no desplomarnos cuando la tomamos, ¿qué es lo que hacemos? ¿Dónde está nuestro consuelo?

Alguien me dijo una vez que el pavo real fabrica sus plumas comiendo espinas. Hermosa imagen: las cosas duras y ásperas que tenemos que digerir pueden contribuir a nuestra belleza. Pero no siempre. Solo cuando nos abrimos lo suficiente para realmente asimilar el horror, por extraño que parezca. La resistencia y la defensa solo hacen más real el error, y aumentan nuestro dolor.

Si Jesús hubiera vociferado desde la cruz «Os odio a todos», la historia habría sido completamente diferente. No habría habido resurrección. Lo que creó el espacio para su triunfo fue su indefensión, su aferrarse al amor a pesar de lo que le estaban haciendo. Se puede destruir el cuerpo, pero no la verdad. Si se le dan los tres días simbólicos, la verdad siempre se reafirmará. Los tres días representan el tiempo que se necesita entre la crucifixión y la resurrección, entre una respuesta del corazón abierto ante el dolor y la vivencia del renacimiento que siempre le seguirá.

¿Cuántas veces me he dicho y he dicho a otros: «No son más que los tres días. Aguanta. Aguanta»? Cuando nuestros amigos se han vuelto en contra nuestra o cuando nos han estafado o mentido, es muy fuerte la tentación de defenderse, de devolver el ataque. Pero el Curso afirma que «en nuestra indefensión radica nuestra seguridad». Se trata de una instancia más en la que nuestro poder procede de decir: «Me haré a un lado y dejaré que Él me guíe». El Cristo interior puede afrontar cualquier ataque, porque el desamor no le afecta. Lo único que puede hacer que el miedo nos afecte es nuestra convicción de que nos afectará. Defendernos es una manera de coincidir con el atacante en el poder de su ataque, y con ello lo volvemos real en nuestra experiencia.

Necesitamos un gran coraje y mucha fuerza personal para aferrarnos a nuestro centro en momentos en que nos sentimos muy heridos. Necesitamos sabiduría para entender que nuestra reactividad no hace más que atizar las llamas de la falsa tragedia. El amor crea a nuestro alrededor un escudo místico que nos protege del caos. Cuando estamos en medio de la pérdida, de la traición o de cualquier otro tipo de crisis, hay poder en las palabras: «Aquiétate y sabe que Yo soy». Nunca se puede destruir la verdad. Solo en el tiempo se producen pérdidas, afirma el Curso, y el tiempo no existe.

El matrimonio

«Juntos asumisteis la empresa de invitar al Espíritu Santo a formar parte de vuestra relación».

Al matrimonio, como a todo lo demás, tanto lo puede usar el ego como el Espíritu Santo. Su contenido no está nunca predeterminado. Es un organismo viviente que continuamente refleja las opciones de los individuos que lo forman.

Muy poco hay en este mundo que siga siendo sagrado, pero hay algo que debe ser tratado con reverencia para que la trama moral del mundo no se desintegre: un acuerdo entre dos personas. Un matrimonio iluminado es un compromiso para participar en el proceso de recíproco crecimiento y mutuo perdón, compartiendo el objetivo común de servir a Dios.

Un hombre me contó una vez que su relación con su exmujer funcionó estupendamente durante el primer año que vivieron juntos. En aquella época ambos participaban activamente en una organización dedicada al crecimiento personal, pero, cuando la abandonaron, el matrimonio se fue a pique. De todos modos, esto no significa que el matrimonio no tuviera nada a su favor, sino que más bien revela la importancia de un contexto mayor que las preocupaciones personales de uno de los miembros de la pareja, e incluso de los dos.

¿Por qué el matrimonio es un compromiso más profundo que otras formas de relación, como la de una pareja que simplemente convive? Porque es un acuerdo en el sentido de que, por más que pueda haber una buena cantidad de sacudidas y gritos, nadie se irá dando un portazo. Ambos tenemos la seguridad de que podemos expresar cualquier emoción que brote de nuestras profundidades –y si somos honestos admitiremos que a veces estamos muy alterados–, de que hacerlo en este ámbito es seguro. Nadie se irá.

El compromiso del matrimonio se declara públicamente. Cuando hay invitados a la boda y la ceremonia es religiosa, se cumple con un ritual en el que las plegarias colectivas forman un círculo de luz y de protección en torno de la relación.

Un matrimonio es un regalo de Dios para un hombre y una mujer, un regalo que después Le ha de ser devuelto. La esposa de un hombre es literalmente el regalo que le hace Dios. El esposo de una mujer es el regalo que le hace Dios. Pero los regalos de Dios siempre son para todos. Por lo tanto, se supone que un matrimonio ha de ser una bendición para el mundo, porque es un contexto en el que dos personas pueden llegar a ser más de lo que habrían sido solas. Para el mundo entero es una bendición la presencia de gente sanada. Uno de los ejercicios del *Libro de ejercicios* reza así: «Cuando me curo, no soy el único que se cura».

El apoyo y el perdón de nuestra pareja nos permiten situarnos más magníficamente en el mundo. *Un Curso de Milagros* nos dice que el amor no ha de ser exclusivo, sino inclusivo. Hace varios años se popularizó una canción cuyo estribillo decía: «Tú y yo contra el mundo». Si alguna vez un hombre me dijera eso, yo le diría que me cambio de lado. No nos casamos para escapar del mundo, sino para sanarlo y unirlo.

Bajo la guía del Espíritu Santo, un matrimonio se compromete a crear un contexto en el que los recursos individuales de cada uno, tanto materiales como emocionales y espirituales, estén puestos al servicio del otro. Lo que demos recibiremos. Servicio no significa sacrificio de uno mismo, sino dar a las necesidades de otra persona la misma importancia que a las nuestras. El ego insiste en que una persona gane a expensas de la otra. El Espíritu Santo entra en cualquier situación llevando el triunfo a cada uno de los que participan en ella. En el matrimonio tenemos una maravillosa oportunidad de ver a través del espejismo de las necesidades separadas. La pareja no ha de pensar solamente en lo que es bueno para él o para ella, sino en lo que es bueno para los dos. Esta es una de las muchas maneras en que el matrimonio puede colaborar en la sanación del Hijo de Dios.

Como sucede con todo, la clave del éxito de un matrimonio es la percepción consciente de Dios. El matrimonio Le es ofrecido para que lo use para Sus propios fines.

Es verdad el refrán que dice que la familia que reza unida se mantiene unida. El matrimonio iluminado incluye la presencia de un tercero místico. Se pide al Espíritu Santo que guíe las percepciones, los pensamientos, los sentimientos y las acciones para que en esto, como en todas las cosas, se haga la voluntad de Dios así en la Tierra como en el Cielo.

Perdonemos a nuestros padres y a nuestros amigos, perdonémonos a nosotros mismos

«El más santo de todos los lugares sobre la Tierra es aquel donde un viejo odio se ha convertido en un amor presente».

No podemos llegar a la conciencia sin perdonar a nuestros padres. Nos guste o no, nuestra madre es nuestra imagen primaria de una mujer adulta, y nuestro padre la de un hombre adulto. Mantener resentimientos contra la madre significa, para un hombre, que no será capaz de liberarse de la proyección de la culpa sobre otras mujeres adultas que aparezcan en su vida, y para una mujer, que no será capaz de escapar de la autocondena a medida que crezca y de niña pase a ser mujer. Quien cultive agravios contra el padre, si es mujer no será capaz de liberarse de la proyección de la culpa sobre otros hombres adultos que lleguen a su vida, y si es hombre no podrá escapar de la autocondena a medida que crezca y de niño pase a ser hombre.

Así es. Llegados a cierto punto, perdonamos porque decidimos perdonar. La sanación se produce en el presente, no en el pasado. Lo que nos ata no es el amor que no recibimos en el pasado, sino el amor que no estamos dando en el presente. O bien Dios tiene el poder de renovarnos la vida, o no lo tiene. ¿Podría Dios estar mirándonos y diciendo: «Me encantaría proporcionarte una vida llena de alegría, pero es que tu madre fue tan terrible que tengo las manos atadas»?

Actualmente se habla mucho de personas que han crecido en hogares problemáticos. ¿Quién no ha crecido en un hogar problemático? ¡Este mundo es problemático! Pero no hay nada que nos haya pasado, que hayamos visto o que hayamos hecho y que no podamos usar para hacer de nuestra vida algo más valioso ahora. Podemos crecer a partir de cualquier experiencia, y podemos trascender cualquier experiencia. Hablar así es blasfemo para el ego, que respeta el dolor, lo glorifica, lo adora y lo crea. El dolor es su principal centro de interés, y en el perdón encuentra a su enemigo.

El perdón sigue siendo el único sendero que nos saca del infierno. No importa si se trata de perdonar a nuestros padres, a nosotros mismos o a cualquier otra persona; las leyes de la mente siguen siendo las mismas: si amamos seremos liberados del dolor, y si negamos el amor seguiremos en el dolor. A cada momento estamos enviando amor o proyectando miedo, y cada pensamiento nos acerca más al Cielo o al infierno. ¿Qué hará falta para hacernos recordar que "en el arca se entra de dos en dos", que no hay manera de entrar en el Cielo sin llevar a alguien contigo?

La práctica y el compromiso son las claves del amor. En mi propio caso, y en otros que he visto, no es que nos opongamos al poder del amor. Puedo ver la verdad de todos estos principios, pero también he visto con qué frecuencia me resistía a la experiencia del amor, cuando aferrarme a un agravio parecía más importante que perdonarlo. Sobre el miedo se ha edificado todo un mundo, que no se dejará desmantelar en un momento. Podemos pasarnos cada instante de la vida trabajando en nosotros mismos. Lo que sana el mundo es cada pensamiento de amor, a cada momento. La madre Teresa dice que no hay grandes obras, sino solo obras pequeñas, pero realizadas con un gran amor.

Cada uno de nosotros tiene diferentes miedos, y diferentes manifestaciones del miedo, pero a todos nos salva la misma técnica: recurrir a Dios pidiéndole que salve nuestra vida rescatándonos mentalmente: «No nos dejes caer en la tentación, mas líbranos del mal, porque el Amor es el Reino, y el Amor es la gloria, y el Amor es el poder, por los siglos de los siglos».

7

EL TRABAJO

«Estoy aquí únicamente para ser útil.
Estoy aquí en representación de Aquel que me envió.
No tengo que preocuparme por lo que debo decir ni por lo que
debo hacer, pues Aquel que me envió me guiará.
Me siento satisfecho de estar dondequiera que
Él desee, porque sé que Él estará allí conmigo.
Sanaré a medida que le permita enseñarme a sanar».

La consagración de nuestra carrera profesional

«El Espíritu Santo escoge y acepta tu papel por ti,
toda vez que ve tus puntos fuertes exactamente
como son, y es igualmente consciente de dónde
se puede hacer mejor uso de ellos, con qué propósito,
a quién pueden ayudar y cuándo».

El éxito significa que por la noche nos vamos a dormir sabiendo que usamos nuestros talentos y capacidades de forma útil para los demás. Nos sentimos compensados con las miradas de agradecimiento de la gente, con la mayor o menor riqueza material que nos proporcione el hecho de trabajar con alegría y energía, y el magnífico sentimiento de que hoy hicimos nuestra pequeña contribución para salvar al mundo.

La Expiación significa poner por delante el amor en todo, tanto en el trabajo como en todo lo demás. Trabajas para difundir el amor. Tu guion cinematográfico debe difundir el amor. Tu salón de belleza debe difundir el amor. Tu oficina debe difundir el amor. Tu vida debe difundir el amor. La clave del éxito en tu carrera es darte cuenta de que no es algo aparte del resto de tu vida, sino más bien una extensión de tu yo más básico. Y tu yo más básico es el amor.

Saber quién eres y por qué has venido aquí –que eres un hijo de Dios y has venido aquí para sanar y que te sanen– es más importante que saber qué quieres hacer. Lo que quieres hacer no es lo importante. Lo importante es que te preguntes: «Cuando hago cualquier cosa, ¿cómo debo hacerla?». Y la respuesta es: «Con bondad». La gente no asocia normalmente el trabajo o los negocios con la bondad, porque son actividades que han llegado a ser consideradas como meros instrumentos para hacer dinero. Los obradores de milagros no trabajan solamente para hacer dinero, sino también para inyectar amor en el mundo.

A cada uno de nosotros le toca desempeñar un papel determinado en el «plan de Dios para la salvación». Es tarea del Espíritu Santo revelarnos nuestra función y ayudarnos a llevarla a cabo. "El Espíritu Santo nos pregunta si sería razonable suponer que Él nos asigne una tarea y después no nos proporcione los medios para cumplirla."

Una vez más, no decidimos por nuestra propia cuenta qué papel hemos de desempeñar en la vida, sino que pedimos que nos sea revelado dónde quiere Él que vayamos y qué quiere que hagamos. Le entregamos nuestra carrera profesional. Durante la Segunda Guerra Mundial, los generales aliados controlaban todos los movimientos de las tropas desde un cuartel general desde el cual se emitían las órdenes. Los comandantes de los diversos frentes no sabían necesariamente de qué manera se adecuaban sus movimientos a la totalidad del plan militar: solo sabían que se adecuaban, porque sabían que había una «inteligencia» general respaldando sus órdenes. Lo mismo pasa con nosotros. Quizá no sepamos cómo o dónde estarían mejor aprovechados nuestros talentos, pero el Espíritu Santo sí lo sabe. *Un Curso de Milagros* nos enseña "a evitar los planes que nosotros mismos ideamos y a someter, en cambio, nuestros planes a Dios".

Algunas personas me han dicho: «Pero me da miedo dejar mi carrera en manos de Dios. Yo soy músico... ¿Y si Él quisiera que fuese contable?». Y yo les respondo que por qué habría de ser así. ¿No querrá Él, más bien, que ese trabajo lo haga alguien que entienda de números?

Si tienes talento para la música, ese talento es de Dios. Si algo hace que tu corazón cante, esa es la manera que Dios tiene de decirte cuál es la contribución que espera de ti. Compartir nuestros dones es lo que nos hace felices. Cuando somos felices somos más poderosos, y el poder de Dios se manifiesta mejor sobre la tierra.

Un Curso de Milagros dice que «el único placer verdadero proviene de hacer la voluntad de Dios». Lo esencial para la salvación, en cualquier ámbito, es un cambio en nuestro sentimiento de finalidad. Las relaciones, la profesión, el cuerpo, todos estos ámbitos de la vida renacen en el espíritu cuando los consagramos a los fines de Dios, pidiendo que sean usados como instrumentos para sanar al mundo.

Ese cambio es un milagro, y, como siempre, lo pedimos conscientemente. «Dios amado, te ruego que des a mi vida un sentimiento de finalidad. Úsame como instrumento de tu paz. Usa mis talentos y capacidades para difundir el amor. Te consagro mi trabajo. Ayúdame a recordar que mi verdadera misión es devolver la salud al mundo mediante el amor. Muchas gracias. Amén».

La voluntad de Dios

«¿Adónde quieres que vaya?
¿Qué quieres que haga?
¿Qué quieres que diga, y a quién?»

La gente cree que no se puede servir a Dios y ser feliz al mismo tiempo. Como la jerarquía de algunas religiones ha presentado la vía espiritual como una vida de sacrificio y austeridad, a muchas personas les resulta difícil imaginarse que una vida en estrecho contacto con Dios sea una vida llena de júbilo. *Un Curso de Milagros* dice que "el único placer verdadero proviene de hacer la voluntad de Dios".

Dios no exige sacrificios. La vida sacrificada es la que llevamos antes de encontrar un sentimiento superior de identidad y de finalidad: sacrificamos el recuerdo de lo magníficos que en realidad somos y el importante trabajo que hemos venido a hacer aquí. Y eso es mucho sacrificio, porque, cuando no podemos recordar por qué vamos a alguna parte, nos cuesta mucho rendir al máximo cuando llegamos allí. El amor da energía y dirección. Es el combustible espiritual.

Cualquier profesión, cuando se la consagra al Espíritu Santo, se puede usar como parte del plan de restauración del mundo. Ningún trabajo es demasiado grande ni demasiado pequeño para que Dios se sirva de él. Tú, yo y todo el mundo llevamos dentro el poder ilimitado del universo. No es algo de lo que hayamos de enorgullecernos personalmente, ni por lo que hayamos de sentirnos culpables. Nuestro verdadero poder emana de una fuerza que está en nosotros pero no nos pertenece. «Sé humilde ante Dios –dice el Curso– y sin embargo, grande en Él». Recuerda esto para mantenerte en conexión con tu inocencia y que el poder siga manando a través de ti. Olvídalo, y el grifo podría cerrarse en cualquier momento. Deja de bendecir al universo, y parecerá que el universo deja de bendecirte. Sea cual fuere tu actividad, limítate a pedir que sirva para bendecir al mundo.

Recuerdo haberme quejado un día a mi amiga June de lo desdichada que era, y su respuesta fue: «Marianne, no quiero ser dura contigo, pero, ¿alguna vez haces algo por alguien?». Su comentario me cayó como un jarro de agua fría, y en aquel momento apenas hice nada al respecto. Sin embargo, varios años después, cuando ya había pasado mi período de profunda depresión, el sufrimiento de los demás se convirtió para mí en algo mucho más importante. Se me partía el corazón por las personas que sufrían aunque solo fuera una parte de lo que yo había sufrido, y nacía en mí el deseo de ayudarlas. Entonces me pareció que Dios me decía: «La gente sufre profundamente, y toda tu vida has estado rodeada de personas que sufrían. Pero no te dabas cuenta. Ibas de compras».

Yo, como muchas personas, solía preocuparme por lo que se esperaba que hiciera con mi vida. Era como si nunca pudiera perseverar mucho tiempo en nada, ni ganar dinero ni encontrar ninguna verdadera satisfacción en mi trabajo. Me sentía paralizada. Recuerdo haber pedido una vez a Dios que me revelara lo que Él quería que yo supiera para poder cambiar. Me arrodillé y me concentré hasta alcanzar un elevado estado de meditación. Vi imágenes de un cielo glorioso y de un grupo de ángeles que desfilaban entre las nubes para traerme Su respuesta. Un par de querubines empezaron a desenrollar un pergamino. El corazón se me aceleró mientras esperaba el mensaje de Dios, que indudablemente sería de suma importancia. Muy despacio, las letras empezaron a formar palabras: «Marianne, eres una mocosa malcriada».

Me quedé paralizada porque había perdido el contacto con un recuerdo de mi alma: la razón por la que vine a la Tierra. Decirme que era una mocosa malcriada era la información perfecta, la llave para abrir la cerradura que inmovilizaba mis energías. El problema era mi egoísmo. Como aquellos actores que se han pasado tanto tiempo aprendiendo a actuar que no aprendieron a vivir, y entonces terminan por ser unos malísimos actores porque en última instancia no tienen nada auténtico que revelar de la vida, a veces perdemos nuestro poder personal al olvidar por qué lo tenemos. Estudiamos cómo triunfar en los negocios, sin detenernos a pensar por qué nos dedicamos a los negocios, como no sea para hacer dinero. Este no es un camino espiritualmente poderoso, y el universo lo tolerará cada vez menos a medida que avancen las décadas.

El poder personal

«Todo poder es de Dios».

No le pidas a Dios que te conceda una brillante carrera profesional, sino más bien que te enseñe el brillo que hay dentro de ti. El reconocimiento de nuestro brillo es lo que lo libera y nos permite expresarlo. Hasta que no hemos experimentado una conmoción interior, no se producen efectos externos estables e importantes. Una vez que la experimentamos, los efectos externos inevitablemente se hacen notar. Todos podemos experimentar una conmoción interior; más aún, estamos codificados para vivirla. Es nuestro potencial de grandeza. Nuestros logros no provienen de lo que hacemos, sino de quiénes somos. Nuestro poder terrenal es el resultado de nuestro poder personal. Nuestra carrera profesional es una extensión de nuestra personalidad.

La palabra «carisma» fue originariamente un término religioso. Significa «del espíritu». Carisma es el poder de llevar a cabo las tareas de la tierra desde un ámbito interior invisible, y es el derecho y la función natural del Hijo de Dios. Las nuevas fronteras son internas. La verdadera expansión está siempre dentro de nosotros. En vez de expandir nuestra capacidad o nuestra disposición para salir y conseguir algo, expandamos nuestra capacidad de recibir lo que ya está aquí para nosotros.

Un Curso de Milagros analiza un concepto cristiano tradicional llamado «los dones del Espíritu Santo»: cuando consagramos nuestra vida al Espíritu Santo para que la ponga al servicio de Sus fines, dentro de nosotros emergen nuevos talentos. No empezamos por organizar nuestra vida para después consagrársela a Dios, sino que más bien Le consagramos la vida y entonces las cosas empiezan a organizarse. Cuando abrimos el corazón, nuestros talentos y nuestros dones florecen. Muchas personas me dicen que cuando hayan tenido éxito y hayan ganado muchísimo dinero se valdrán de ello para ayudar al mundo. Pero eso es un aplazamiento mediante el cual el ego intenta evitar que nos mostremos plenamente en nuestra vida. Aunque consideremos que todavía no hemos tenido éxito, podemos consagrar ahora nuestro trabajo para que sea usado al servicio de la sanación del mundo, y nuestra carrera profesional arrancará desde ese punto de poder.

No importa lo que hagamos, podemos hacer de ello nuestro ministerio. No importa qué forma asuma nuestro trabajo o nuestra actividad, el contenido es el mismo que el de todos los demás: estamos aquí para ayudar a los corazones humanos. Cuando hablamos con alguien o vemos a alguien, e incluso cuando pensamos en alguien, tenemos la oportunidad de aportar más amor al universo. Desde una camarera hasta el director de un estudio de cine, desde un ascensorista hasta el presidente de una nación, no hay nadie cuyo trabajo no sea importante para Dios.

Cuando sabes esto, cuando vives plenamente lo que significa tener la oportunidad de sanar, alcanzas una energía que te impulsa hacia adelante en los afanes mundanos. El amor te hace más atrayente. Eso significa que atraes como un imán. Y no atraes simplemente a la gente, sino también circunstancias que vuelven a reflejar sobre ti el poder de tu devoción. Tu poder personal no se va a revelar en algún momento futuro. Eres una persona poderosa en cualquier momento que decidas serlo. La opción de ser un instrumento del amor, aquí mismo, ahora mismo, es un poder personal que ya posees.

Un Curso de Milagros nos dice que todos los hijos de Dios tienen poder y sin embargo ninguno tiene un poder «especial». "Todos somos especiales", y, al mismo tiempo, nadie es especial. Nadie tiene más potencial que ninguna otra persona para irradiar el amor y la luz de Dios. Muchas de nuestras ideas tradicionales sobre el éxito se basan en que nos hemos convencido de que somos especiales y de que tenemos algo especial para ofrecer. La verdad es que ninguno de nosotros es especial, porque si lo fuéramos seríamos diferentes de los demás y estaríamos separados de ellos. La unidad de Cristo hace que esto sea imposible. Por consiguiente, la creencia en que hay «seres especiales» es un engaño y por eso engendra miedo.

Lo que hicieron Beethoven, Shakespeare o Picasso no es tanto «crear» nada como haber tenido acceso a ese lugar dentro de sí mismos a partir del cual pudieron «expresar» lo que Dios ha creado. Su genialidad, pues, en realidad radicaba en la expresión y no en la creación. Por eso el gran arte nos conmueve con el impacto del reconocimiento, y deseamos haber sido nosotros quienes hubiéramos expresado eso. El alma se estremece al evocar lo que todos ya conocemos.

El Curso dice que "un día todo el mundo compartirá los dones de Dios por igual". Todos tenemos el potencial de la grandeza, pero nos lo arrancan precozmente. El miedo se inicia cuando alguien nos dice que hay un primero, un segundo y un tercer premio; que algunos esfuerzos merecen un «sobresaliente» y otros apenas un «regular». Pasado un tiempo, una parte de nosotros ya no se anima siquiera a intentar hacer ciertas cosas. Lo único que tenemos para dar al mundo es lo que nosotros mismos vemos en él, y el ego dice que eso no es suficiente. Nos induce a ocultar nuestra sencilla verdad y a intentar inventar otra mejor. Pero al hacerlo no nos protege, aunque finja que lo hace, como siempre. No nos evita pasar por tontos, sino que nos impide tener la experiencia de ser realmente nosotros, privándonos de la brillantez de expresarlo y de la alegría que esa expresión nos traería, a nosotros y a los demás.

Me encanta el cuento de la niña que le mostró a su maestra un dibujo de una vaca de color púrpura.

–Tesoro, yo nunca he visto una vaca de color púrpura –le dijo la maestra.

–¿Ah, no? ¡Qué pena! –contestó la niña.

No podemos fingir la autenticidad. Creemos que necesitamos ser nuestros propios creadores, y nos pasamos la vida superponiendo remiendos a nuestra personalidad, porque tratamos de ser especiales, no reales. Patéticamente intentamos adaptarnos a los demás, hacer lo mismo que ellos.

Un tulipán no se esfuerza por impresionar a nadie. No pugna por ser diferente de una rosa, ni lo necesita. Ya es diferente. Y en el jardín hay lugar para todas las flores. Tú no tuviste que esforzarte por hacer que tu cara fuera diferente de las de todos los demás. Es así. Eres un ser único, porque fuiste creado de esa manera. Fíjate en los niños pequeños. Todos son diferentes, sin proponérselo. Y mientras sean ellos mismos, sin darse cuenta de que lo son, inevitablemente resplandecerán. Solo más adelante, cuando se les enseñe a competir, a esforzarse por ser mejores que los demás, se desvirtuará su luz natural.

La luz natural de Dios que todos llevamos dentro es lo que el Curso llama nuestra grandeza. Los esfuerzos del ego por embellecer nuestro estado natural son lo que el Curso llama grandiosidad. «Es fácil distinguir la grandeza de la grandiosidad –dice el Curso–, porque el amor puede ser correspondido, pero el orgullo no». El ego interfiere en la clara expresión de nuestro poder intentando hacer que lo realcemos. Ese intento es en realidad una trampa mediante la cual entorpece nuestra capacidad de expresar cómo somos en realidad y de aceptar el pleno reconocimiento de los demás.

Insisto una vez más en que el objetivo del ego es la separación. Hace tiempo, me paseaba continuamente por una montaña rusa emocional, sintiendo a veces que era mejor que los demás y otras que era peor. «Soy mejor, no, no soy tan buena, soy mejor, no, no soy tan buena». Ambas afirmaciones constituyen el mismo error. La verdad es que todos somos iguales. Reconocerlo –reconocer que no somos mejores ni peores que nadie porque esencialmente todos somos iguales– es una idea que solo nos parece deslucida mientras no entendemos del todo a qué clase de club pertenecemos. La humanidad es un grupo de criaturas infinitamente poderosas. "Nuestro poder, sin embargo, está en nosotros pero no es nuestro." Es el espíritu de Dios inherente en nosotros lo que nos ilumina y nos vivifica. Librados a nosotros mismos, en realidad no somos gran cosa.

Esta idea me ha ayudado en mi trabajo. Subo a una tarima, y a veces hablo para más de mil personas. No puedo imaginarme sometida a la presión de convencerme a mí misma de que tengo algo especial que ofrecer. Ni lo intento. No tengo que impresionar a nadie, y, como esto es lo que pienso, no me queda otra cosa por hacer que relajarme. Subo a la tarima sin sentir la necesidad de hacer que la gente piense que soy alguien especial, porque sé que no lo soy. Lo único que hago es hablar con amigos, despreocupadamente y con entusiasmo, eso es todo. No hay nada más. Todo lo demás no son más que espejismos. El Hijo de Dios no tiene necesidad de adornos.

Nos tienta pensar que impresionamos más si presumimos, y no es cierto, en absoluto; cuando lo hacemos, somos más bien patéticos. «La grandiosidad es siempre un disfraz de la desesperación». La luz de Cristo brilla más en nosotros cuando nos relajamos y la dejamos manar, permitiendo que su resplandor borre nuestros delirios de grandeza. Pero tenemos miedo de quitarnos la máscara. Y no es que inconscientemente nos estemos defendiendo de nuestra pequeñez. En realidad, lo que hace nuestro ego es defenderse de Dios.

Tal como interpreto el Curso, "lo que más miedo nos da no es ser incapaces. Lo que más miedo nos da es ser poderosos más allá de toda medida. Es nuestra luz, no nuestra oscuridad, lo que más nos asusta". «¿Quién soy yo para ser una persona brillante, hermosa, dotada, fabulosa?» En realidad, ¿quién eres para no serlo? Eres un hijo de Dios, y, si juegas a empequeñecerte, con eso no sirves al mundo. Encogerte para que los que te rodean no se sientan inseguros no tiene nada de iluminado. Todos estamos hechos para brillar, como brillan los niños. Nacimos para poner de manifiesto la gloria de Dios, que está dentro de nosotros. No solo en algunos, sino en todos nosotros. Y si dejamos brillar nuestra propia luz, inconscientemente daremos permiso a los demás para hacer lo mismo. Al liberarnos de nuestro propio miedo, nuestra presencia automáticamente liberará a los demás.

Un obrador de milagros es un artista del alma. No hay arte más elevado que el de vivir una vida bondadosa. Un artista informa al mundo de lo que hay detrás de las máscaras que usamos. Todos estamos aquí para hacer eso mismo. La razón de que tantas personas estén obsesionadas por llegar a ser estrellas es que todavía no lo son en su propia vida. Los reflectores cósmicos no están enfocados sobre ti, sino que irradian desde tu interior. Yo solía tener la sensación de estar esperando que alguien me descubriera, que alguien fuera mi «productor». Finalmente me di cuenta de que la persona a quien estaba esperando era yo misma. Si esperamos que el mundo nos dé permiso para brillar, jamás lo recibiremos. El ego no nos da ese permiso. Solo lo concede Dios, y ya lo ha hecho. Él te ha enviado aquí como su representante personal y te pide que canalices Su amor hacia el mundo. ¿Todavía esperas un trabajo más importante? Pues no lo hay.

Existe un plan para cada uno de nosotros, y cada uno de nosotros es un ser valioso. A medida que abrimos más nuestro corazón, se va moviendo en la dirección en que se espera que vayamos. Nuestros dones nos brotan desde nuestro interior, y se extienden por sí solos. Logramos las cosas sin esfuerzo.

¿Cómo podía no haber pintado Leonardo da Vinci? ¿Cómo podía Shakespeare no haber escrito? En las *Cartas a un joven poeta*, Rilke dice a un escritor novel que escriba solamente si tiene que hacerlo. Hemos de hacer lo que para nosotros es profundamente imperativo, psicológica y emocionalmente. Ese es nuestro punto de poder, la fuente de nuestro resplandor. La motivación de nuestro poder no es racional ni voluntaria. Es un don divino, un acto de gracia.

El dinero

«La dicha no cuesta nada».

Haz lo que te guste, lo que haga que tu corazón cante. Y nunca lo hagas por dinero. No trabajes para ganar dinero; trabaja para difundir la alegría. Busca primero el reino de los Cielos, y el Maseratti llegará cuando sea el momento.

Dios no tiene conciencia de pobreza. No quiere que lleves una vida aburrida ni que tu trabajo te harte. No tiene nada en contra de las cosas de este mundo. "El dinero no es malo; simplemente no es nada." Como todo lo demás, se puede usar con fines sagrados o impíos.

Una vez tuve una pequeña librería. Un día entró un hombre que me dijo que me enseñaría a ganar dinero.

–Cada persona que entra por esa puerta –me explicó– es un comprador en potencia. Y eso es lo que usted tiene que decirse para sus adentros cada vez que un cliente entre en la tienda: «Comprador en potencia, comprador en potencia».

Lo sentí como el consejo de un explotador. Me estaba aconsejando que considerase a los demás como peones en mi propio juego. Recé y recibí las siguientes palabras: «Tu tienda es una iglesia». Desde el punto de vista esotérico, iglesia alude a la reunión de almas. No es un fenómeno del plano exterior, sino más bien del interior. La gente no acude a tu tienda o tu empresa para que tú consigas algo. Esas personas te son enviadas para que puedas darles amor.

Después de la oración y de haber sentido realmente que mi tienda era una iglesia, entendí que mi único trabajo era amar a la gente que venía a ella. Y fue lo que hice: cada vez que veía entrar a un cliente, lo bendecía en silencio. No todos me compraban un libro cada vez que entraban, pero la gente empezó a considerar que yo era su librera. Los clientes sentían la atracción de una atmósfera de paz. Aunque la gente no sepa exactamente de qué se trata, percibe cuándo se está irradiando amor en su dirección.

Yo me quedo atónita cuando me encuentro con dependientes groseros, que se comportan como si al dejarte estar en la tienda te hicieran un favor. La rudeza es destructiva para la trama emocional del mundo. En el lugar donde yo crecí, la gente no va a una tienda que irradia esa clase de energía, porque uno no se siente bien allí.

Cuando nuestro objetivo es hacer dinero, la creatividad se desvirtúa. Si yo creyera que el dinero es el objetivo final de mi enseñanza, tendría que pensar más en lo que le gustaría oír a la gente y menos en lo que yo siento que es importante que diga. Mi energía quedaría contaminada por mis esfuerzos para conseguir venderles mi conferencia y que volvieran otra vez trayendo a sus amigos. Pero si el propósito de mi trabajo es canalizar el amor de Dios, entonces solo estoy ahí para abrir el corazón, el cerebro y la boca.

Cuando no trabajamos más que por el dinero, nuestra motivación se centra en obtener y no en dar. La transformación milagrosa significa pasar de una mentalidad de ventas a una mentalidad de servicio. Mientras no realizamos este cambio, funcionamos desde el ego y nos concentramos en las cosas de este mundo y no en el amor. Esta idolatría nos arroja a un territorio emocional extraño, en el que siempre tenemos miedo. Tenemos miedo tanto del éxito como del fracaso. Si nos acercamos al éxito, lo tememos; si nos aproximamos al fracaso, también lo tememos. El problema no está en el éxito ni en el fracaso, sino en la presencia del miedo, y en su inevitabilidad allí donde el amor está ausente.

Como todo lo demás, el dinero puede ser sagrado o impío, según cuál sea el fin a que lo destine la mente. Tendemos a hacer con él lo mismo que hacemos con el sexo: lo deseamos, pero juzgamos el deseo. Entonces es el juicio lo que deforma el deseo, convirtiéndolo en una expresión desagradable. Como nos avergüenza admitir que deseamos esas cosas, fingimos de una manera insidiosa que no es así; por ejemplo, condenamos nuestros deseos incluso en el momento en que nos entregamos a ellos. Y, por lo tanto, la falta de pureza está en nosotros, no en el dinero ni en la sexualidad, que no son más que pantallas sobre las que proyectamos nuestro sentimiento de culpabilidad.

Así como la mente temerosa es la fuente de la promiscuidad, y no el sexo, que solo es el medio por el cual esta se expresa, tampoco el dinero es la fuente de la codicia, sino solo una de las maneras de expresarse que esta tiene. La fuente de la codicia es la mente. Tanto el dinero como la sexualidad se pueden usar con fines sagrados o impíos. Como con la energía nuclear, el problema no está en la energía, sino en cómo se aplica.

Nuestro concepto de la riqueza es, en realidad, una estratagema del ego para asegurarse de que nunca lleguemos a tener nada. Una vez conducía por un barrio de Houston habitado por personas muy ricas, y pensé: «Esta gente trabaja para las grandes empresas multinacionales que oprimen al Tercer Mundo». Entonces, yo misma me detuve: «¿Cómo puedo saber de qué manera se ganan la vida todas estas personas y qué es lo que hacen con su dinero?». Mi actitud enjuiciadora, disfrazada de conciencia política, era en realidad el intento de mi ego de asegurarse de que nunca tuviera dinero. Lo que mentalmente no permitimos a los demás, nos lo negamos a nosotros mismos. Lo que bendecimos en los demás, lo atraemos hacia nosotros.

Cuando era una muchacha, tenía la creencia de que al ser pobre estaba, de alguna manera, demostrando mi solidaridad con los más necesitados. Ahora veo que detrás de aquella idea se escondía mi miedo de fracasar si intentaba hacerme rica. Al final me di cuenta de que los pobres no tenían tanta necesidad de mi simpatía como de dinero en efectivo. No hay nada de puro ni de espiritual en la pobreza. Hay personas necesitadas que son muy santas, pero no lo son porque sean pobres. He conocido a gente rica sumamente espiritual, y a gente pobre que no lo era en absoluto.

La Biblia dice que es más difícil para un rico entrar en el reino de los Cielos que para un camello pasar por el ojo de una aguja. Eso se debe a que el apego al dinero hace que nos apartemos del amor. Pero el imperativo moral no es rechazar el dinero en nuestra vida. El reto consiste en espiritualizar nuestra relación con él, teniendo claro que su único fin es sanar al mundo. En una sociedad iluminada, los ricos no tendrán necesariamente menos dinero, sino que los pobres tendrán mucho más. El problema, contrariamente a la forma en que lo percibe el ego, no es simplemente de distribución de la riqueza, sino de la conciencia que la acompaña. El dinero no escasea ni es un recurso finito. No somos pobres porque los ricos sean ricos, sino porque no trabajamos con amor.

Tenemos que recordar que nuestro dinero es el dinero de Dios; aceptemos tener todo lo que Él quiera que tengamos para poder hacer lo que Él quiere que hagamos. Dios quiere que tengamos la base material necesaria para conseguir nuestra mayor felicidad. El ego intenta convencernos de que Dios exige sacrificios, y de que la vida de servicio ha de ser una vida de pobreza, pero no es así. "Nuestro objetivo aquí en la Tierra es ser felices", y la función del Espíritu Santo es ayudarnos a lograrlo. Él nos conduce a la abundancia material que necesitamos para avanzar alegremente en el mundo, sin esclavizarnos a ella.

Hay mucho trabajo por hacer para sanar al mundo, y parte de él cuesta dinero. Con frecuencia el Espíritu Santo nos envía dinero para que podamos llevar a cabo tareas que Él quiere ver cumplidas en Su nombre. Una actitud responsable hacia el dinero es estar abiertos para recibir lo que venga, y confiar en que nunca nos faltará.

Al pedir milagros, pedimos al Espíritu Santo que elimine los obstáculos que impiden que recibamos dinero, obstáculos que toman la forma de ideas como: el dinero es impuro, si tenemos dinero es que somos codiciosos, los ricos son malos, o yo no debería ganar más dinero del que ganan o ganaron mis padres. Tener dinero significa que podemos dar trabajo a otras personas y sanar al mundo. Lo que le sucede a una sociedad cuando el dinero deja de circular no es nada agradable.

Uno de los principios que hay que recordar en lo que se refiere al dinero es la importancia que tiene pagar por los servicios que otras personas nos prestan. Si negamos a alguien su derecho a ganarse la vida, lo mismo nos negamos a nosotros. Lo que demos recibiremos, y lo que no queramos dar nos será negado. Y para el universo no hay diferencia alguna entre robar a una gran multinacional y robar a una arrugada y simpática ancianita.

El universo apoyará siempre nuestra integridad. A veces nuestras deudas son tan grandes o confusas que, aunque tengamos la mejor de las intenciones, la carga y la culpa resultan abrumadoras, y simplemente amontonamos las facturas en el fondo de un cajón y tratamos de olvidarlas. O cambiamos de número de teléfono. El universo no nos apoyará en eso. Una gran persona no es alguien que nunca se cae, sino alguien que, cuando se cae, hace lo necesario para ponerse de nuevo en pie. Como siempre, de lo que se trata es de pedir un milagro. En general, nadie va a la cárcel en nuestro país por tener deudas. Una vez más, como dice *Un Curso de Milagros*, «Todo el mundo tiene derecho a los milagros, pero antes es necesario una purificación». La pureza de corazón hace que progresemos rápidamente. Si tienes deudas, por grandes que sean, escribe una carta a las empresas o personas a quienes debes dinero, reconoce el problema, discúlpate si es necesario y hazles saber que les ofreces un plan de pagos, efectivo a partir de ese momento. Envíales algo de dinero con la carta, y no te prepares para el fracaso. Si puedes pagarles cien euros al mes, perfecto. O págales cincuenta, si no llegas a más. Pero no te olvides de pagar regularmente y con puntualidad. No importa si la deuda es de treinta mil euros. El Curso afirma que «no hay grados de dificultad en los milagros». No importa la forma que asuma un problema ni su magnitud; un milagro puede resolverlo. ¿Qué significa esto? Que en cualquier momento podemos volver a empezar. No importa cuál sea el problema; si mentalmente tomamos una actitud respetuosa, el universo siempre nos ayudará a solucionar el desastre y empezar de nuevo. Arrepentirse significa volver a pensar. En cualquier aspecto de nuestra vida, el universo nos apoyará en la misma medida en que lo apoyemos.

La mayoría de nosotros arrastramos algún lastre con respecto al dinero, que puede ir desde una necesidad inadecuada de tenerlo a un concepto inadecuado de lo que es. De niños, muchos recibimos intensos mensajes sobre el dinero. De palabra o con hechos, nos enseñaron que es de suma importancia, o que no es espiritual, o que es difícil de ganar, o que es la raíz de todo mal. Muchos tenemos miedo de que los demás no nos quieran si no tenemos dinero o si tenemos demasiado. Se trata de un ámbito en el que, individual o colectivamente, necesitamos una sanación radical de nuestros hábitos mentales.

Recemos: «Dios amado, en Tus manos pongo todos mis pensamientos sobre el dinero, todas mis deudas, toda mi riqueza. Abre mi mente para que reciba abundantemente. Por mi mediación, canaliza Tu abundancia de una manera que sirva al mundo. Amén».

El ministerio

«Y esa sola Voz te asigna tu función, te la comunica,
y te proporciona las fuerzas necesarias para poder
entender lo que es, para poder llevar a cabo lo que
requiere, así como para poder triunfar en
todo lo que hagas que tenga que ver con ella».

No hay manera más potente de agradecer a Dios los dones que te da, o de incrementarlos, que compartiéndolos. En el mundo te será concedido tanto poder como estés dispuesto a usar en Su nombre.

Piensa que tu trabajo es tu ministerio. Haz de él una expresión de amor puesta al servicio de la humanidad. Dentro de la ilusión mundana, todos tenemos diferentes trabajos: podemos ser artistas, empresarios, científicos... Pero en el mundo real que está más allá de todo esto, todos tenemos el mismo trabajo: atender a los corazones humanos. Todos estamos aquí como ministros de Dios.

Hace algunos años regresé a Houston para una reunión especial de la sección de teatro de mi escuela secundaria. Nuestro profesor se jubilaba, y los exalumnos de todo el país acudimos a rendirle homenaje. Durante la cena se habló de que muchos de los alumnos del señor Pickett habían llegado a ser actores de éxito, y también de que muchos otros habían llegado a ser personas de éxito y punto. Al enseñarnos la verdad de la actuación, nos había enseñado la verdad de la vida. Una vez que aprendes a dejar tus problemas personales detrás de los bastidores, a tratar el libreto con sinceridad y dignidad y sin intentar embellecerlo, y a dar lo mejor de ti sin que te importe cuánta gente hay en la sala, entonces sabes todo lo que hay que saber para hacer una auténtica carrera profesional. Saber la verdad sobre algo es saber la verdad sobre todo. Al aprender los principios del ministerio, aprendemos los principios del éxito, independientemente de cuál sea la forma que asuma nuestro ministerio.

Una de las cosas que he comprendido es que en realidad solamente he tenido una profesión. Todos los trabajos que he realizado tenían en común un elemento básico: yo. Mis diferentes ocupaciones tenían que ver principalmente con los puntos en que me encontraba en cada momento de mi vida, y cada una de ellas me enseñó algo esencial para la «evolución de mi carrera profesional».

Como ministros de Dios, dejamos que nuestra profesión sea una expresión de nuestros sentimientos más íntimos, de lo que realmente nos importa. Saber que actuamos en nombre de un propósito superior a nuestro propio engrandecimiento nos proporciona la alegría que todos buscamos. Sea lo que fuere lo que hagamos, sea cual fuere nuestro trabajo, puede ser un medio de enseñar el mensaje de la salvación: que el Hijo de Dios es inocente, y que todos somos Hijos de Dios. Ser bondadosos con Él transforma el mundo. Esta enseñanza no solemos transmitirla de palabra, sino más bien de una manera no verbal. El problema que tienen la mayoría de las personas es que no les preocupa tanto lo que quieren expresar como la forma de expresarlo. Y es así porque no saben qué quieren expresar. Esta generación, esta cultura, está llena de gente que desea desesperadamente escribir su propio libro de éxito, pero por razones equivocadas. He conocido a personas que quieren estar bajo la luz de los reflectores, pero que no tienen ni idea de lo que dirían si se encontraran en esa situación. Esta postura es fraudulenta. Significa que nos interesa más el contrato de la empresa discográfica que la satisfacción de hacer música. El mayor premio que podemos obtener por una labor creativa es la alegría de ser creativos. Si el esfuerzo de crear se hace por cualquier otra razón que el júbilo de estar en ese lugar lleno de luz, de amor, de Dios o de cualquier nombre que queramos darle, le falta integridad. Nos empequeñece. Reduce la inspiración a una simple operación de venta.

Hace unos años estuve en Kauai. Un amigo y yo hicimos una excursión en barco a lo largo de la costa de esta isla hawaiana. El barco formaba parte de una flota propiedad de un hombre conocido como capitán Zodiac. Zodiac es la palabra con que designan en Hawái las increíbles formaciones costeras que hay en esa zona. Este hombre estaba tan enamorado de esa costa que incorporó la palabra a su propio nombre. Un día, alguien le dijo:

–Tú sabes muchísimo sobre esta costa y su historia. A muchas personas les encantaría poder ver lo que tú ves y saber lo que tú sabes. ¿Por qué no organizas excursiones en barco para la gente?

Las excursiones del capitán Zodiac son un gran servicio para los turistas en Kauai. Difunden la alegría, elevan la vibración cultural, y además son un gran negocio cuyo origen fue el amor.

La cuestión es si trabajamos por dinero o si lo hacemos por amor. Lo que necesitamos averiguar es cuál de estas dos actitudes produce mayor abundancia. Como sabe el capitán Zodiac, y contrariamente a los argumentos del ego, el amor es efectivamente un buen negocio.

Cualquier trabajo puede convertirse en un ministerio, siempre que esté consagrado al amor. Tu carrera puede ser una hoja en blanco en espera de lo que en ella escriba Dios. Sean cuales fueren tus talentos o capacidades, Él puede usarlos. Nuestro ministerio se convierte en una experiencia jubilosa tanto para nosotros mismos como para los demás en la medida en que nos dejamos guiar por una fuerza misteriosa. Simplemente, seguimos instrucciones. Permitimos que el espíritu de Dios se mueva a través de nosotros, usando nuestros dones y recursos de la manera que Le parezca adecuada para hacer Su trabajo en el mundo. Esta es la clave de una carrera de éxito.

El éxito no es contrario a la naturaleza; es la cosa más natural del mundo porque es el resultado natural de la cocreación entre el hombre y Dios. En *París era una fiesta*, Hemingway escribe sobre la actividad de escribir. Describe la diferencia entre escribir un relato y que el relato se escriba solo. Cuando él se daba cuenta de que estaba escribiendo el relato en lugar de dejar que se escribiera solo, sabía que era el momento de terminar el trabajo del día. Nuestra vida ha de ser un relato que misteriosamente se escribe solo, y nuestro trabajo es el fruto creativo de nuestra vida.

«Dios, sírvete de mí, por favor» es la afirmación más poderosa que podemos hacer para que nuestra carrera profesional esté llena de abundancia. Es el milagro de la plegaria del trabajador. Todo el mundo quiere tener un trabajo maravilloso. Acepta que ya te ha sido dado. El hecho de que estés vivo significa que te ha sido asignada una función: abrir tu corazón a todos y a todo. De esa manera eres un canal de Dios. No te preocupes por lo que has de decir o hacer. Él te lo hará saber.

Yo solía considerarme una perezosa. Siempre estaba cansada. En realidad, simplemente estuve bloqueada hasta que descubrí el propósito de mi vida. Cuando nuestra energía se aplica en el sentido de la cocreación con Dios y nos disponemos a brindar amor allí donde antes no lo había, de nuestras profundidades emerge una energía nueva.

El mundo nunca te da permiso para brillar. Solo el amor lo hace. Recuerdo que cuando era camarera una noche entré a trabajar pensando: «Claro, ¡ya lo entiendo! Ellos creen que esto es un bar!». Como estudiosa de *Un Curso de Milagros*, ahora lo veo de otra manera: «Esto no es un bar, ni yo soy una camarera. No es más que una alucinación. Todos los establecimientos son la fachada de una iglesia, y yo estoy aquí para purificar las formas del pensamiento, para atender a los hijos de Dios». Podemos tomarnos en serio nuestra propia vida, aunque nadie más lo haga. En realidad, ningún trabajo tiene más influencia potencial sobre el planeta que otro. En todo momento influimos en el mundo en que vivimos, por medio de nuestra presencia, de nuestra energía, de nuestra interacción con los demás. La cuestión es qué clase de influencia tenemos.

Conocí una vez a una mujer que quería ser actriz, pero no conseguía trabajo en esta profesión. Mientras tanto, trabajaba como secretaria personal de un escritor profesional, que estaba muy satisfecho de su trabajo y quería que ella viajase con él por todo el país, haciendo giras, preparándole conferencias y ayudándole de diferentes maneras. Ella me dijo que, aunque trabajar con él le resultaba muy estimulante, no quería irse de Los Ángeles porque si salía algún trabajo de actriz quería estar disponible para la prueba.

—Nada sería mejor para tu trabajo de actriz —le contesté— que empezar a ser la estrella en tu propia vida.

Muchas personas quieren ser actores o actrices no porque tengan una verdadera vocación artística, sino porque desean desesperadamente crear algo hermoso en su propia vida. ¡Destaca! ¡Sé entusiasta! ¡Pon un poco de energía en tu vida! ¿Cómo vas a impresionar a nadie con tus cualidades de estrella si esperas a convertirte en estrella para cultivarlas?

¿Cómo decidiría un obrador de milagros si irse de viaje o quedarse en Los Ángeles? Para tomar decisiones le pedimos al "Espíritu Santo que decida por nosotros". Siempre hay demasiados factores en la vida que desconocemos. "No tomamos ninguna decisión por nuestra cuenta", sino que le pedimos cómo podemos ser más útiles para llevar a cabo Su plan. La autoridad moral que nos confiere esta actitud crea en nosotros cualidades de estrella. Lo que nos convierte en estrellas es nuestra humildad, nuestro deseo de servir, no nuestra arrogancia.

Una idea del ego que tienta a mucha gente es la insistencia en despreciar ciertos trabajos. Hay una antigua tradición zen en virtud de la cual los discípulos se pasan años quitando el polvo de los altares de sus maestros como parte de su preparación y su entrenamiento. El aprendiz aprende por el hecho de estar en presencia del maestro, por servirlo, y con el tiempo llegará a superarlo. Como dice el *I Ching*, el universo colma al modesto y humilla al orgulloso. En la modestia dejamos florecer las cosas. No nos avergüenza admitir que todavía estamos en el proceso de aprendizaje. El ego insiste más en el objetivo que en el proceso mediante el cual lo alcanzamos, y, de este modo, lo que en realidad hace es sabotearnos. Nos volvemos orgullosos y duros, y, por lo tanto, somos menos atractivos. No hay nada agradable en el falso orgullo. No nos ayuda a conseguir trabajo ni a tener más éxito.

Nuestro trabajo es crecer como personas, alcanzar la gracia, la integridad y la humildad. No necesitamos otro objetivo. El núcleo de nuestro ser se convierte entonces en un poder sustancial, tanto exterior como interiormente.

Nuestro ministerio se transforma en una línea creativa directa desde Dios a toda la humanidad a través de nosotros.

Nuevos corazones, nuevos trabajos

«Criatura de Dios, fuiste creado para crear lo bueno, lo hermoso y lo santo. No te olvides de eso».

El ego dice: «Tu valía se basa en tus credenciales. Necesitas un título universitario o su equivalente para conseguir un buen trabajo». Pero algunas de las mejores y más brillantes personas de nuestra generación se educaron más en la vida que en la escuela. La mayoría de talentos de nuestra sociedad han estado por todas partes y han hecho de todo, pero tienen pocas credenciales que lo demuestren. Nuestros logros han sido principalmente internos.

Nuestros ministerios –nuestras nuevas carreras– reflejarán estos logros internos. Expresarán una nueva integración de la mente y el corazón. Expresarán la conciencia de la gente que contribuye con sus recursos individuales a una corriente general de sanación. Crearemos estas carreras como reflejos individuales de nuestros peculiares talentos. No «encontraremos» estos trabajos; los crearemos. En la sección de ofertas y demandas de los periódicos no hay anuncios que pidan obradores de milagros ni salvadores del mundo. Las nuevas formas de empleo van emergiendo en respuesta a energías nuevas.

Carl Jung aconsejaba que se estudiara minuciosamente los cuentos de hadas o los mitos que a uno más especialmente lo habían atraído en su niñez. Cuando yo era pequeña me encantaba un cuento de hadas que se llamaba *La joven del vestido de retales*. Y el argumento era el siguiente. El príncipe de un reino recorre el país en busca de novia. En un pueblo, se prepara un gran baile para que el príncipe pueda conocer a todas las jóvenes del lugar. Una de ellas quiere ir al baile, pero no tiene dinero para comprar la tela con que hacerse un hermoso vestido, de modo que se las arregla como puede: recoge los retales que les sobran a las otras jóvenes y con ellos se hace un vestido.

La noche del baile, al entrar en el salón, se siente violenta al ver lo hermosos que son los vestidos de las otras jóvenes y, avergonzada, se oculta en un armario. El príncipe llega a la fiesta, baila con todas las jóvenes presentes y, llegado cierto momento, se cansa, se aburre y decide irse a casa, pero cuando se dispone a salir del salón advierte que entre las puertas de un armario asoma un trocito de tela. Ordena a sus guardias que lo abran y allí descubren a la joven del vestido de retales. El príncipe baila con ella, la encuentra más interesante que a ninguna otra y se casa con ella.

Ya adulta, al pensar en aquel cuento entendí por qué había significado tanto para mí cuando era niña. Me reveló un arquetipo muy importante en mi vida. Yo probaba un poquito de casi todo lo que podía ofrecerme la vida. Así jamás llegaría a tener un título, pero sí adquiriría una especie de visión general. Esa visión de las cosas llegaría a ser la base de mi carrera. Mucha gente somos como la joven del vestido de retales. Sabemos un poco de esto y un poco de aquello, y con ello no podemos obtener un título universitario de persona que anduvo por todas partes y que hizo de todo. En resumidas cuentas, no disponemos de ningún título, pero somos personas interesantes y tenemos cosas interesantes que explicar. El vestido de retales simboliza una conciencia global, de alguien que sintetiza, mientras que los demás vestidos hermosos simbolizan la conciencia de un especialista. Ambos puntos de vista son importantes en el funcionamiento de una sociedad sana.

En última instancia no son nuestras credenciales sino nuestro compromiso con un propósito superior lo que nos hace eficientes en el mundo. Los títulos solo son importantes si creemos que lo son. Una noche cené con Barbara, una amiga mía que es una excelente escritora. Le mencioné a un amigo que nos acompañaba y que trabaja en una editorial que Barbara debería escribir una columna mensual en alguna de las principales revistas femeninas, algo con un título como «Perspectivas de sanación», «Noticias de la Tierra del Corazón» o algo parecido. Todos los meses podría escribir algo interesante sobre cómo el hecho de romper con el miedo y avanzar hacia el amor tiene una influencia sanadora sobre algún estado negativo, sea este personal o social. Yo sentía que la columna podía dar esperanza a la gente.

Pero nuestro amigo de la editorial tenía un punto de vista diferente:

—Barbara no podría hacer eso —dijo—. Ninguna revista se lo publicaría. No tiene ningún título universitario ni es una autoridad. No la verán como una voz autorizada.

Me hubiera gustado poder volverme hacia Barbara para taparle los oídos. No quería que escuchara aquellas palabras, que creyera ese pensamiento limitado, que se cerrara mentalmente a la posibilidad de los milagros.

Recuerdo que hace años, mientras tomaba una taza de café una noche, ya tarde, como lo había hecho muchas veces, un amigo me preguntó:

–¿Cómo puedes hacer eso? ¿No te mantiene despierta toda la noche?

Pues esa vez sí que el café me mantuvo despierta toda la noche. Antes nunca había establecido una conexión consciente entre el café, la cafeína y el insomnio, de modo que jamás me había pasado. Tampoco hay necesariamente una conexión automática entre una falta de credenciales y una falta de oportunidades.

El deseo de servir a Dios crea los medios que nos permiten hacerlo. Nuestro poder no reside en los títulos o los contactos que tenemos. Nuestro poder no reside en lo que hemos hecho, ni siquiera en lo que estamos haciendo. Nuestro poder reside en ver con claridad la razón por la que estamos en la Tierra. Seremos actores importantes si pensamos así. Y los actores importantes de los próximos años serán las personas que consideran que están aquí para contribuir a la sanación del mundo. En comparación con esto, todo lo demás es trivial. No importa a qué escuela hayas ido, ni siquiera si fuiste a la escuela. Dios puede usar cualquier currículum, por más corto que sea. Puede utilizar los dones más pequeños. Sea cual fuere el regalo que hagamos a Dios, por más humilde que parezca, Él puede convertirlo en una poderosa obra en Su nombre. Nuestro mayor regalo para Él es nuestra devoción. Desde este punto de poder se abren las puertas y las profesiones florecen. Nosotros sanamos, y también sana el mundo que nos rodea.

Los objetivos

«Dios es mi único objetivo hoy».

Marcarse objetivos es algo que se ha vuelto muy popular en los últimos años. Concentrar la mente en los resultados que deseamos no es más que otra manera de tratar de conseguir que el mundo haga lo que nosotros queremos que haga. No es una entrega espiritual.

Un Curso de Milagros hace mención de la diferencia entre «la magia y los milagros». Cuando nos concentramos mentalmente en los resultados que deseamos, y entregamos a Dios nuestra lista de aspiraciones diciéndole qué queremos que haga por nosotros, eso es magia. Los milagros se dan cuando preguntamos a Dios qué podemos hacer por Él.

Los milagros nos llevan de la mentalidad del «conseguir» a la del «dar». El deseo de conseguir algo refleja una creencia central: que todavía no tenemos bastante. Mientras sigamos creyendo que hay escasez dentro de nosotros, seguiremos creando escasez a nuestro alrededor, porque esa es nuestra idea básica. No importa lo que consigamos; nunca será suficiente.

Cuando nuestro deseo es dar en vez de conseguir, nuestra creencia central es que tenemos tanta abundancia que podemos permitirnos derrochar. La mente subconsciente se guía por nuestras creencias centrales y fabrica brillantemente situaciones que las reflejan. Nuestra disposición a dar indica al universo que nos dé.

En todas las circunstancias, el objetivo del obrador de milagros es la paz de la mente. *Un Curso de Milagros* nos dice que "no sabemos lo que nos haría felices, aunque pensemos que sí".

Todos hemos tenido cosas que pensábamos que nos harían felices y no fue así. Si nos proponemos conseguir un Mercedes Benz formulando afirmaciones, el poder de la mente subconsciente es tal que probablemente lo consigamos. Pero, una vez que lo tengamos, no seremos necesariamente felices. Tener conciencia de la mentalidad milagrosa es hacer de la felicidad misma nuestro objetivo y renunciar a la idea de que conocemos la manera de ser felices. No sabemos lo que va a pasar dentro de un mes o de un año. Si consiguiéramos lo que queremos ahora, tal vez más adelante nos encontraríamos en peores circunstancias precisamente por culpa de eso.

Digamos que vas a una entrevista de trabajo. Te interesa mucho conseguirlo, y alguien te ha sugerido que hagas afirmaciones para lograrlo, haciendo de ello tu objetivo. Pero el único objetivo de los obradores de milagros es la paz. Así conseguimos orientar la mente para que se concentre en todos los factores que pueden incidir en nuestra paz, y dejar todo lo demás fuera de nuestra consideración consciente. La mente, como los ojos, se ve inundada por tantas impresiones al mismo tiempo que dispone de un mecanismo censor que enfoca la percepción y escoge en qué nos hemos de fijar y en qué no.

Marcarnos como objetivo cualquier otra cosa que no sea la paz interior es emocionalmente autodestructivo. Pongamos que nuestro objetivo sea conseguir un trabajo: si lo logramos nos sentiremos muy bien, pero si no, nos deprimiremos. En cambio, en el caso de que nuestro objetivo sea la paz interior, si conseguimos el trabajo será estupendo, pero si no, seguiremos en paz.

El Curso nos dice que es importante establecer un objetivo al comienzo de una situación, para que esta no evolucione de forma caótica. Si nuestro objetivo es la paz interior, pase lo que pase estaremos programados para la estabilidad emocional. La mente estará orientada a ver la situación desde un punto de vista sosegado. Si no conseguimos el trabajo que queríamos, eso no será tan importante. Comprenderemos que pronto nos sucederá algo mejor, que ese no era en realidad el trabajo perfecto para nosotros. Tendremos fe en Dios. El milagro es que realmente «sintamos» nuestra fe. No será solo un ungüento de sentimentalismo barato para suavizar nuestro dolor. Las emociones fluyen de los pensamientos, y no al revés.

Otro problema con el establecimiento de objetivos específicos es que pueden ser limitativos. Quizás estemos pidiendo algo bueno cuando la voluntad de Dios era que recibiéramos algo grande. Al mirar por encima del hombro de Dios, lo único que hacemos es interferir en Su capacidad de hacernos felices. Una vez que comprendemos que la voluntad de Dios es que seamos felices, ya no sentimos la necesidad de pedirle nada más que «hágase Tu voluntad».

Una vez, mientras daba una conferencia en Nueva York, se levantó un joven que me preguntó por las afirmaciones. En aquella época, *Canción triste de Hill Street* era una serie de televisión muy popular.

—Cada noche, antes de acostarme, escribo cincuenta veces: «Tengo un papel estable en *Canción triste de Hill Street.* Tengo un papel estable en *Canción triste de Hill Street*». ¿Quieres decir que no debería hacerlo? —me preguntó.

—Puedes escribir esa afirmación cincuenta veces cada día antes de acostarte, y probablemente consigas ese papel, porque la mente es muy poderosa. Pero ¿quién sabe si dentro de un año un director importante no te querrá ofrecer el papel principal de una gran película, sin poder conseguirte porque estarás bajo contrato con un papelito insignificante en *Canción triste de Hill Street*? –le dije.

El problema subyacente en nuestra necesidad de indicar a Dios lo que tiene que hacer es nuestra falta de confianza. Tenemos miedo de dejar las cosas en Sus manos porque no sabemos qué hará con ellas. Tenemos miedo de que se Le pierda nuestro expediente. Si hemos de marcarnos algún objetivo, que sea el de vernos sanados de la creencia de que Dios es miedo y no amor. Recordemos que, como dice el Curso, «nuestra felicidad y nuestra función son la misma cosa». Si Dios es nuestro objetivo, eso es lo mismo que decir que la felicidad es nuestro objetivo. No tiene sentido creer que Dios no puede imaginarse los detalles o que no tiene recursos para hacer que algo suceda.

El plan de Dios

«Solo el plan de Dios para la salvación tendrá éxito».

En el trabajo, a veces nos enfadamos porque creemos que la tarea que nos han encomendado es indigna de nosotros, o nos sentimos heridos por el hecho de que el jefe sea otro y no nosotros. Tenemos prisa por llegar a la cumbre, sin darnos cuenta de que, al difundir el amor, vamos ascendiendo con naturalidad. Quizá no con más rapidez, pero recuerda el cuento de la tortuga y la liebre. La tortuga, andando lenta pero ininterrumpidamente, llegó a la meta antes que la veloz liebre.

Decir: «Que se haga la voluntad de Dios» es lo mismo que decir: «Que me convierta en lo mejor que soy capaz de ser». A medida que crecemos como personas, vamos adquiriendo una energía más responsable. La gente querrá contratarnos y trabajar con nosotros, y nuestro progreso será fácil. El éxito será un logro sin esfuerzo. Las cosas sucederán, sin más. Ya puedes tener un gran currículum, que, si eres una persona desagradable, llegará un momento en que las cosas se te pondrán difíciles. Un buen currículum puede asegurarte una entrevista importante, pero si no les gustas no conseguirás el trabajo.

Gran parte de la orientación psicológica de hoy en día es frágil, a causa de que todos hacemos demasiados esfuerzos porque pensamos que debemos hacerlos. La vía de la entrega es como dejar que Dios sea el escultor y nosotros la arcilla. En las clases de escultura que seguí en la escuela secundaria teníamos que rociar la arcilla con agua todos los días porque si se nos secaba no podíamos trabajarla. Así es como debemos ser para Dios: maleables, como arcilla húmeda. Si nos apegamos rígidamente a algún objetivo, incluso el de que las cosas salgan tal como pensamos que tienen que salir, no estamos relajados, y entonces tenemos muy poco espacio para las intuiciones espontáneas.

En realidad nunca sabemos por qué vamos a alguna parte. Yo he establecido contactos que me parecían profesionales y que resultaron ser personales, y viceversa. En el mundo de Dios no hay más que un trabajo en marcha, y es el de la preparación de Sus maestros, de los que hacen la demostración del amor. El Espíritu Santo, dice el Curso, se vale de cualquier situación que se le entrega a Él como una lección de amor para todos los que participan en ella. Pero tenemos que estar dispuestos a renunciar a nuestro apego a un resultado determinado en cualquier situación. Por ejemplo, podríamos ver cierto proyecto como un medio para hacer dinero, y entonces sentirnos decepcionados si no resulta así. Nos sentimos confundidos porque pensábamos que al hacer el esfuerzo seguíamos la guía del Espíritu Santo. Pero podría ser que el verdadero propósito de ese proyecto no fuera de ningún modo hacer dinero. No siempre sabemos por qué el Espíritu Santo nos dirige como lo hace. La función del obrador de milagros es simplemente seguir instrucciones con el deseo de servir a Dios. Nuestra compensación, material y emocionalmente, llegará en el momento y de la manera que Dios quiera.

Una de las razones por las que siempre intentamos tener bajo control los resultados de nuestros proyectos es porque creemos que el universo, cuando se deja librado a sus propios recursos, es caótico. Pero Dios es el orden esencial. Es el principio de expansión constante del amor en acción, en todas las dimensiones, durante toda la vida. Su poder es completamente impersonal. A Él no Le gustan algunas personas más que otras. Funciona como un ordenador. Confiar en Dios es como confiar en la gravedad.

Recuerda estos dos puntos, porque son muy importantes:

1. El plan de Dios funciona.
2. Los tuyos no.

Tal como dice *Un Curso de Milagros*: «No tengo que añadir nada a Su plan. Mas, para aceptarlo, tengo que estar dispuesto a no sustituirlo por el mío. Y eso es todo. Añade algo más, y estarás simplemente desvirtuando lo poco que se te pide». No es cosa nuestra imaginar cómo hemos de cumplir los propósitos de Dios sobre la Tierra. Eso no es ayuda, sino interferencia. El trabajo que debemos hacer no es otro que poner nuestro corazón y nuestro espíritu de parte de Su espíritu, que está dentro de nosotros; que nuestra vida se convierta así en un instrumento involuntario de Su voluntad. Las intuiciones se producen. Las situaciones cambian. Nuestros esfuerzos por controlar conscientemente el despliegue de lo bueno no producen nada bueno, sino que más bien ponen de manifiesto la terquedad humana.

He oído decir que vivir de nuestra visión es más poderoso que vivir de nuestras circunstancias. Aferrarse a una visión invoca las circunstancias mediante las cuales se logra. La visión es contenido; las circunstancias materiales son mera forma. Tengo un amigo que ambiciona el poder político. Tras muchos años de estar metido en la política, tiende a pensar que su éxito depende de que sea un buen político. Pero parte de la decadencia de nuestro orden social se ha generado porque estamos gobernados por políticos y no por líderes. Lyndon Johnson era un gran político pero no tenía mucho de líder. John Kennedy era un gran líder pero no tenía mucho de político. La fuerza de una visión positiva para Estados Unidos, que inspire a toda la gente que desea desesperadamente ver sanar a nuestra nación, hará más por conseguir que alguien sea elegido que cualquier cantidad de politiquería convencional. Nos tocará el corazón.

Dije a mi amigo que la clave del éxito de una campaña sería ponerla en manos del Espíritu Santo y pedirle que la usara como un instrumento de Su paz. Él me contestó que aquello sonaba estupendo, pero que necesitaba un plan para hacerlo. Le dije que no tenía que planear nada.

—Lo único que tienes que hacer es estar dispuesto. El Espíritu Santo acude allí donde Lo invitan. Tú te mostrarás brillante, carismático. No intentes planear tu mensaje; limítate a preguntarle a Dios qué quiere que digas. Hazte a un lado y deja que Él te guíe.

Una plegaria silenciosa antes de cada discurso y de cada mitin político le ayudaría a armonizar sus energías con la verdad. Una vez lo acompañé a un mitin, y mientras íbamos en el coche me hizo partícipe de algunos comprensibles juicios suyos sobre ciertas personas que estarían allí.

—Pide que sean sanadas tus percepciones —le dije mientras entrábamos en el edificio—. Tu objetivo es conducirnos hacia una sociedad compasiva, pero no puedes dar lo que no tienes. Empieza por ser compasivo con la gente que acuda al mitin. A medida que tu mente sane, su efecto sobre los demás será automático. Ni siquiera tendrás que pensar qué decir. Te saldrán directamente las palabras perfectas, porque el amor guiará tu mente.

Eso es lo que significaba dejar que Dios le organizara la campaña.

Y lo mismo pasa con cualquier otra ocupación. Antes del mitin o de la entrevista o de la sesión o de lo que sea, prueba a decir esta oración:

«Dios amado, te entrego esta situación. Que sea usada para tus propósitos. Solo te pido que mi corazón esté abierto para dar y recibir amor. Que todos los resultados se produzcan de acuerdo con tu voluntad. Amén». Hagas lo que hagas, hazlo por Dios.

Somos lo bastante fuertes como para hacer cualquier trabajo que Él nos pida que hagamos. No te preocupes por tu propia buena disposición, dice el Curso, pero ten continuamente conciencia de la Suya. No eres tú quien hace el trabajo, sino el espíritu que está dentro de ti. Olvidar esto provoca miedo. *Un Curso de Milagros* dice que la presencia del miedo es una señal inequívoca de que solo confiamos en nuestras propias fuerzas. «Si solo confías en tus propias fuerzas, tienes todas las razones del mundo para sentirte aprensivo, ansioso y atemorizado». Ninguno de nosotros por sí solo tiene la capacidad de hacer milagros; sin embargo, con "el poder que tenemos dentro, pero que no es nuestro, no hay nada que no podamos hacer".

De las ventas al servicio

«El amor siempre producirá expansión».

Cuando estamos motivados por el deseo de vender no nos ocupamos más que de nosotros mismos. Cuando estamos motivados por el deseo de servir, también nos ocupamos de los demás. Los milagros nos llevan de una mentalidad de ventas a una mentalidad de servicio. Como en el ámbito de la conciencia solo conseguimos conservar lo que damos, una mentalidad de servicio es una actitud que implica mucha más abundancia.

El sistema de pensamiento que domina nuestra cultura se fundamenta en valores egoístas, y renunciar a ellos es mucho más fácil de decir que de hacer. El viaje hacia un corazón puro puede ser sumamente desorientador. Quizás hayamos trabajado durante años para conseguir poder, dinero y prestigio. Ahora, repentinamente, nos damos cuenta de que son los valores de un mundo que se extingue. Ya no sabemos dónde buscar motivación. Si no trabajamos para hacernos ricos, entonces, ¿por qué trabajamos? ¿Qué se espera que hagamos todo el día? ¿Quedarnos sentados mirando la televisión?

De ninguna manera, aunque se trata de una fase temporal por la que pasan muchas personas cuando los valores del mundo en decadencia ya no les atraen, pero los del nuevo todavía no les llegan al alma. Ya lo harán. Llega un momento, no muy lejano en el viaje hacia Dios, en que la idea de que el mundo podría funcionar estupendamente si le diéramos la oportunidad de hacerlo empieza a fascinarnos y se convierte en nuestra nueva motivación. La noticia ya no es lo mal que andan las cosas, sino lo bien que podrían andar. Y nuestra propia actividad podría formar parte de la influencia del Cielo sobre la Tierra. No hay motivación más poderosa que sentir que se nos hace partícipes de la creación de un mundo donde el amor haya sanado todas las heridas.

Ya no ambicionamos nada para nosotros mismos. Lo que nos inspira es la visión de un mundo sanado, y esta inspiración da una disposición nueva a nuestras energías. De nuestro interior manan un poder y un sentido nuevos. Ya no sentimos que estamos solos ante el peligro, rodeados de fuerzas hostiles. Nos sentimos, en cambio, como si los ángeles nos empujaran por detrás y nos fueran despejando el camino según avanzamos.

La pureza de corazón no nos empobrecerá. La exaltación de la pobreza como virtud espiritual pertenece al ego, no al espíritu. Una persona que actúa motivada por la voluntad de colaboración y servicio logra un nivel tan elevado de autoridad moral que el éxito mundano es el resultado natural.

Pon todos tus dones al servicio del mundo. Si quieres pintar, no esperes una beca. Pinta una pared de tu pueblo o de tu barrio que te parezca fea y triste. Nunca se sabe quién puede llegar a verla. Sea lo que fuere lo que quieras hacer, hazlo al servicio de tus semejantes. En mis conferencias en Los Ángeles me harté de oír que los actores se quejaban de que no conseguían trabajo.

–Id a los hospitales, a las residencias de ancianos, a los manicomios –les decía–. El oficio de actor existió antes de que hubiera ningún trabajo de actor. Si queréis actuar, hacedlo.

Algunas de las personas que me oyeron formaron un grupo, The Miracle Players, para hacer precisamente eso.

Decir «No quiero hacer eso porque no me da para vivir» es un rayo de luz muy débil para enviar al universo. Yo estuve por lo menos dos años dando conferencias sobre *Un Curso de Milagros* antes de que se convirtiera en mi fuente de ingresos. Cuando empecé a dar conferencias, no sabía que eso llegaría a ser mi profesión. Hay cosas que uno hace solo porque es lo que hay que hacer. Decir: «Haré esto porque es un servicio, aunque no me paguen por ello» es un rayo de luz de gran potencia. Comunica al universo que eres una persona muy formal. Y cuando eres formal con el universo, el universo también lo es contigo.

Jamás he sentido la necesidad de hacer publicidad de mis conferencias. Pienso que si en la gente hay un interés auténtico, ya se enterarán. Con esto no quiero decir que la publicidad sea mala, mientras la motivación de los anuncios sea informar a la gente y no manipularla. Arnold Patent escribió que, si uno tiene sinceramente algo que decir, hay alguien que sinceramente necesita oírlo. No tenemos que inventarnos un público, sino pulir el mensaje que queremos transmitirle una vez que llegue. Servir a tres personas es tan importante como servir a trescientas. Una vez que tenemos claro cómo tratar a una pequeña audiencia, la gran audiencia se formará automáticamente, si eso trae algún beneficio al mundo. Nuestro poder reside en la claridad con la que veamos el papel que puede desempeñar nuestro trabajo en la creación de un mundo más hermoso. El milagro es pensar que nuestra carrera es nuestra contribución, por más pequeña que sea, a la sanación del universo.

El mundo del ego se basa en recursos finitos, pero el mundo de Dios no. En el mundo de Dios, que es el mundo real, cuanto más damos, más tenemos. Que tengamos un pedazo del pastel del mundo no significa que haya menos para los demás, y que otras personas tengan un pedazo del pastel no significa que haya menos para nosotros. De modo que no necesitamos competir, ni en los negocios ni en nada. Nuestra generosidad hacia los demás es la clave para que obtengamos una experiencia positiva del mundo. Hay lugar suficiente para que todos seamos hermosos. Hay lugar suficiente para que todos seamos triunfadores. Hay lugar suficiente para que todos seamos ricos. Lo único que bloquea la posibilidad de que esto suceda es nuestro pensamiento.

La gente que ha logrado más que tú, en el campo que sea, solo se te ha adelantado medio paso en el tiempo. Bendícelos y ensalza sus dones, y bendice y ensalza también los tuyos. El mundo sería menos rico sin sus aportaciones, y sería menos rico sin las tuyas. No solo hay lugar de sobra para todos, sino que, en realidad, todos somos necesarios.

A medida que vamos sanando, también va sanando el mundo. Hacer cualquier cosa con otra finalidad que el amor significa revivir nuestra separación de Dios, perpetuándola y manteniéndola. Cada persona es una célula en el cuerpo de la conciencia humana. Actualmente, es como si el cuerpo de Cristo tuviera un cáncer. El cáncer lo producen células que deciden dejar de funcionar en colaboración con la totalidad. En vez de formar parte del sistema de apoyo de la sangre o del hígado, estas células se ponen a construir su propio reino. Eso es un crecimiento maligno, que amenaza con destruir el organismo.

Lo mismo pasa con el cuerpo de la humanidad. Todo el mundo se dedica a lo suyo: «mi» carrera profesional, «mi» tienda, «mi» dinero... Hemos perdido de vista nuestra interrelación esencial, y este olvido amenaza con destruirnos. La mentalidad «mi» es el ego. Es la creencia en la separación. Es la enfermedad cósmica. Tomar lo que tenemos y consagrarlo a la restauración de la totalidad es nuestra salvación y la del mundo. Nuestra devoción se convierte entonces en nuestro trabajo, y nuestro trabajo se convierte en nuestra devoción.

8

EL CUERPO

«El cuerpo no es el fruto del amor. Aun así, el amor no lo condena y puede emplearlo amorosamente, respetando lo que el Hijo de Dios engendró, y utilizándolo para salvar al Hijo de sus propias ilusiones».

El propósito del cuerpo

«Deja que el propósito del cuerpo sea sanar».

En el mundo de los cuerpos, todos estamos separados. En el mundo del espíritu, todos somos uno. Tal como se afirma en el Curso, subsanamos la separación llevando nuestra conciencia de la "identificación con el cuerpo" a la "identificación con el espíritu". Esto sana tanto el cuerpo como la mente.

Creemos que estamos separados porque tenemos un cuerpo, cuando en realidad tenemos un cuerpo porque creemos que estamos separados. El Curso afirma que «el cuerpo es una diminuta cerca que rodea una pequeña parte de una idea que es completa y gloriosa». Pero eso no significa que sea algo malo. Como a todo lo demás que hay en el mundo de la forma, la mente le atribuye propósitos de amor o de odio. El ego se vale de él para mantener la ilusión de la separación: "El ego se vale del cuerpo para atacar, para obtener placer y para vanagloriarse". El uso que hace el Espíritu Santo del cuerpo es para sanar esa ilusión: «En este sentido, el cuerpo se convierte ciertamente en el templo de Dios; Su voz mora en su interior dirigiendo el uso que de él se hace».

La santidad del cuerpo reside en su potencial para la comunicación. Cuando se entrega al Espíritu Santo, el cuerpo se convierte en "una bella lección en comunión que tiene valor hasta que la comunión se consuma". El "Espíritu Santo nos pide que Le entreguemos nuestras manos, nuestros pies, nuestra voz, con el fin de que Él pueda usarlos como instrumentos para salvar al mundo". Ver el cuerpo como un medio por el cual el mundo se transforma, y no como un fin en sí mismo, es verlo de una manera saludable. Ver el cuerpo como un fin y no como un medio, atribuirle propósitos egoístas o faltos de amor, es imponerle una carga para la cual no está hecho. Se trata de un pensamiento enfermo que crea enfermedad en el cuerpo.

Viviendo sobre esta tierra hemos aprendido a vernos como cuerpos. Un cuerpo individual es físicamente pequeño y vulnerable en relación con el resto del universo, de modo que, puesto que pensamos que somos cuerpos, nos vemos a nosotros mismos como pequeños y vulnerables. Vivir comprendiendo que somos mucho más que cuerpos, que somos espíritus dentro de la mente de Dios, expande el nivel de nuestra conciencia y nos sitúa fuera de las limitaciones de las leyes físicas ordinarias. Esta corrección de nuestra percepción, esta Expiación, es nuestra sanación. No es el cuerpo el que enferma, sino la mente. Tal como se indica en el Curso, el que el cuerpo esté enfermo o goce de buena salud «depende enteramente de cómo lo percibe la mente, y del propósito para el cual la mente quiera usarlo». No es el cuerpo, sino la mente lo que necesita sanación, y la única sanación es volver al amor.

Nuestro cuerpo no es más que una pantalla en blanco sobre la cual proyectamos nuestros pensamientos. La enfermedad es la materialización de un pensamiento sin amor. Esto no significa que toda la gente que está enferma haya pensado sin amor y las demás personas no. Muchos grandes santos han contraído enfermedades incurables. El desamor que produce enfermedad forma parte de un sistema, está entretejido con la conciencia racial. En qué alma se manifiesta la enfermedad depende de muchos factores.

Digamos que un niño inocente muere de un cáncer cuya causa es la contaminación ambiental. ¿Dónde está el desamor en este caso? El pensamiento carente de amor no proviene del niño, sino de todos nosotros, que a lo largo de los años vivimos sin respetar nuestro entorno, permitiendo que sustancias químicas tóxicas lo contaminen. La enfermedad física del niño es un resultado indirecto de la enfermedad en la mente de otras personas. Nuestros pensamientos de amor influyen en la gente en general y en situaciones que ni siquiera nos podemos imaginar, igual que nuestros errores. Como el límite de nuestras mentes no son los huesos del cráneo –ya que no hay ningún lugar donde una mente se acabe y empiece otra–, entonces nuestro amor influye en todo el mundo, y también nuestro miedo.

Tenemos una conciencia saludable de nuestro cuerpo cuando se lo entregamos al Espíritu Santo y le pedimos que lo use como un instrumento mediante el cual se exprese el amor en el mundo. El Curso afirma que «el cuerpo es sencillamente parte de tu experiencia en el mundo físico. [...] No es nada más que un marco para las posibilidades de desarrollo, lo cual no tiene nada que ver con el uso que se hace de ellas». *Un Curso de Milagros* dice que «la salud es el resultado de renunciar a todo intento de usar el cuerpo sin amor». El uso del cuerpo para cualquier otro fin que no sea la expansión del amor es un pensamiento enfermo. Está reñido con nuestra inteligencia natural, y el conflicto que genera se refleja en nuestro estado, tanto mental como emocional.

La salud y la sanación

«El cuerpo no es la fuente de su propia salud».

Un amigo me dijo una vez que no se nos castiga por nuestros pecados, sino que son nuestros pecados los que nos castigan. La enfermedad no es un signo del juicio de Dios, sino de cómo nos juzgamos nosotros mismos. Si Dios creó nuestra enfermedad, ¿cómo podríamos pedirle que nos sanara? Como ya hemos dicho, Dios es todo lo bueno. Solo crea amor; por consiguiente, la enfermedad no es una creación suya, es una ilusión, y en realidad no existe. Forma parte de nuestro sueño mundano, de la pesadilla que nosotros mismos nos creamos. Lo que le pedimos a Dios es que nos despierte de ese sueño.

Cuando alguno de nosotros despierta, el mundo entero se aproxima más al Cielo. Al pedir la sanación, no rogamos solamente por nuestra propia salud, sino también para que la idea de enfermedad desaparezca de la mente del Hijo de Dios. Tal como se indica en *Un Curso de Milagros*: «Si la mente puede sanar el cuerpo, pero el cuerpo no puede sanar la mente, entonces la mente debe ser más fuerte que el cuerpo». El perdón es la medicina preventiva fundamental y también la más sanadora. Sanamos el cuerpo al recordar que en realidad no somos el cuerpo. Somos espíritus y no cuerpos, estamos eternamente sanos y somos incapaces de enfermar. Esta es la verdad sobre nosotros mismos, y siempre es la verdad lo que nos hace libres.

La enfermedad es un signo de nuestro alejamiento de Dios, y sanar es un signo de que hemos retornado a Él. Volver a Dios es volver al amor. En su libro *La curación cuántica*, el doctor Deepak Chopra cuenta una poderosa historia sobre la conexión entre el amor y la curación física:

> *Un estudio sobre enfermedades cardíacas llevado a cabo en la década de los setenta en la Universidad de Ohio se realizó alimentando conejos con dietas muy tóxicas y altas en colesterol, a fin de bloquearles las arterias y repetir, de esta forma, los efectos que tiene una dieta así sobre las arterias humanas. Se empezaron a observar resultados coherentes en todos los grupos de conejos salvo en uno, que extrañamente mostraba un sesenta por ciento menos de síntomas. Nada en la fisiología de los conejos pudo explicar su elevada tolerancia a la dieta, hasta que por casualidad se descubrió que al estudiante encargado de alimentar a ese grupo*

de conejos le gustaba acariciarlos y mimarlos durante unos minutos antes de darles la comida; sorprendentemente, esto parecía bastar para que los animales se vieran mucho menos afectados por la dieta tóxica. En nuevos experimentos, en los que a un grupo de conejos se le trató de forma neutral mientras que a los otros se les demostraba cariño, se obtuvieron resultados similares. Repitamos que el mecanismo que causa esa inmunidad es totalmente desconocido; asombrosamente, parece que la evolución ha incluido en la mente del conejo una respuesta inmunitaria que necesita ser desencadenada por la ternura humana.

Hay estudios que demuestran que los pacientes de cáncer que participan en grupos de apoyo viven, como promedio, el doble de tiempo después del diagnóstico que quienes no lo hacen. ¿Cuál es este «factor psicoinmunitario» que la ciencia sabe que existe, pero que no sabe identificar? Es el amor, o Dios.

Dios no tiene ningún valor práctico si Lo percibimos como un simple concepto aislado, divorciado del poder de expresarse en lo físico. Solo cuando Se expresa sobre la Tierra, Su amor, canalizado por los seres humanos –como en el caso del estudiante que acariciaba a los conejos o en el de los grupos de apoyo donde se crea un espacio para que aumenten la compasión y la comprensión–, puede penetrar a través del velo de la oscuridad humana.

Durante los últimos años me han pedido consejo muchas personas con diagnóstico de cáncer, sida y otras enfermedades potencialmente mortales. En 1987 pregunté a mi amiga Louise Hay si me ayudaría a iniciar una organización sin ánimo de lucro dedicada a prestar apoyo a personas con graves problemas de salud. Su nombre es The Los Angeles Center for Living. En 1989 se inauguró en Nueva York el Manhattan Center for Living. La misión de estos dos centros es proporcionar un apoyo no médico gratuito a personas que se enfrentan a enfermedades y aflicciones que ponen en peligro su vida. En ambas costas, la del Pacífico y la del Atlántico, hemos visto los milagros que se producen cuando la gente sumida en la enfermedad y el dolor invoca el poder del amor.

«Para sanar no busques al dios de la enfermedad –dice el Curso–, sino solamente al Dios del amor porque sanar es reconocerlo a Él». En el modelo médico tradicional de Occidente, el trabajo de un sanador es atacar la enfermedad. Pero si la conciencia de ataque es el problema fundamental, ¿cómo puede ser la respuesta fundamental? El trabajo de un obrador de milagros no es atacar la enfermedad, sino estimular las fuerzas de sanación naturales. Dejemos de centrarnos en la enfermedad para fijarnos en el amor que hay detrás. Ninguna dolencia puede disminuir nuestra capacidad de amar.

¿Significa esto que es un error tomar medicinas? De ninguna manera. *Un Curso de Milagros* nos recuerda que el Espíritu Santo entra en nuestra vida en el nivel de conciencia que tenemos en cada momento. Si creemos que el doctor con su bata blanca puede sanarnos con la píldora que nos da, debemos tomarla, dice el Curso. Pero la sanación no viene de la píldora, sino de nuestra fe.

Los estudios sobre el cáncer han demostrado que las cifras de recuperación en los pacientes que optan por el tratamiento médico tradicional y las de los que escogen un camino más holístico (integral) son aproximadamente iguales.

Esto es perfectamente coherente, porque en ninguno de los casos la recuperación es el resultado del tratamiento. Lo que activa su poder de sanación es la interacción mental y emocional del paciente con su tratamiento.

Yo he coordinado grupos de apoyo para personas que luchaban con enfermedades potencialmente mortales, y a veces durante toda la sesión solo de paso se mencionaba la enfermedad. No participamos en tales grupos para acercarnos más a nuestra enfermedad, sino para acercarnos más al poder de sanar que albergamos dentro de nosotros. Muchos de los problemas con que nos enfrentamos cuando estamos enfermos son los mismos con que de una manera u otra nos enfrentábamos cuando estábamos sanos, pero hasta que enfermamos no nos ocupamos de ellos. La vida no solo sigue adelante cuando estamos enfermos, sino que además se vive con mayor intensidad. Básicamente, tendemos a manejar la enfermedad de la misma manera que manejamos todo lo demás en la vida. Debemos evitar la tentación de verla como un bloqueo de nuestra capacidad de encontrar a Dios, y usarla en cambio como un trampolín desde el cual saltar para arrojarnos en Sus brazos.

El pensamiento sano

«Sanar, por consiguiente, es una manera de aproximarse al conocimiento pensando de acuerdo con las leyes de Dios».

Hay una fuerza de sanación dentro de cada uno de nosotros, una especie de médico divino instalado en nuestra mente y en comunicación con cada célula de nuestro ser. Esta fuerza es la inteligencia que dirige el sistema inmunitario. Su presencia se nos manifiesta cuando nos hacemos un corte en un dedo o nos rompemos una pierna.

¿Qué es esta «inteligencia divina» y cómo se pone en acción? "La Expiación libera por completo el poder creativo de la mente." «Jesús salva» significa «el amor sana la mente». ¿Cómo sanó Jesús al leproso? Perdonándolo. Se situó en medio de la ilusión y, sin embargo, solo vio la verdad tal como Dios la había creado. Él sanaba mediante la corrección de la percepción. Cuando se detuvo frente al leproso, no vio la lepra. Extendía su percepción más allá de lo que le revelaban los sentidos físicos hasta la realidad tal como se ve a través de la visión del Espíritu Santo. Dentro del leproso estaba el Hijo de Dios, perfecto, inalterable, inmutable. El espíritu está eternamente sano. El espíritu no puede enfermar y no puede morir.

Jesús veía como ve Dios. Aceptaba la Expiación para sí mismo. No creía en la lepra. Como todas las mentes están conectadas, en su presencia el leproso dejó de creer en la lepra, y por eso sanó.

En *Un Curso de Milagros* Jesús, que es el símbolo personal del Espíritu Santo, dice: «Tu mente y la mía pueden unirse para desvanecer con su luz a tu ego». Pedir al Espíritu Santo que nos sane cuando estamos enfermos significa pedirle que sane los pensamientos que desde nuestro interior dan origen a la enfermedad.

Hace varios años, cuando acababa de empezar a dar conferencias sobre *Un Curso de Milagros*, tuve tres accidentes de coche en los cuales me chocaron por detrás en la autopista. En cada caso había «entregado» la experiencia inmediatamente, recordando que no estaba sometida al efecto de los peligros mundanos, y no sufrí herida ni daño alguno.

Más o menos una semana después del último accidente, me resfrié, y la garganta me dolía mucho. Era un viernes por la tarde, y tenía que dar una conferencia a la mañana siguiente. Me sentía muy mal. Había quedado en reunirme después del trabajo con mi amiga Sarah. Como me sentía tan mal quise cancelar la cita para irme a casa a acostarme, pero cuando llamé al despacho de Sarah me dijeron que ya se había ido y que no volvería hasta el día siguiente. No me quedaba otro remedio que ir al café, y mientras lo hacía me concentré en sanarme la garganta. Deseaba desesperadamente poder ver a un médico que me recetara un antibiótico llamado eritromicina que siempre me había resuelto ese problema de garganta, pero como hacía poco que vivía en Los Ángeles todavía no conocía a ninguno. Recurrí al Curso. «¿Cómo sucedió esto?», pregunté. «¿Dónde se desvió mi pensamiento de la verdad? ¿Dónde se equivocó mi percepción?» Recibí la respuesta tan pronto como la pedí, y me sacudió como un rayo. Aunque había aplicado el principio en relación con el accidente mismo, había «cedido a la tentación» inmediatamente después. ¿De qué manera? No es nada normal tener tres accidentes seguidos, y todos mis amigos y conocidos habían venido a visitarme para ver cómo estaba. Me imponían las manos, me frotaban suavemente el cuello y la espalda, me preguntaban si me había visto algún médico y me inundaban de gentilezas. Su dedicación me hacía sentir bien. Estar enferma hacía que la gente me quisiera más. En vez de responder inequívocamente «Estoy bien», el «Estoy bien» era un poco más tímido, como para que no dejaran de frotarme el cuello. Me había hecho cómplice de la idea de mi vulnerabilidad física para así obtener los beneficios adicionales del amor y la dedicación.

Pagué un alto precio por mi «pecado», es decir, por la falta de amor con que me percibía. Estaba equivocada: me veía a mí misma como un cuerpo y no como un espíritu, es decir, más con desamor que con amor. Al optar por creer que era vulnerable, aunque fuera por un instante, me volvía vulnerable. De ahí mi dolor de garganta.

«¡Magnífico!», pensé. «¡Ya lo tengo!»

—Dios —dije—, comprendo perfectamente cómo sucedió. Retorno con la mente al momento de mi error y lo entrego a la Expiación. Vuelvo atrás. Te pido que sanes mi percepción y me liberes de los efectos de mi pensamiento erróneo. Amén.

Cerré los ojos ante el semáforo en rojo mientras decía mi plegaria y esperé sin la menor duda verme libre del dolor de garganta cuando volviera a abrirlos.

Terminada la plegaria, abrí los ojos. La garganta me seguía doliendo, y no era eso lo que esperaba. Más deprimida que nunca, entré en el café donde tenía que encontrarme con mi amiga y me senté en la barra. En el otro extremo de la barra había un hombre que me miraba como con ganas de flirtear. No era mi tipo ni mucho menos. Lo miré como diciéndole: «Si sigues mirándome así, amigo, eres hombre muerto».

El camarero me preguntó qué deseaba tomar. Respondí en un susurro ronco:

—Quiero leche caliente con coñac y un poco de miel.

Desde el otro extremo de la barra, el hombre siguió los movimientos del camarero, que me trajo lo que le había pedido.

—¿Qué es lo que va a hacer? —me preguntó.

Yo no quería hablar con ese hombre. Quería que se fuera. Pero una vez que el Curso se te ha metido dentro, nunca vuelves a tener pensamientos mezquinos sin sentirte culpable. «Es tu hermano, Marianne», me dije para mis adentros. «Es un inocente hijo de Dios. Sé amable».

Me suavicé.

–Trato de prepararme una bebida caliente porque me duele mucho la garganta –le contesté.

–Bueno, para empezar, esa no es la manera de prepararse una bebida caliente –me dijo–, y además, no es lo que necesita, sino un poco de penicilina, probablemente.

–Es verdad –admití–. Un poco de eritromicina me haría bien, pero acabo de llegar a Los Ángeles y no conozco ningún médico que me la pueda recetar.

El hombre se levantó y se acercó a mí. Puso una tarjeta de crédito sobre la barra e hizo una seña al camarero.

–Venga, vamos aquí al lado, que yo le puedo conseguir eritromicina –me dijo.

Lo miré como si estuviera loco, pero también me fijé que en la tarjeta de crédito decía «Dr.».

–¿Qué hay aquí al lado? –le pregunté.

–Una farmacia.

Y así era. Entramos en la farmacia de al lado y mi nuevo amigo el doctor me recetó la medicina que necesitaba. Después de meterme una pastilla en la boca, me quedé en éxtasis.

–Usted no lo entiende –le dije, prácticamente dando saltos–, ¡pero esto es un milagro! Recé pidiendo sanar, y corregí mis pensamientos, pero el Espíritu Santo no podía darme una sanación instantánea porque todavía no estoy lo suficientemente adelantada para recibirla, pondría en peligro mi sistema de creencias, de modo que tuvo que entrar en mi nivel actual de entendimiento, y ahí estaba usted, ¡pero si no le hubiera abierto mi corazón jamás habría podido recibir el milagro porque no habría estado abierta!

Me entregó su tarjeta.

—Señorita, aquí tiene mi número de teléfono —me dijo—. Soy psiquiatra y hace veinticinco años que no receto un antibiótico. Pero, créame, haría bien en llamarme.

Tal como le dije al buen doctor, pedí ser sanada de mis percepciones erróneas, es decir, acepté la Expiación, pero la sanación solo podía entrar en el nivel de mi receptividad. El Curso nos dice que el Espíritu Santo se aparta en presencia del miedo. A la mayoría de nosotros, si se nos sanara instantáneamente una pierna rota al oír la palabra «Jesús», la sanación nos parecería más deprimente que la herida, porque, si tal cosa es posible, eso significa que el mundo entero es diferente de lo que creemos que es. Renunciar a nuestra limitada concepción del mundo, que experimentamos como una especie de seudocontrol, representa para nosotros una amenaza mayor que una pierna rota. Algunas personas, dice *Un Curso de Milagros*, preferirían morir antes que cambiar de opinión. El Espíritu Santo encuentra maneras de expresar Su poder mediante procedimientos que podemos aceptar, y la medicina es uno de ellos.

En Alcohólicos Anónimos se dice: «Cada problema trae su propia solución». La crisis trae su solución porque nos pone de rodillas, nos vuelve más humildes. Si hubiéramos estado de rodillas desde el principio, si hubiéramos puesto el poder de Dios por delante del nuestro y el amor por delante de nuestras ambiciones personales, nuestros problemas no habrían aparecido.

Una epidemia como el sida constituye una angustia colectiva que arrastra en su doloroso torbellino a millones de personas. Pero esto también significa que pone de rodillas a millones de personas. Tan pronto como seamos bastantes los que estemos de rodillas, tan pronto como el amor llegue a un número crítico de individuos o, como dice el Curso, tan pronto como suficientes personas estén dispuestas a aceptar la posibilidad del milagro, habrá un súbito avance de la conciencia: un éxtasis, una sanación instantánea. Será como si millones de nosotros nos detuviéramos ante una luz roja, reconociendo nuestra falta de amor y pidiendo ser sanados. Cuando se encuentre finalmente la cura del sida, otorgaremos premios a unos cuantos científicos, pero muchos de nosotros sabremos que millones y millones de plegarias ayudaron a que sucediera.

Salvar la mente, salvar el cuerpo

«Lo único que cura es la salvación».

La experiencia de la enfermedad es una llamada hacia una vida auténticamente religiosa. En este sentido, para muchas personas es una de las mejores cosas que jamás les hayan pasado.

Uno de los problemas de la enfermedad es que nos tienta fuertemente a obsesionarnos con el cuerpo en el momento mismo en que más necesitamos concentrarnos en el espíritu. Para invertir esta tendencia se necesita disciplina espiritual. La práctica espiritual es un ejercicio mental y emocional, y su forma de funcionar no difiere de la del ejercicio físico. Por medio del trabajo espiritual intentamos poner en forma nuestra musculatura mental. Si logramos tan poco, dice *Un Curso de Milagros*, es porque tenemos la mente indisciplinada. Entrenar la mente para que piense desde una perspectiva de amor y fe es el mejor regalo que podemos hacer a nuestro sistema inmunitario y uno de los mayores desafíos mentales que nos podemos plantear.

Cambiar de vida puede resultar difícil. Para una persona a quien le han diagnosticado una enfermedad, cambiar es un imperativo. Si antes solía comer alimentos malsanos, ahora debe comerlos sanos. Si tenía la costumbre de fumar, beber alcohol o dormir poco, debe cambiar esos hábitos. Y si su mente acostumbraba a correr instintivamente en la dirección del miedo, la paranoia y la agresividad, ahora debe hacer todo lo posible por acostumbrarla a pensar de otra manera.

La conexión cuerpo-mente podrá ser nueva para la ciencia occidental, pero no lo es para la medicina oriental ni para dominios como la religión y la filosofía. El cuerpo tiene una inteligencia propia. Como escribe Deepak Chopra en *La curación cuántica*: «La vida misma es inteligencia montada sobre una base química, pero no debemos cometer el error de pensar que el jinete y el caballo son lo mismo». En el modelo de curación tradicional en Occidente, tratamos de conseguir que el caballo vaya en una dirección nueva, sin pensar en la posibilidad de tener una conversación con quien lleva las riendas. Una idea espiritual e integral de la sanación incluye el tratamiento no solo del cuerpo, sino también de la mente y el espíritu. Como escribe Chopra: «Últimamente hemos llegado a un cambio espectacular en nuestra visión del mundo. Por primera vez en la historia de la ciencia, se ha puesto de manifiesto que la mente cuenta con una base visible. Antes de esto, la ciencia declaraba que éramos máquinas físicas que de alguna manera aprendieron a pensar. Ahora empezamos a ver que somos pensamientos que han aprendido a crear un mecanismo físico».

El amor cambia nuestra manera de pensar en la enfermedad. La enfermedad proviene de la separación, dice el Curso, y la sanación proviene de la unión. Es evidente que la gente odia el cáncer y el sida, pero lo que menos necesita hacer un enfermo es odiar algo relacionado consigo mismo. La sanación es el resultado de una percepción transformada de nuestra relación con la enfermedad, en la cual respondemos al problema con amor y no con miedo. Cuando un niño le muestra a su madre que se ha hecho un corte en el dedo, ella no le dice: «Qué corte más feo». Le besa el dedo, se lo acaricia con amor, y de este modo, inconsciente e instintivamente, activa el proceso de sanación. ¿Por qué habríamos de pensar de otra manera frente a las enfermedades críticas? El cáncer, el sida y otras dolencias graves son manifestaciones físicas de un clamor psíquico, cuyo mensaje no es «Odiadme», sino «Amadme».

Si me pongo a gritar, la persona que tengo delante puede reaccionar de dos maneras: ponerse también ella a gritar, diciéndome que me calle, lo cual tenderá a hacer que yo grite más, o decirme que le preocupa lo que siento, que me quiere y que lamenta que me sienta así, lo cual tenderá a tranquilizarme. Esas son también nuestras dos opciones con las enfermedades graves. No se curan atacándolas; de este modo solo se consigue que «griten» más. La sanación proviene de entablar una conversación con nuestra enfermedad, intentando entender qué trata de decirnos. El médico procura entender el código químico que utiliza la enfermedad. El metafísico procura entender qué trata de decirnos.

De Lucifer se dice que antes de su «caída» era el más hermoso de los ángeles. En *La guerra de las galaxias*, sabemos que Darth Vader ha sido antes una buena persona. La enfermedad es amor convertido en miedo; es nuestra propia energía –destinada a ser nuestro apoyo– vuelta en contra de nosotros mismos. La energía es indestructible. Nuestra misión no es matar la enfermedad, sino encauzar su energía en la dirección de donde vino: volver a convertir el miedo en amor.

La visualización se ha convertido en una técnica popular para el tratamiento de enfermedades graves. La gente suele visualizar un comecocos o un soldado con una metralleta que se dedica a destruir las células malignas o el virus. Pero podemos encararlo desde el lado del amor. Imaginarnos, por ejemplo, que bajo la máscara de odio de Darth Vader se oculta un hombre con un auténtico corazón.

He aquí algunas visualizaciones comprensivas: imagínate el virus del sida como si fuera Darth Vader, y despójalo de su aspecto siniestro para dejar aparecer un ángel; visualiza las células cancerosas o el virus del sida en todo su horror, y después observa cómo una luz dorada, o un ángel, o Jesús, los envuelve y los transforma en pura luz. Como dijimos antes, alguien que grita responde mejor al amor, y, cuando se calma, es cuando deja de gritar.

En mi trabajo he usado una técnica que me parece muy interesante: la gente escribe una carta al sida o al cáncer o a cualquier enfermedad que tenga y le dice todo lo que siente. La carta empieza, por ejemplo, así:

Querido cáncer:

Esto es lo que sinceramente siento.

....

....

Firmado

Ed

Y después escribimos la respuesta del cáncer a Ed:

Querido Ed:

Esto es lo que sinceramente siento.

.....

.....

Firmado

Cáncer

Las siguientes cartas fueron escritas en uno de los talleres que dirigí con enfermos de sida:

Querido sida:

Yo te odiaba. Estaba confundido y me asustaba aceptar la idea de la muerte y la enfermedad. Creía lo que decían los periódicos, la televisión y los médicos, creía en todo el miedo que otros intentaban diariamente meterme dentro. Sin embargo, hoy, tres años y medio después, me encuentro con que no estoy muerto, e incluso, a pesar de todos estos problemas de salud, con que estoy más vivo que nunca. He crecido gracias a tu aparición en mi vida. Tú me has dado una razón para vivir y por eso te amo. Mis amigos están enfermos o muertos, pero yo no soy ellos. Soy yo. Y no me siento amenazado ni asustado por algo que una vez fue mi enemigo y que ahora se ha convertido en mi fuerza.

Steve

Querido Steve:

Si yo estuviera, como dicen, empeñado en liquidarte, ¿no te parece que a estas alturas ya estarías muerto? Yo no puedo matarte, enfermarte ni hacerte daño. No tengo cerebro, ni fuerza bruta ni un gran poder de destrucción. No soy más que un virus. Tú me das el poder que deberías dar a Dios. Yo tomo lo que puedo porque no quiero morir, como tampoco lo quieres tú. Sí, vivo de tus miedos, pero muero de tu paz interior, tu serenidad, tu sinceridad, tu fe y tu deseo de vivir.

Cordialmente,

El virus del sida

Querido sida:

Tengo tanto miedo de morir joven. Tengo tanto miedo de ir al hospital y de que me llenen de agujas y otras cosas. Tengo tanto miedo del dolor. ¿Por qué nos haces esto a mí y a mis amigos? ¿Qué te hicimos para que te enfurecieras con nosotros y quieras dañarnos? Si tratas de decirnos algo, ¿no puedes hacerlo de otra manera? Echo de menos a mis amigos. ¿Por qué tuviste que matarlos? ¿Por qué tuviste que causarles tanto dolor? A veces estoy furioso contigo, pero en este momento no. Solamente estoy triste, y confundido. No sé qué hacer para calmarte. Hasta ahora me has dejado tranquilo; pero, ¿por qué, y hasta cuándo? John es una persona dulce. ¿Por qué tiene que sufrir? Si lo que quieres es amor, podemos amarte. Si tienes alguna duda, fíjate en el amor que ha generado esta enfermedad. Por favor, contéstame pronto. Dinos qué es lo que quieres. Tengo la sensación de que no nos queda mucho tiempo, pero estoy dispuesto a escucharte y a aprender. Gracias.

Carl

Querido Carl:

Yo no entiendo esto mejor que tú. Mi intención no es haceros ningún daño, ni a ti ni a las personas que amas. Simplemente intento sobrevivir, como tú, de la mejor manera que sé. Lamentablemente, termino haciendo daño a la gente. Lo único que yo quiero es amor, igual que tú. Grito, pero parece que nadie me oye. Quizá si tratamos de escucharnos el uno al otro y de dialogar, podamos encontrar una manera de existir en paz sin hacernos daño. Ahora mismo, siento como si lo único que tú quisieras fuera destruirme, en vez de enfrentarte con lo que sea que haya dentro de ti y que me ha traído aquí. Te ruego que no me odies ni trates de destruirme. Ámame.

Hablémonos y escuchémonos el uno al otro e intentemos convivir en paz. Gracias.

Sida

Querido VIH:

Hace algo más de once años que apareciste por la ciudad, y desde entonces todo ha cambiado. Mucha gente se ha ido por tu causa, y realmente los echo mucho de menos. Ha habido mucho dolor y sufrimiento. En un nivel consciente, nadie te quería. Ya hace largo tiempo que trato personalmente contigo. Hacia los años 1987 y 1988, casi pudiste conmigo. Pienso que tal vez te gustaría saber que ahora ya es 1991 y yo todavía ando por el mundo y tú también. ¿No es hora de que terminemos con esta estupidez y nos hagamos amigos? Dejemos atrás el pasado y sigamos avanzando juntos. He intentado amarte lo mejor que puedo, pero a veces me resulta verdaderamente difícil. Por favor, seamos amigos y hagamos las paces.

Con cariño,

Paul

Querido Paul:

De acuerdo.

Con amor,

VIH

Querido sida:

¡Realmente estoy harto! ¿Por qué he de preocuparme por ti y por la muerte si no tengo más que veintiséis años? Quiero saber si estaré vivo para la reunión de exalumnos de dentro de diez años, pero quizá sea pedir demasiado. También estoy harto de preocuparme por si cada resfriado que atrapo o cada alteración del sueño que experimento no será una señal de que se acerca el fin. Estoy cansado de preocuparme por si los demás lo descubren. Vete de mi cuerpo. ¡No quiero tenerte conmigo! Eso es todo.

Russ

Querido Russ:

Ni tú ni yo sabemos cómo llegamos a estar juntos, pero lo estamos. Me encantaría irme, pero esa puerta de salida yo no la puedo abrir. Piensa que te he dado una visión de la vida y de la muerte en la que a la gente de tu edad nunca se le ocurre pensar. Trabaja conmigo, que juntos superaremos esto.

Sida

Querido sida:

Yo, como tantas otras personas, he soportado mucho dolor y pasado por muchos cambios, tanto físicos como mentales. Y ahora, dentro de mí, me siento enfurecido y triste. Todo es como una enorme pesadilla. Sí, algo debo de haber hecho para contraer esta enfermedad. Pero qué duro es soportar semejante castigo. Debo decirte que no me gusta nada todo el dolor que he sentido por causa de esta peligrosa enfermedad, ni tampoco el sufrimiento mental que me causa. Pero rezo todos los días.

Peter

Querido Peter:

Estoy en tu cuerpo, y es verdad que soy un virus y que te he causado muchísimas molestias. Pero te aseguro que el poder de tu mente es muy importante. Tú sabes que, si no fuera así, ya no estarías aquí. Sí, te he alterado la vida en muchos sentidos, pero algunos han sido positivos. Tu mente es mucho más poderosa que yo.

Sida

Querido sida:

Me revienta la incertidumbre. Pero te estoy agradecido por la llamada de atención que has representado en mi vida y en la de quienes me rodean. Tú me hiciste encontrar la fuerza que siempre tuve y ver el amor que eran capaces de demostrarme quienes me rodean. Tú nos hiciste aprender a todos a valorar cada día y la fuerza de que yo era capaz. Ya sé que insisto mucho en lo de la fuerza, pero la verdad es que me has fortalecido, porque cuando te encuentras con que el mayor miedo que tienes en la vida se hace realidad, y aun así puedes seguir adelante, al miedo ya no le quedan más fuerzas. Gracias por ayudarme a dejar de castigarme a mí mismo y a dejar de odiar lo que no era, y por hacerme amar lo que soy.

Andrew

Querido Andrew:

No hay de qué.

Sida

Querido virus del sida:

Vete al infierno. Te has llevado al ser más querido de mi familia. Lo echo de menos y lo amaba y nunca se lo dije. ¿Por qué nos invades en plena juventud? ¿Por qué atacas con tal encarnizamiento? Aborrezco el dolor y la angustia que causas, pero de algún modo también hiciste aflorar lo mejor de Leo y de su familia.

Inez

Querida Inez:

Yo no hice aflorar ni lo peor ni lo mejor. Soy, y eso es todo. Y la forma en que vivís conmigo es cosa de cada uno de vosotros.

Sida

A todas las personas que se enfrenten con una enfermedad grave, en sí mismas o en algún ser querido, les sugiero que consideren la posibilidad de empezar a escribir un diario en el que se «comuniquen» con la enfermedad. Ver la enfermedad como nuestro propio amor que necesita ser reivindicado es una visión de la sanación más positiva que verla como algo abominable de lo que debemos liberarnos. La energía no se puede destruir, pero sí se puede transformar milagrosamente. Este milagro emerge de nuestros propios pensamientos, de nuestra decisión de desligarnos de la creencia en el miedo y el peligro, y de abrazar en cambio una visión del mundo que se base en la esperanza y el amor. Con intentarlo no se arriesga ni se pierde nada. «La Expiación es tan dulce que basta que la llamen con un leve susurro para que todo su poder acuda con el fin de ayudarte y apoyarte».

El cuerpo en las relaciones personales

«El cuerpo no te separa de tu hermano,
y si piensas que es así, estás loco».

Nuestra verdadera identidad no reside en nuestro cuerpo, sino en nuestro espíritu. «El Cristo en ti no habita en un cuerpo», dice el Curso. Tampoco el cuerpo de los demás es realmente lo que esas personas son. El cuerpo es una muralla ilusoria que parece separarnos, el principal artilugio del ego en su intento de convencernos de que estamos separados los unos de los otros y todos de Dios.

El Curso llama al cuerpo «la figura central en el sueño del mundo». La línea argumental de la vida humana, donde los cuerpos hablan, se mueven, sufren y mueren, forma un velo de apariencia que oculta la creación de Dios. Oculta «la faz de Cristo». Mi hermano puede mentir, pero él no es esa mentira. Mis hermanos pueden pelear, pero permanecen unidos en el amor.

«Las mentes están unidas, pero los cuerpos no», dice el Curso. El cuerpo, por sí mismo, no es nada. No puede perdonar, ni ver, ni tampoco comunicarse. «Si escoges ver el cuerpo, contemplas un mundo de separación, de cosas inconexas, de acontecimientos que no tienen sentido alguno».

«Siempre que te equiparas con el cuerpo, experimentas depresión», dice el Curso. Identificar a otra persona con un cuerpo producirá la misma angustia. Los contactos sexuales sin amor son una de las formas en que podemos usar el cuerpo para fabricarnos depresiones. Nuestro impulso sexual es una pantalla sobre la que proyectamos nuestro amor o nuestro miedo. Cuando el contacto sexual procede del Espíritu Santo, es una profundización de la comunicación. Cuando procede del ego, es un sustituto de la comunicación. El Espíritu Santo usa la sexualidad para sanarnos; el ego la usa para herirnos. A veces hemos pensado que el contacto sexual con otra persona cimentaría nuestro vínculo con ella, y resultó en cambio que creaba más engaño y ansiedad de los que había antes.

Solo cuando la sexualidad es un vehículo de comunicación espiritual es auténtico amor y nos une a otra persona. Entonces se convierte en un acto sagrado.

Santidad significa la presencia de un propósito de amor, y, en ese sentido, el cuerpo y sus adornos pueden ser una expresión sagrada. Muchos buscadores espirituales han experimentado la necesidad de huir de todas las cosas relacionadas con el cuerpo. Pero en realidad esta actitud puede estar tan centrada en el ego como el excesivo apego a lo físico. Cualquier cosa usada para difundir la alegría y comunicar el amor forma parte del plan de Dios para la salvación.

Cuando yo tenía unos veinte años, tuve mi primera cita con un hombre que llevaba traje y corbata. Hasta entonces solo había salido con chicos que llevaban tejanos. Cuando abrí la puerta y lo vi a él vestido con traje y un elegante abrigo, lo primero que se me ocurrió fue si no sería un mafioso...

Cuando salimos, estuve toda la velada luchando con mis conflictos sobre su atuendo. ¡Por supuesto que no podía decirle que su estupenda forma de vestir me cortaba el aliento! Era un italiano, y el primer contacto que yo tenía con la sensibilidad de un europeo hacia las mujeres. Años después seguiría recordando lo que aprendí de ese hombre.

Empezamos a salir juntos y me di cuenta de que nunca había conocido a nadie tan obsequioso y galante. Las noches que salíamos eran para mí verdaderos acontecimientos. Me preguntaba si prefería ir al teatro o al cine, si quería cenar en este restaurante o en el otro. Quería saber qué ropa deseaba yo que se pusiese. Me quedé muy sorprendida por lo importante que era para él llevar una camisa azul o una blanca. Al principio me irritaba, viniendo como venía de una mentalidad norteamericana de los años sesenta, para la cual todas esas consideraciones no tenían la menor importancia. Pero finalmente vi que para él la cuestión principal era que quería verme contenta. Su manera de vestir era una forma de complacerme, de expresar lo mucho que yo le importaba.

Muchos años después de aquella relación, en una tienda de ropa, mi novio de entonces estaba mirando dos americanas y no podía decidirse por ninguna. Cuando le dije la que me gustaba, reaccionó casi como si yo fuera su madre, para que quedara muy claro que no sería mi opinión la que dictara su decisión.

—Esa es la diferencia entre tú y yo —le dije—. Si yo me estuviera comprando ropa, el hecho de que a ti te gustara algo me inclinaría más a comprarlo. ¿De qué sirve tener una relación contigo si no me siento motivada para agradarte, hacer más placentera tu vida y endulzarte las cosas?

Ese es el único propósito del maquillaje, de la ropa y de cualquier otra cosa en el mundo de la forma. No sirven para seducir a otra persona, sino para añadir luz al mundo en forma de belleza y de placer. El significado de las cosas depende de la medida en que las usemos para aportar felicidad al mundo. La ropa y otros objetos personales no difieren de ninguna otra forma de arte. Si los percibimos con amor, pueden elevar las vibraciones e incrementar la energía en el mundo que nos rodea.

Esto no es narcisismo ni vanidad. Somos narcisistas si no nos importa que a nuestro novio o nuestra novia, a nuestro marido o nuestra mujer no les guste nada lo que llevamos. Yo he tenido novios tan inflexibles que me preferían siempre sin maquillaje, y otros que no querían verme sin él. Para mí, el cambio no ha tenido nada que ver con la clase de hombres con quienes salía, sino con el hecho de pasar del «No me importa lo que él quiera» al «Me importa muchísimo lo que le haga feliz». La primera parte de la revolución sexual significó la ruptura de las mujeres con el modelo opresivo de sometimiento a los hombres. La segunda parte implica nuestro reconocimiento de que no tiene sentido cultivar la individualidad a no ser para luego entregarla a una identidad superior. Y la identidad suprema es nuestra relación con los demás. Una vida vivida solamente para uno mismo no es liberación, sino apenas otra forma de servidumbre. Como no somos cuerpos, no podemos existir en el aislamiento, y vivir como si pudiéramos no nos conduce más que al sufrimiento.

Vanidad, peso y edad

«Los ojos del cuerpo solo ven formas».

¿Qué es la vanidad? ¿Qué es la obsesión –neurótica y orientada al ego– del peso, el pelo, la apariencia y el atractivo sexual que empuja a los norteamericanos a gastarse miles de millones de dólares al año en productos que son un lujo que no pueden permitirse y que en realidad no necesitan, y a las mujeres jóvenes a ser presa de peligrosas enfermedades en sus esfuerzos por adelgazar? Son los resultados inevitables de una orientación cultural que excluye la realidad del espíritu. La concepción del cuerpo como un fin y no como un medio engendra miedo: el miedo de no valer bastante o de no ser lo suficientemente atractivos, el miedo de no gustar, el miedo de ser perdedores en la vida. No hay manera de escapar de este doloroso torbellino si no reemplazamos la identificación con el cuerpo por la idea de que no somos cuerpos en absoluto, de que somos el amor que llevamos dentro, y que ese amor es lo único que determina nuestro valor. Cuando nuestra mente está llena de luz, no hay lugar para la oscuridad. Cuando entendemos quiénes y qué somos en realidad, no hay lugar para el dolor ni para la confusión.

Cuando tenía poco más de veinte años, tuve un problema de peso; un problema no tan grande como para considerarme gorda, pero lo suficiente como para que me hiciera sufrir. Se trataba de unos cinco o seis kilos de más que no podía sacarme de encima. Cada vez que iniciaba una dieta, terminaba aumentando de peso. Psicológicamente, esto tiene sentido, porque si alguien nos dice que no pensemos en la Torre Eiffel, nos pasaremos todo el tiempo pensando en ella. Decirme que no tenía que pensar en la comida no servía más que para que continuara obsesionándome con ella. La privación es una mala manera de perder peso. Yo solía rezar pidiendo una solución para mi problema, y recibía el siguiente consejo: «Come lo que quieras». Aquello me parecía una completa locura. «Si hago eso –pensaba– empezaré a comer y no pararé nunca». Y mi guía interior me respondía: «Sí, al principio sí. Tendrás que compensar toda la presión a que te has sometido durante años, pero después ya tendrás suficiente y empezarás a volver a tu ritmo natural. Entonces sanarás».

Me relajé. Conocí a una mujer que había perdido una enorme cantidad de peso y me dijo que le había pedido a Dios que lo hiciera por ella.

—No le pedí perder peso —me explicó—, sino solamente que me sacara esa carga de encima. No me importaba seguir siendo gorda. Le dije que si Él quería que yo estuviera gorda, me hiciera sentir cómoda así. Lo único que ansiaba era salir de aquel infierno.

Decidí que no me importaba cuánto pesaba. Ya no podía seguir aguantando aquella horrible obsesión. Cuando empecé a estudiar el Curso, me di cuenta de que mi peso no tenía importancia. Lo único que importaba era el amor. Si me podía entrenar mentalmente para concentrarme más en el amor, entonces mis problemas desaparecerían por sí solos. Las religiones orientales afirman: «Ve en busca de Dios y todo lo que no es auténticamente tuyo se desprenderá de ti». A medida que me metía más en la práctica del Curso, dejé de pensar tanto en mi peso. Eso fue todo. Y un día me miré en el espejo y vi que mi exceso de peso había desaparecido.

Me di cuenta de que mi peso no tenía nada que ver con mi cuerpo, sino con mi mente. La gente me aterrorizaba e inconscientemente me había rodeado de un muro para protegerme. Sin embargo, también me asustaba el hecho de no estar dando amor. El propósito de mi ego era mantenerme aparte, y, mientras no renunciara a ese propósito, jamás podría deshacerme de los kilos de más. Mi mente subconsciente no hacía más que seguir instrucciones. Cuando empecé a concentrar mi energía en atravesar el muro, cuando permití que Cristo entrara en mi mente, el muro desapareció milagrosamente.

Tras haber aprendido en el Curso que el cuerpo no es importante, no podía entender por qué debíamos hacer ejercicio o alimentarnos bien. Pero me di cuenta de que, cuando hago ejercicio, en realidad pienso menos en mi cuerpo. Cuando no hago ejercicio, no puedo dejar de pensar en mis gruesos muslos y mi ancha cintura. De modo similar, ingerir comida sana tiene sentido porque nos ayuda a existir de la manera más ligera y energética posible dentro del cuerpo. La comida malsana es más pesada y nos ata al cuerpo. Cuidamos del cuerpo como una manera de cuidar mejor del espíritu.

Tal como somos hoy en día, nuestro cuerpo, al envejecer, refleja la pesadez de un pensamiento dominado por la aflicción y la preocupación. Cuando empezamos a viajar más ligeros dentro del cuerpo, y nuestra mente renuncia a la preocupación constante por los problemas corporales, el envejecimiento se convierte en una experiencia diferente. Leí en alguna parte que la Virgen María nunca acusó el paso del tiempo, aunque vivió hasta entrados los cincuenta, y comprendo por qué. Si alcanzáramos un estado en el que solo el amor y el cariño nos ocuparan la mente, y ni el pasado ni el futuro nos pesaran como una carga sobre los hombros, envejecer se convertiría en un proceso de rejuvenecimiento. Espiritualmente, deberíamos rejuvenecer a medida que nos volvemos viejos, ya que el único propósito del tiempo es que aprendamos a renunciar de una manera más coherente a nuestro apego a la forma. Entonces el cuerpo se zambulle en la perfección de la vida, y se convierte en un instrumento sano y un objeto de alegría.

Una parte de la neurosis que nos produce nuestra cultura es la aversión al paso de los años. Sin embargo, como cualquier otra cosa, nuestra edad solo cambiará después de que la hayamos aceptado tal como es. Podemos pensar que es algo terrible, desagradable, sin ningún atractivo sexual, pero en realidad eso no son más que pensamientos. Si paseamos por las calles de París, veremos que de las francesas de más de cincuenta y sesenta años se desprende una madura sexualidad. En Estados Unidos tendemos a pensar que a esa edad las mujeres ya están «acabadas».

Cambiemos de mentalidad. Recordemos que cuanto más vivimos más sabemos, y cuanto más sabemos más hermosos somos. Podemos crear un contexto nuevo y eficaz para la experiencia de envejecer si cambiamos la manera de ver a las personas mayores en nuestra sociedad. El ego, después de todo, proclama que un cuerpo debilitado es una persona debilitada. Los norteamericanos tratamos a las personas mayores de una manera fría, sin amor. En China, a los ancianos se los respeta y venera, y esa es, en gran parte, la razón de que los chinos vivan tanto tiempo sin dejar de ser ciudadanos saludables y productivos. En Norteamérica pensamos que la juventud es mucho mejor, y por lo tanto lo es. No porque eso sea una verdad objetiva, sino solo porque es la idea que tenemos y la manifestamos en nuestra experiencia colectiva.

No importa cuál sea la enfermedad, la adicción o la deformación física, su causa está en la mente y solo en ella se la puede sanar. El mayor poder que nos es concedido, dice el Curso, es el de cambiar de mentalidad. Nuestro estado físico no determina nuestro estado emocional. La experiencia de la paz proviene únicamente de la mente. «La paz de la mente –dice *Un Curso de Milagros*– es claramente un asunto interno».

El significado de la sanación

«No olvides que el único propósito de este mundo es sanar al Hijo de Dios».

Cuando pensamos en sanar, generalmente pensamos en la curación física, pero *Un Curso de Milagros* define la salud como «paz interior». Hay personas que padecen enfermedades muy graves y están en paz, y otras, a pesar de su perfecta salud física, se sienten emocionalmente torturadas.

En su libro *Enseña solo amor*, Jerry Jampolsky establece sus principios de sanación de la actitud. Enseña que la paz es posible independientemente de las circunstancias físicas. Al consagrar nuestra enfermedad a Dios, consagramos la experiencia en su totalidad, sabiendo que cualquier cosa puede ser utilizada por el Espíritu Santo para traer más amor a nuestra conciencia.

Muchas personas han hablado de su enfermedad como de «una llamada a despertar». Eso significa despertar y experimentar la vida, despertar y bendecir cada mañana, despertar y saber apreciar a los amigos y a la familia. He oído decir a personas con enfermedades graves que su vida realmente empezó con el diagnóstico. ¿Por qué? Porque si nos diagnostican una enfermedad grave, durante los primeros cinco minutos nos desprendemos de gran parte de nuestro equipaje personal superficial. Nos preguntamos: «¿Por qué actúo con tanta arrogancia? ¿Por qué finjo que soy tan duro? ¿Por qué juzgo a la gente? ¿Por qué no agradezco el amor y la belleza que me rodean? ¿Por qué no hago caso del elemento más simple y más importante de mi ser, el amor que hay en mi corazón?».

Renunciar a nuestros espejismos es sanar. Dentro de cada uno de nosotros hay un núcleo: nuestra esencia, nuestro verdadero ser. Ese es el lugar de Dios dentro de nosotros. Encontrar esa esencia es nuestro retorno a Dios, el propósito de nuestra vida, e incluso las experiencias más dolorosas pueden servir a ese propósito.

A lo largo de los años he hablado en muchos funerales y conmemoraciones. Entre las escenas más impresionantes que he visto jamás se cuentan los rostros dolientes de la gente que se enfrenta con una verdad desnuda que no es posible negar ni dejar de lado. Cuando alguien que amamos ya no está con nosotros, nuestra tristeza nos abre a nuevas oportunidades de crecimiento. Las lágrimas nos ablandan.

Hace poco hablé en un funeral por un joven que había muerto de sida. Sus amigos lo amaban profundamente, y muchas personas lloraron durante el servicio religioso. Hacia el término del funeral, varios de sus amigos más íntimos se pusieron de pie para entonar una canción que con frecuencia habían cantado con él. Muchos de ellos casi no podían dominarse mientras cantaban. La pureza del dolor reflejado en sus rostros era asombrosa; mientras los miraba, pensé que, si entre ellos había actores, probablemente no habían hecho jamás una actuación tan sincera.

Otra vez hablé en el funeral de una joven que había sido brutalmente asesinada. Estaba casada y era madre de un niño de tres años. Jamás me olvidaré de la expresión del rostro del marido mientras me escuchaba hablar en la iglesia.

–Michael –le dije–, tú nunca serás el mismo, todos lo sabemos. Tienes dos opciones: endurecerte o ablandarte. Después de esto puedes decidir que nunca más confiarás en nadie, ni siquiera en Dios, o puedes dejar que tu corazón hecho pedazos te ablande... y que tus lágrimas fundan las murallas que rodean tu corazón, de tal manera que te conviertas en un hombre de una profundidad y una sensibilidad excepcionales.

Después me dirigí a las mujeres presentes:

—Este niño ha perdido a su madre. Ya no tiene unos brazos de mujer que lo amparen. No dejéis que esto suceda sin ponerle remedio. Comprometeos ahora, de corazón, a visitarlo, a visitar a su padre y a afrontar la situación lo mejor que podáis; sed mujeres tan maduras como lo sois en este momento. Asumid seriamente esta responsabilidad, para que por lo menos el crecimiento personal que esta oscuridad ha producido pueda ser el camino por el cual se la expulse.

Lo extraño fue que después de aquel funeral tuve que intervenir en la celebración de un matrimonio, en el otro extremo de la ciudad. Mientras lo hacía, observé un extraño parecido entre los ojos del novio y los del joven que acababa de enterrar a su mujer. Naturalmente que el novio no estaba de duelo, sino muy alegre. Lo que parecía lo mismo era la pureza del amor en sus ojos, sin ningún ingrediente artificial añadido. Solo atención, sinceridad, apertura y amor.

Sanar es volver al amor. Con frecuencia, la enfermedad y la muerte son dolorosas lecciones sobre lo que amamos, pero lecciones de todas maneras. A veces se necesita el cuchillo que nos traspasa emocionalmente el corazón para atravesar los muros que se alzan ante él.

Una noche en Los Ángeles, durante el período de meditación que sigue a mis conferencias, observé que dos de mis amigos lloraban al fondo de la iglesia. Estaban profundamente abatidos por la inminente muerte de un amigo común que tenía el sida. Me dolió verlos sufrir tanto. He descubierto que nuestro sufrimiento nos permite percibir, como con rayos X, el sufrimiento ajeno.

Le pregunté a Dios si no se podía aliviar esa carga. Ya entonces, todos habíamos visto tanta aflicción, tanto dolor y tanta muerte a causa de esa enfermedad... «¿No es suficiente? ¿No se puede acabar?», le pregunté.

Lo que me sucedió después fue sorprendente. Me invadió el recuerdo de mi propia «noche oscura del alma» de casi una década atrás. ¿Acaso no había cambiado yo profunda y positivamente a partir de mi dolor? Si mi alma había usado aquella experiencia para conducirme a una mayor conciencia de mí misma, ¿cómo sabía yo que a esas otras personas no les estaba pasando lo mismo? Mi tarea no es juzgar, sino ayudar, como pueda y donde pueda, y no dudar de la sabiduría fundamental de todas las cosas. En cualquier situación, lo que pasa exteriormente no es más que la punta del iceberg. Las lecciones, los verdaderos cambios, las oportunidades de crecer... esas son las cosas que los ojos del cuerpo no pueden ver. Están por debajo de la línea de flotación del espíritu, pero están. Y forman un cuadro del viaje del alma mucho más vasto de lo que podemos percibir desde la perspectiva de nuestros sentidos físicos. El crecimiento no tiene nada que ver con conseguir lo que nos parece que queremos. Crecer es llegar a ser los hombres y las mujeres que potencialmente podemos ser: amorosos, puros, sinceros, claros.

Una vida más larga no es necesariamente una vida mejor. Una vida sana no depende del estado físico. La vida no es más que la presencia del amor, y la muerte no es más que su ausencia. La muerte física no es, de ninguna manera, la muerte real.

Ya hemos crecido lo suficiente para darnos cuenta de que hay vida más allá de la existencia física. En la medida en que encontramos esa vida, nos convertimos en nosotros mismos, como hijos de los hombres y como hijos de Dios.

La muerte y la reencarnación

«No hay muerte. El Hijo de Dios es libre».

Un Curso de Milagros dice que el nacimiento no es un comienzo sino una continuación, y que la muerte no es un final sino también una continuación. La vida continúa eternamente. Siempre fue y siempre será. La encarnación física no es más que una de las formas que puede tomar la vida.

Un Curso de Milagros menciona los Grandes Rayos, un concepto que se encuentra también en otras enseñanzas metafísicas. Los Grandes Rayos son líneas de energía que emanan desde dentro de cada uno de nosotros, en niveles sutiles que nuestros sentidos físicos no son capaces de percibir, ya que nuestros sentidos físicos reflejan nuestro actual sistema de creencias; a medida que este se expanda, lo mismo sucederá con nuestros sentidos físicos. Llegará un momento en que percibiremos físicamente los Grandes Rayos. Algunas personas, por ejemplo las que ven las auras, ya lo hacen. A Buda, Jesús y otros maestros iluminados se los representa con frecuencia con un halo alrededor de la cabeza o con líneas de luz que irradian desde el corazón.

Estas líneas de luz y energía son nuestra fuerza vital. El cuerpo no es más que un revestimiento temporal. Como todavía no nos damos cuenta de ello, pensamos que la muerte del cuerpo es la muerte de la persona. No lo es. Hubo una época en que la gente creía que la tierra era plana, y se pensaba que los barcos que llegaban al horizonte caían fuera de la Tierra. Llegará un momento en que la percepción que ahora tenemos de la muerte parecerá tan rara, ignorante y anticuada como aquellas ideas. El espíritu no muere cuando muere el cuerpo. La muerte física es como quitarse un traje.

Para el ego, la realidad no es más que lo que percibimos con nuestros ojos. Pero no podemos ver a simple vista muchas cosas que sabemos que existen: ni los átomos ni los protones, ni los virus ni las células. Actualmente, los científicos empiezan a reconocer una unidad que está más allá de toda realidad que podamos percibir. Esta unidad es Dios, y dentro de ella está nuestro ser.

La encarnación física es similar a una experiencia escolar. Las almas, como los estudiantes, asisten a clase para aprender lo que necesitan aprender. Es algo muy parecido a sintonizar un canal en el televisor. Digamos que estamos todos sintonizados en el canal 4. Cuando alguien se muere, ya no está en el canal 4, pero eso no quiere decir que no esté emitiendo. Solo que ahora lo hace desde el canal 7 u 8. Los sistemas de emisión por cable existen independientemente de que tengamos o no el equipo necesario para recibirlos. Solo la arrogancia del ego pretende hacemos creer que lo que no podemos percibir físicamente no existe.

Hay personas que han afirmado haber visto salir una luz de la coronilla de un moribundo. Muchas otras han contado sus «experiencias en el umbral de la muerte», cuando se despojaron temporalmente del cuerpo. Una vez conocí a una joven que había tenido un accidente de avión. Perdió prácticamente la mitad de su sangre y tenía las piernas casi totalmente seccionadas. Al describirme su experiencia, dijo:

—Sentí que moría y después volvía a la vida. Era algo atrayente, muy cálido, como un maravilloso amor maternal. Pero yo sabía que podía elegir. Pensé en mi padre y me di cuenta de que mi muerte sería insoportable para él, de manera que luché para volver. Desde entonces ya nunca lloro en los funerales. Puedo llorar por los que se quedan aquí, pero sé por experiencia que la gente que ha muerto está en un lugar maravilloso.

Una vez que nuestros sentidos físicos registran los Grandes Rayos, el cuerpo nos parece una mera sombra en comparación con nuestro ser verdadero. Cuando oímos decir que alguien ha muerto, eso solo significa que una sombra ha desaparecido. Ya no percibimos la muerte como el fin de una relación. Cuando Jesús dijo: «La muerte será el último enemigo», quiso decir que "será lo último que percibamos como un enemigo". El problema realmente no es la muerte, sino lo que pensamos que es. Todos nos moriremos. Algunos nos iremos en el tren de las 9.30 y otros en el de las 10.07, pero el viaje lo haremos todos. Aceptar que hemos de sanar lo que pensamos sobre lo que eso significa es la piedra angular de la transformación que representa dejar de estar orientados hacia el cuerpo para orientarnos hacia el espíritu.

La vida es como un libro que no se acaba nunca. Los capítulos terminan, pero el libro no. El final de una encarnación física es como el final de un capítulo y el comienzo de otro. Una vez oí decir a un amigo: «Desde la muerte de mi padre, mi relación con él no ha hecho más que mejorar».

Un Curso de Milagros dice que la comunicación no se interrumpe con la destrucción del cuerpo físico. La verdadera comunicación tiene bases más firmes que lo que se dice o se oye físicamente. Cuando alguien ha muerto, debemos hablar con esa persona de distinta manera que antes, pero al mantenernos abiertos a la posibilidad de una fuerza vital eterna, dirigimos la mente en el sentido de desarrollar la capacidad para tener conversaciones que trascienden lo físico.

Escribir cartas puede ayudar a establecer esta comunicación. Primero le escribimos una carta a la persona que ha muerto, y después escribimos su respuesta. ¿Qué sentido tienen tales ejercicios? Expanden la mente para que acepte posibilidades mayores que las que normalmente nos permite considerar el ego. En mis grupos de apoyo para superar el duelo, mucha gente me ha contado a menudo que ha soñado con alguien que había muerto. Cuando esa persona se le aparecía en el sueño, el soñante solía decirle: «Tú no puedes estar aquí. Estás muerta». En ese momento, la persona decía «Ah», y el sueño se acababa. Le habían negado el permiso para continuar.

Al escribir las cartas o al tener cualquier tipo de conversación u otra experiencia que aumente nuestra apertura a la posibilidad de una vida después de la muerte, ensanchamos las fronteras mentales que nosotros mismos nos imponemos. Nuestros sueños y otras experiencias emocionales se liberan entonces de la esclavitud que les impone nuestra negativa a creer. A veces, cuando alguien ha muerto, decimos: «No puede ser verdad. Me parece una pesadilla. Siento como si todavía estuviera aquí». Y lo sentimos porque es verdad. Las voces mundanas del ego nos dirán que no es más que nuestra imaginación, pero lo que «no es más que nuestra imaginación» es la muerte misma. La verdad tal como Dios la creó es que la muerte no existe, y en lo profundo de nuestro corazón sabemos que es cierto.

¿Y qué hay de la reencarnación? El siguiente párrafo pertenece al capítulo sobre la reencarnación del *Manual para Maestros del Curso*:

> *«En última instancia, la reencarnación es imposible. El pasado no existe ni el futuro tampoco, y la idea de nacer en un cuerpo ya sea una o muchas veces no tiene sentido. La reencarnación, por lo tanto, no puede ser verdad desde ningún punto de vista... Si [el concepto] se usa para reforzar el reconocimiento de la naturaleza eterna de la vida, es ciertamente útil... Al igual que muchas otras creencias, esta puede usarse desacertadamente. En el mejor de los casos, el mal uso que se hace de ella da lugar a preocupaciones y tal vez a orgullo por el pasado. En el peor de los casos, provoca inercia en el presente... Siempre existe cierto riesgo en ver el presente en función del pasado. Mas siempre hay algo bueno en cualquier pensamiento que refuerce la idea de que la vida y el cuerpo no son lo mismo».*

Técnicamente, entonces, la reencarnación no existe tal como pensamos que es, simplemente porque el tiempo lineal no existe. Las vidas pasadas y las futuras suceden todas simultáneamente. Aun así, es útil recordar que tenemos una vida aparte de la experiencia de cualquier vida física. *Un Curso de Milagros* no incluye ninguna doctrina. Un estudiante adelantado del Curso puede creer o no en la reencarnación. "La única cuestión que tiene sentido es si un concepto es útil o no." Se nos dice que pidamos a nuestro Maestro Interior que oriente nuestro pensamiento respecto de cualquier idea y cómo usarla en nuestra vida.

En el mundo iluminado, continuaremos renunciando al cuerpo. Pero la experiencia de la muerte será muy diferente. Está escrito en «El canto de la oración», un complemento de *Un Curso de Milagros*:

> *«Esto es lo que debería ser la muerte: una tranquila opción hecha con júbilo y con un sentimiento de paz, porque el cuerpo ha sido usado amorosamente para ayudar al Hijo de Dios en su camino hacia Dios. Damos las gracias al cuerpo, pues, por todos los servicios que nos ha prestado. Pero estamos agradecidos también de que no haya necesidad de andar por el mundo de límites, ni de alcanzar al Cristo de manera indirecta y de verlo claramente, a lo sumo, en bellos destellos. Ahora podemos contemplarlo sin velos que Lo cubran, en la luz que nuevamente hemos aprendido a ver.*
>
> *Lo llamamos muerte, pero es libertad. No adquiere la forma de algo dolorosamente arrojado sobre la carne mal dispuesta, sino de una dulce bienvenida a la liberación. Si ha habido verdadera curación, esta puede ser la forma que adquiera la muerte cuando sea el momento de descansar por un rato de una labor gustosamente realizada y gustosamente concluida. Ahora nos dirigimos en paz hacia una atmósfera más libre y un clima más suave, donde no es difícil ver que los regalos que hicimos*

fueron guardados para nosotros. Porque Cristo ahora es más transparente; Su visión es más constante en nosotros; Su voz, la palabra de Dios, es más indudablemente la nuestra.

Este tranquilo pasar a una plegaria más elevada, a un bondadoso perdón de las costumbres de la tierra, solo puede ser recibido con agradecimiento».

Una vez leí algo sobre una antigua religión japonesa que celebraba la muerte de las personas y se dolía cuando nacían. Se entendía que el nacimiento significaba que un espíritu infinito era forzado a entrar en un foco finito, mientras que la muerte significaba la liberación de todos los límites y la libertad de vivir plenamente la gama entera de posibilidades que nos ofrece Dios en Su misericordia.

La vida es mucho más que la vida del cuerpo: es una infinita expansión de energía, un continuo de amor en innumerables dimensiones, una experiencia psicológica y espiritual independiente de la forma física. Siempre hemos estado vivos y siempre lo estaremos. Pero la vida del cuerpo es una importante escuela. Es nuestra oportunidad de liberar al mundo del infierno. «Dios amado, hágase Tu voluntad, así en la Tierra como en el Cielo».

9

EL CIELO

«El Cielo está aquí. No existe ningún otro lugar.
El Cielo es ahora. No existe ningún otro tiempo».

La decisión de ser feliz

«El Cielo es la alternativa por
la que me tengo que decidir».

"La voluntad de Dios es que seamos felices" ahora. Al pedir que se haga Su voluntad, damos instrucciones a la mente para que se concentre en la belleza de la vida, en cada una de las razones que tenemos para celebrar en vez de estar de duelo.

Generalmente nos imaginamos lo que pensamos que nos haría felices, y después tratamos de hacer que suceda. Pero la felicidad no depende de las circunstancias. Hay personas que lo tienen todo para ser felices y no lo son, y otras que sí lo son a pesar de tener auténticos problemas. La clave de la felicidad es la decisión de ser feliz.

En los últimos años se ha hablado mucho de «reconocer nuestros sentimientos». Es un concepto importante, pero que puede ser usado por el ego para sus propios fines. La mayoría de las veces, cuando oímos decir «reconoce tus sentimientos», se refieren a los negativos: «Sé consciente de tu dolor, o de tu rabia, o de tu vergüenza». Pero necesitamos tanto apoyo para reconocer nuestros sentimientos positivos como para reconocer los negativos. El ego se resiste a la vivencia de cualquier tipo de emoción auténtica. Necesitamos apoyo y permiso para sentir nuestro amor, nuestra satisfacción y nuestra felicidad.

El ego libra una secreta batalla contra la felicidad. Recuerdo que, cuando estaba en la universidad, solía pasearme con libros de poesía rusa bajo el brazo, cultivando una actitud sofisticada y cínica que me parecía propia de una persona inteligente. Sentía que aquello indicaba que yo entendía la condición humana hasta que me di cuenta de que mi cinismo revelaba muy poca comprensión de la condición humana, porque lo más importante de tal condición es que estamos siempre escogiendo. Siempre podemos optar por percibir las cosas de otra manera.

Se dice que podemos ver el vaso medio vacío o medio lleno. Podemos concentrarnos en lo que nos va mal en la vida o en lo que nos va bien, y tanto en un caso como en el otro será precisamente de eso de lo que recibamos más. La creación es una extensión del pensamiento. Piensa en la escasez y recibirás escasez, piensa en la abundancia y recibirás abundancia.

Puedo oír las voces que dicen: «Pero cuando actúo como si todo fuera estupendamente bien, no soy sincero conmigo mismo». Pero el yo negativo no es nuestro yo verdadero; es más bien el impostor. Necesitamos estar en contacto con nuestros sentimientos negativos, pero solo para liberarnos de ellos y sentir el amor que se oculta debajo.

No es tan difícil tener sentimientos y pensamientos positivos. El problema es que nos resistimos a ellos porque nos hacen sentir culpables. Para el ego no hay mayor crimen que el de reclamar nuestra herencia natural. «Si soy rico –dice el ego–, otra gente será pobre. Si tengo éxito, puedo herir los sentimientos de otras personas. ¿Quién soy yo para tenerlo todo? Seré una amenaza y ya no le gustaré nunca a nadie». Estos son algunos de los argumentos que el ego nos mete en la cabeza. El Curso nos advierte del peligro de las creencias ocultas. Una creencia oculta que muchos compartimos es que está mal ser demasiado feliz.

El dogma religioso del ego no nos ha ayudado. Se ha glorificado el sufrimiento. La gente se ha concentrado más en la crucifixión que en la resurrección. Pero la crucifixión sin la resurrección es un símbolo que no tiene significado. La crucifixión es la pauta de energía del miedo, la manifestación de un corazón cerrado. La resurrección es la inversión de esa pauta, que se da cuando dejamos de pensar en el miedo para concentrarnos en el amor.

Examina la crucifixión, dice *Un Curso de Milagros*, pero no te detengas en ella. «Bienaventurados los que tienen fe en lo que no pueden ver», dice Jesús. Es fácil tener fe cuando las cosas van bien, pero en la vida hay momentos en que tenemos que volar a ciegas, como un piloto que hace un aterrizaje con mala visibilidad y tiene que confiar en que los instrumentos decidan por él. Y lo mismo pasa con nosotros cuando las cosas no son como nos gustaría que fueran. Sabemos que la vida es un proceso, y que siempre avanza hacia un mayor bien. Lo que pasa es que nosotros no podemos verlo. En esos momentos confiamos en que nuestro radar espiritual navegue por nosotros. Confiamos en que haya un final feliz. Por nuestra fe, mediante nuestra confianza, invocamos su señal.

La resurrección es una vehemente llamada a seguir avanzando. Representa la decisión de ver la luz en medio de la oscuridad. El Talmud, el libro judío de la sabiduría, dice cómo hay que comportarse en épocas de oscuridad: «Durante el tiempo de la noche más oscura, actúa como si ya hubiera llegado la mañana».

Dios nos da la respuesta a cada problema en el momento en que se produce. El tiempo, como ya hemos visto, no es más que una idea. Es el reflejo físico de nuestra fe o nuestra falta de fe. Si pensamos que una herida va a necesitar mucho tiempo para sanar, lo necesitará. Si aceptamos la voluntad de Dios como algo ya cumplido, experimentaremos inmediatamente la sanación de todas nuestras heridas. «Solo la paciencia infinita produce resultados inmediatos». El universo fue creado para apoyarnos en todos los aspectos. Dios está constantemente expresando Su infinito cuidado por nosotros. El único problema es que nosotros no estamos de acuerdo con Él. No nos amamos como Él nos ama, y por eso impedimos que se produzcan los milagros a los que tenemos derecho.

El mundo nos ha enseñado a creer que somos inferiores, que no somos perfectos, que es una actitud arrogante pensar que merecemos una felicidad completa. Este es el punto donde nos quedamos atascados. Si nos pasa algo –el amor, el éxito, la felicidad– que solo parece adecuado para una persona «que realmente se lo merezca», nuestra mente subconsciente decide que eso no es para nosotros, y nos saboteamos las oportunidades de ser felices. Pocas personas nos han agraviado como nosotros nos agraviamos. Nadie nos ha sacado los caramelos de las manos tantas veces como nosotros mismos los hemos tirado. Hemos sido incapaces de aceptar el júbilo porque no concuerda con la idea que tenemos de nosotros mismos.

En contraste con la ínfima apreciación que tiene el ego de nuestro valor, está la verdad tal como Dios la ha creado. No hay luz más brillante que la que resplandece dentro de nosotros. No importa si la vemos o no. Está ahí porque ahí la puso Dios.

Ser felices no es solo nuestro derecho sino, en cierto sentido, también nuestra responsabilidad. Dios no nos da la felicidad para nosotros solos. Nos la da para que podamos afirmarnos más en el mundo en Su nombre.

La felicidad es un signo de que hemos aceptado la voluntad de Dios. Es mucho más fácil fruncir el ceño que sonreír. Es fácil ser cínico. En realidad, es una excusa para no ayudar al mundo. Siempre que alguien me dice que está muy deprimido por el hambre que hay en el mundo, le pregunto si da cinco dólares mensuales a alguna de las organizaciones de ayuda a los necesitados. Y lo pregunto porque he observado que la gente que participa en la solución de los problemas no parece estar tan deprimida por ellos como los que se quedan entre bastidores sin hacer nada. La esperanza nace de participar en soluciones esperanzadoras. Somos felices en la medida en que optamos por ver y crear las razones para la felicidad. El optimismo y la felicidad son los resultados del trabajo espiritual.

Un Curso de Milagros afirma: «El amor espera la bienvenida, pero no en el tiempo». El Cielo solo espera nuestra aceptación. No es algo que vayamos a experimentar «más tarde». «Más tarde» no es más que una idea. «Alegraos –decía Jesús–, porque he vencido al mundo». Se daba cuenta, como podemos darnos cuenta también nosotros, de que el mundo no tiene poder ante el poder de Dios. No es real. No es más que una ilusión. Dios ha creado el amor como la única realidad, el único poder. Y así es.

Nuestra capacidad de brillar

«Puedes alzar la mano y tocar el Cielo».

A los ojos de Dios, todos somos perfectos y tenemos una capacidad ilimitada de expresarnos brillantemente. Digo capacidad ilimitada y no potencial ilimitado porque este último concepto puede ser peligroso si lo utilizamos para esclavizarnos a nosotros mismos, para vivir en el futuro y no en el presente y para sumirnos en la desesperación comparándonos constantemente con lo que creemos que podríamos ser. Mientras no seamos maestros perfectos, es imposible por definición que vivamos a la altura de nuestro potencial, que siempre será algo que solo podremos alcanzar más adelante.

Se trata de un concepto que puede hundirnos en la impotencia personal. Si nos centramos en el potencial humano, seguiremos siendo impotentes. Centrémonos en la capacidad humana, que se expresa en el presente. Es inmediata. La clave no está en lo que tenemos dentro, sino en lo que estamos dispuestos a reconocer de lo que tenemos dentro. No tiene sentido esperar a ser perfectos en todo lo que hacemos, o maestros iluminados, o doctores en filosofía de la vida, antes de abrirnos a lo que somos capaces de hacer ahora. Por supuesto que hoy no somos tan buenos como seremos mañana; pero ¿cómo vamos a llegar a la promesa de mañana sin hacer algo hoy? Recuerdo haberme pasado años tan preocupada por las opciones que me ofrecía la vida que no me movía. Estaba paralizada por tantas posibilidades. No podía imaginarme qué camino me llevaría a la realización de mi «potencial», ese glorioso mito neurótico que siempre estaba ahí esperando, precisamente frente a todo aquello que yo podía manifestar en el presente. Por ello, me sentía siempre demasiado asustada para moverme. Y el miedo, por supuesto, es el gran traidor del Yo. La diferencia entre las personas que «viven su potencial» y las que no lo hacen no es la cantidad de potencial que poseen, sino la cantidad de permiso que se dan a sí mismas para vivir en el presente.

Somos la generación adulta. Tenemos cuerpos adultos, responsabilidades adultas y profesiones adultas. Lo que a muchos de nosotros nos falta es un contexto adulto para nuestra vida, en el que nos demos permiso para brillar, para florecer plenamente, para mostrarnos poderosamente en el presente sin temor de no valer lo suficiente. Esperar un futuro próspero es una manera de asegurarnos de que jamás llegue. Un adolescente sueña con lo que será. Un adulto se regocija en el presente.

Una vez tuve una terapeuta que me dijo que mi problema era que quería ir directamente del punto A a los puntos X, Y y Z, y parecía incapaz de moverme del punto A al punto B, de ir paso a paso. Es mucho más fácil soñar con el punto Z que moverse realmente hasta el punto B. Es más fácil practicar nuestro discurso de aceptación del Oscar que ponerse en marcha y acudir a las clases de interpretación.

Con frecuencia tenemos miedo de hacer algo a menos que sepamos que podemos hacerlo perfectamente bien. Pero al Carnegie Hall se llega practicando. Recuerdo cuán liberador fue para mí hace varios años leer en una entrevista con Joan Baez que algunas de las primeras canciones de Bob Dylan no eran tan maravillosas como se decía. Tenemos la imagen del genio surgiendo en plena madurez de la cabeza de Zeus. Una vez le pedí a alguien que diera una conferencia por mí mientras yo estaba fuera de la ciudad, y me respondió que sentía que no podía hacerlo tan bien como yo.

—¡Claro que no! —le dije—. ¡Yo hace años que lo hago! ¿Pero cómo vas a aprender a hacerlo si no empiezas alguna vez?

Creo que la razón de que la gente no tenga hoy tantas aficiones como solía tener en generaciones pasadas es que no podemos soportar hacer nada en lo que no seamos fabulosos. Hace varios años empecé a tomar otra vez lecciones de piano, después de haber tocado durante muchos años cuando era niña. No soy Chopin, pero el solo hecho de tocar tuvo para mí un gran efecto terapéutico. Vi muy claramente que no hay que ser un virtuoso en todo para ser un virtuoso en la vida. Esto último significa cantar, pero no necesariamente cantar bien.

Casi todos nos sentimos en algún nivel como caballos de carreras que muerden el bocado y se agolpan contra el portón, esperando y rezando para que alguien venga a abrirnos la puerta y podamos finalmente correr. Sentimos tanta energía reprimida, tanto talento inmovilizado... En nuestro corazón sabemos que nacimos para hacer grandes cosas y tenemos un miedo profundo de desperdiciar nuestra vida. Pero la única persona a quien podemos liberar es a nosotros mismos. La mayoría lo sabemos. Nos damos cuenta de que la puerta cerrada con llave es nuestro propio miedo. Pero a estas alturas hemos aprendido que en algún nivel nuestro terror de avanzar es tan grande que se necesitaría un milagro para liberarnos.

El ego quisiera que naciéramos con un gran potencial y muriéramos con un gran potencial. En medio hay un sufrimiento cada vez mayor. Un milagro nos deja en libertad para vivir plenamente en el presente, para liberar nuestro poder y reclamar nuestra gloria. El Hijo de Dios se eleva al Cielo cuando libera el pasado y el futuro, y así se autolibera para ser quien es hoy. "El infierno es lo que el ego hace del presente." El Cielo es otra manera de considerar la totalidad.

La práctica espiritual

«Una mente sin entrenar no puede lograr nada».

El amor es algo más que bellos arcoíris; requiere disciplina y práctica. No es solamente un sentimiento dulce. Es un compromiso radical con una manera de ser diferente, una respuesta mental a la vida que está en total desacuerdo con lo que piensa el mundo. El Cielo es optar conscientemente por desafiar la voz del ego. Cuanto más tiempo pasamos con el Espíritu Santo, mayor es nuestra capacidad de concentrarnos en el amor. *Un Curso de Milagros* nos dice que los cinco minutos que pasamos con Él por la mañana (haciendo los ejercicios del Curso o cualquier otra práctica seria de oración o de meditación) nos garantizan que Él estará a cargo de nuestros pensamientos en cualquiera de sus formas durante todo el día. Eso significa que asumimos la responsabilidad de hacer lo que en Alcohólicos Anónimos llaman un «contacto consciente» con Él. Así como vamos al gimnasio para desarrollar nuestra musculatura física, meditamos y oramos para desarrollar nuestra musculatura mental. El Curso dice que logramos tan poco porque tenemos la mente indisciplinada: instintivamente nos comportamos de forma paranoica o nos erigimos en jueces, reacciones temerosas en vez de amorosas. El Curso afirma que somos «demasiado tolerantes con las divagaciones de la mente». La meditación disciplina la mente.

Cuando meditamos, el cerebro emite, literalmente, otra clase de ondas. Recibimos información en un nivel más profundo que durante la conciencia normal de vigilia. *Un Curso de Milagros* dice que lo fundamental son los ejercicios, porque "nos entrenan mentalmente para pensar según las líneas establecidas en el texto. No es lo *que* pensamos lo que nos transforma, sino *cómo* pensamos". Los principios de los milagros se vuelven «hábitos mentales» en nuestro «repertorio para solventar problemas».

Crecer espiritualmente no quiere decir volverse metafísicamente más complicado, sino más bien hacerse más simple a medida que esos principios básicos empiezan a impregnar cada vez más profundamente nuestra manera de pensar. La meditación es un tiempo pasado con Dios en silencio y quietud, a la escucha. Es el tiempo durante el cual el Espíritu Santo puede entrar en nuestra mente y realizar Su divina alquimia.

A causa de ello, no solo cambia lo que hacemos, sino también quienes somos.

El *Libro de ejercicios* de *Un Curso de Milagros*, un conjunto de ejercicios psicológicos para 365 días, nos proporciona un plan muy específico para abandonar una manera de pensar basada en el miedo y aceptar en su lugar otra basada en el amor. Cada día se nos da un pensamiento para que nos concentremos en él, con los ojos cerrados, durante un tiempo determinado. En la introducción se nos dice que, aunque no nos gusten los ejercicios e incluso si sentimos hostilidad hacia ellos, aun así debemos hacerlos. Nuestra actitud no influye en absoluto en su eficacia. Si estoy levantando pesas en el gimnasio, en realidad no importa que la experiencia me encante o me harte. Lo único que afecta a mi cuerpo es si levanto o no las pesas, y lo mismo pasa con la meditación. Los efectos de la meditación, al igual que los de los ejercicios físicos, son acumulativos. Cuando ejercitamos los músculos en el gimnasio durante una hora, al final de esa hora no podemos apreciar cambio alguno en el cuerpo. Pero si vamos al gimnasio treinta días seguidos, entonces sí que podremos apreciar el cambio. Lo mismo ocurre con la meditación. A veces, el cambio no lo vemos tanto nosotros como los demás. Quizá ni siquiera nos demos cuenta de cómo influye en nuestro entorno y en las personas que nos rodean la calidad de nuestra energía y las emanaciones invisibles de nuestra mente. Pero los demás lo perciben, y reaccionan de acuerdo con ello.

La práctica espiritual constituye la base del desarrollo del poder personal. Las personas espiritualmente poderosas no son necesariamente gente que haga mucho; son más bien personas a cuyo alrededor se hacen cosas. Gandhi consiguió que los ingleses se fueran de la India, y no era un hombre que se moviera mucho. A su alrededor se arremolinaban poderosas fuerzas. El presidente Kennedy es otro ejemplo de ello. Legislativamente, obtuvo más bien poco, pero movilizó dentro de otros fuerzas invisibles que alteraron la conciencia de por lo menos una generación de norteamericanos. Cuando nos encontramos en el nivel supremo de nuestro ser, no es necesario que hagamos nada. Estamos en paz mientras el poder de Dios actúa a través de nosotros. La meditación es una relajación profunda. En ella, la voz frenética del ego y sus vanas invenciones se consumen.

Todos tenemos dentro un receptor de radio en comunicación directa con la voz de Dios. El problema es que hay muchas interferencias, que desaparecen en los momentos de tranquilidad que pasamos con Dios. Entonces aprendemos a oír Su voz. En el Cielo es la única voz que oímos, y por eso allí somos tan felices.

Ver la luz

«Hijo de la luz, no sabes que la luz está en ti».

Solo nuestra luz interior es real. No tenemos tanto miedo de nuestra oscuridad como de la luz que llevamos dentro. La oscuridad nos resulta familiar, es lo que conocemos. «Sin embargo, ni el olvido ni el infierno te resultan tan inaceptables como el Cielo». La luz, es decir, pensar que efectivamente podríamos valer lo suficiente, es tan amenazadora para el ego que le hace sacar sus cañones más poderosos para defenderse de ella.

Alguien que conozco me comentó una vez de un amigo común:

–Tiene un alma mezquina.

–No –le dije–, tiene una personalidad mezquina. Su alma es una de las más brillantes que he visto. Su mezquindad es simplemente una defensa contra la luz. Si dejara entrar su luz y optara por expresar realmente todo su amor, su ego quedaría abrumado. Su mezquindad es su armadura, su protección contra la luz.

Nuestra defensa contra la luz es siempre alguna forma de culpa que proyectamos en nosotros mismos o en los demás. Dios puede amarnos infinitamente, el universo puede apoyarnos interminablemente, pero mientras no coincidamos con la bondadosa apreciación que Dios tiene de nosotros y con el misericordioso comportamiento del universo, haremos todo lo que esté a nuestro alcance para mantener a raya los milagros a los que tenemos derecho. ¿Por qué nos odiamos a nosotros mismos? Como ya hemos visto, el ego es la interminable necesidad que tiene nuestra mente de atacarse a sí misma. ¿Y cómo podemos escapar de ello? Aceptando la voluntad de Dios como propia. Y Su voluntad es que seamos felices, que nos perdonemos, que encontremos nuestro lugar en el Cielo, ahora.

No es nuestra arrogancia sino nuestra humildad lo que nos enseña que siendo tal como somos ya valemos lo suficiente, y que lo que tenemos que decir es válido. Es nuestro odio hacia nosotros mismos lo que hace que nos parezca difícil apoyar y amar a otras personas, porque apoyar a los demás equivale a apoyarnos también a nosotros. Cuando hablo en público, siento una palpable diferencia entre las personas que quieren verme triunfar y las que toman la actitud distante de: «¿Ah, sí?

Pues demuéstralo». Las primeras crean un contexto en el que me invitan a brillar, las otras un contexto en el que me desafían a brillar. ¿No es bastante desafío la vida? ¿Hasta tal punto se ha reducido la bondad humana?

Cuando sabemos que el amor es un recurso infinito, que hay suficiente abundancia de todo para todos y que solo podemos conservar lo que damos, entonces dejamos de criticar a los demás y empezamos a bendecirlos. Hace varios años viví durante un tiempo en una casa con una muchacha adolescente. Un día me la encontré sentada en la cama con cinco o seis amigas, mirando un cartel de Christie Brinkley. Por más increíble que parezca, esas chicas estaban ahí empeñándose en encontrarle defectos: que en realidad no era tan guapa, o que, si lo era, probablemente no era demasiado inteligente... Dulcemente, les señalé que lo que pasaba era que en el fondo todas deseaban parecerse a ella, pero, como les parecía imposible, la criticaban.

—Está bien que vosotras también queráis ser hermosas —les dije—. Cada una a vuestra manera, podéis serlo. Y el modo de conseguirlo es bendecir su belleza, elogiarla, permitirle que sea guapa para que también vosotras os lo podáis permitir. Que Christie Brinkley sea hermosa no quiere decir que vosotras no podáis serlo. Hay suficiente belleza para todas. La belleza es solo una idea, y cualquiera puede tenerla. Si bendecís la belleza que ella tiene, multiplicáis vuestras posibilidades de tenerla también.

Una persona que tiene éxito en cualquier campo está creando más posibilidades de que otras hagan lo mismo. Aferrarse a la idea de los recursos finitos es una manera de aferrarse al infierno.

Debemos aprender a tener solo pensamientos divinos. Los ángeles son los pensamientos de Dios, y en el Cielo los humanos piensan como ángeles. Los ángeles iluminan el camino, no envidian a nadie, no destruyen, no compiten, no cierran su corazón, no tienen miedo. Por eso cantan y vuelan. Nosotros, por supuesto, somos ángeles disfrazados.

El fin del mundo

«El mundo no acabará destruido, sino que se convertirá en el Cielo».

El fin del mundo tal como lo entendemos no sería algo horrible, si se piensa en todas las formas de dolor y sufrimiento que hay en el mundo. En los «últimos días» no escaparemos de los horrores del mundo en vehículos que se eleven hacia el espacio exterior, sino en vehículos que se adentren en el espacio interior. Esos vehículos serán nuestras mentes sanadas, guiadas por el Espíritu Santo.

¿Qué aspecto tiene el Cielo? La mayoría de nosotros no hemos tenido más que ligeros atisbos, pero han sido suficientes para que mantengamos la esperanza de regresar. El Curso afirma que hay una «melodía ancestral» que todos recordamos y que siempre nos llama, incitándonos en todo momento a regresar. El Cielo es nuestro hogar. Es de ahí de donde vinimos. Es nuestro estado natural.

Todos hemos tenido momentos celestiales sobre la Tierra, generalmente en el pecho de nuestra madre o de otra persona. Hay un sentimiento de paz interior que proviene de un abandono total del deseo de juzgar. No sentimos necesidad de cambiar a los demás ni de ser diferentes de como somos. Podemos ver, por la razón que fuere, toda la belleza de otra persona, y sentimos que los demás pueden ver igualmente la belleza en nosotros.

El mundo considera la relación especial, sea romántica o de otra clase, como el único contexto válido para tal experiencia. Esta es nuestra neurosis primaria, nuestro engaño más doloroso. Seguimos buscando el amor en el cuerpo, pero no está ahí. "Nos embarcamos en una búsqueda interminable de lo que no podemos encontrar": una persona, una circunstancia que tenga las llaves del Cielo. Pero el Cielo está dentro de nosotros. No tiene nada que ver con las ideas de los demás y tiene todo que ver con lo que escogemos pensar nosotros mismos, no solamente sobre una persona determinada, sino sobre todo el mundo. Así, perdonar a la humanidad entera, a cualquiera en cualquier circunstancia, es nuestro billete al Cielo, nuestro único camino de vuelta a casa.

Nuestro objetivo es Dios. Ningún otro nos dará alegría. Y tenemos derecho a la alegría. Aunque somos relativamente conscientes del poder de transformación del dolor, sabemos muy poco del poder de transformación de la alegría, porque sabemos muy poco de ella misma.

Hablar de alegría no es ser simplista. Nadie dice que sea fácil; solo afirmamos que es nuestro objetivo. Como ya hemos visto, no hay manera de llegar al Cielo sin reconocer el infierno, no en su realidad última, sino en la que tiene para nosotros mientras permanezcamos en este mundo ilusorio, una ilusión ciertamente muy poderosa. *Un Curso de Milagros* no nos propone la negación de las emociones y la supresión de la oscuridad como camino hacia la luz. Es un proceso psicoterapéutico mediante el cual la oscuridad es traída a la luz, y no lo contrario. En el mundo iluminado, la psicoterapia, guiada por el Espíritu Santo, tendrá ciertamente su lugar. Como dice el Curso: «Nadie puede escapar de las ilusiones a menos que las examine, pues no examinarlas es la manera de protegerlas». Ambos lados del camino al Cielo están llenos de demonios, así como el castillo de los cuentos de hadas está rodeado de dragones.

Un Curso de Milagros pregunta: «¿Qué es sanar sino retirar todo lo que obstaculiza el camino al conocimiento? ¿Y de qué otra manera se pueden disipar las ilusiones si no es mirándolas directamente, sin protegerlas?». El trabajo hacia la iluminación implica a menudo una desagradable y dolorosa movilización de lo peor que hay en nuestro interior, que se hace visible tanto para nosotros como para los demás, con el fin de que podamos conscientemente liberarnos de nuestra oscuridad personal. Pero sin un compromiso con la luz, sin un intento consciente de ir al Cielo, seguimos enamorados de la oscuridad, demasiado tentados por sus complejidades.

La tentación de "analizar la oscuridad como vía hacia la luz" queda ilustrada en algunos modelos tradicionales de psicoterapia. Cuando es el ego quien la usa, la psicoterapia es una herramienta para la investigación interminable del ego: culpabilización y concentración en el pasado. Cuando la usa el Espíritu Santo, es una búsqueda de la luz. Es una interacción sagrada en la que dos personas juntas, consciente o inconscientemente, invitan al Espíritu Santo a entrar en su relación y a convertir las percepciones dolorosas en conocimiento amoroso. La única razón de que todos estemos tan necesitados de terapia es que hemos perdido la conexión esencial con el significado de la amistad. Cualquier verdadera relación, así como la verdadera religión, es una forma de psicoterapia. Lo único que piden los psicoterapeutas del Espíritu Santo, profesionales o no, es aceptar la Expiación para sí mismos con el fin de que sus propias percepciones sanadas puedan ayudar a iluminar a los demás.

En el mundo que ha de venir, las parejas usarán más y con mayor frecuencia la psicoterapia, no solo en momentos de crisis, sino como un sistema de mantenimiento. Hubo una época en que la mayoría de las personas veían en la terapia algo que solo era para los «locos». Ahora la vemos como una valiosa herramienta para mantenernos cuerdos. De modo que las parejas llegarán a ver el valor de una evaluación constante, coherente y formal de sus pensamientos y sentimientos mientras caminan de dos en dos hacia los brazos de Dios.

En el exterior de las puertas del Cielo hay mucha acción, dentro de una ilusión, evidentemente, pero una ilusión que debe ser transformada desde adentro. El único significado de cualquier acontecimiento en el mundo de la forma es que simula dentro de nosotros un impulso para dar la espalda al Cielo o alcanzar sus puertas. Mientras estamos ante las puertas, sin saber hacia dónde ir, impulsados por el amor y, sin embargo, adiestrados para el miedo, necesitamos darnos cuenta de la sagrada responsabilidad que se nos ha puesto en las manos. «Y así, caminas en dirección al Cielo o al infierno, pero no solo». Tomamos decisiones por todos y para muchos años.

Las decisiones que tomamos hoy, individual y colectivamente, determinarán si el planeta se irá al infierno o al Cielo. Una cosa, sin embargo, es segura: somos la generación de la transición. Las opciones críticas están en nuestras manos. Las generaciones futuras sabrán quiénes fuimos. Pensarán con frecuencia en nosotros. Nos maldecirán o nos bendecirán.

Las puertas del Cielo

«No pienses que el camino que te conduce a las puertas del Cielo es difícil».

Estamos ante las puertas del Cielo. En nuestra mente, salimos de allí hace millones de años. Hoy regresamos a casa.

Somos una generación de Hijos Pródigos. Nos fuimos de casa y ahora se respira emoción en el aire porque hemos vuelto. Lo hicimos todo para destruir el amor que sentíamos por nosotros y por los demás, antes de que empezara a atraernos una vida sana. Eso no constituye nuestra vergüenza sino nuestra fuerza. Hay ciertas puertas que no tenemos que abrir, no porque una falsa moral nos lo haya mandado, sino porque ya las abrimos y sabemos que no llevan a ninguna parte. Lo extraño es que esto nos da una especie de autoridad moral. Hablamos por experiencia. Hemos visto el lado oscuro. Estamos listos para seguir adelante. La luz nos atrae. Cuando a Bhagwan Shree Rajneesh sus discípulos le preguntaron por qué en las Escrituras se dice que Dios ama al pecador, respondió:

—Porque suele ser una persona más interesante.

Nosotros somos una generación interesante, pero no nos damos cuenta de ello. Cuando comprendí lo decisiva que es nuestra época, cuando vi que las decisiones que se tomen en este planeta en los próximos veinte años determinarán el tiempo de supervivencia de la humanidad, sentí miedo por el mundo. ¿El destino del mundo está en nuestras manos? «No –pensé–, no en las nuestras. En las de cualquiera, salvo en las nuestras. Somos unos mocosos malcriados, en bancarrota moral». Pero cuando me fijé mejor me sorprendió lo que vi. No somos malos. Estamos heridos. Y nuestras heridas constituyen nuestra oportunidad de sanar.

En el exterior de las puertas del Cielo, sanar es una palabra que está de moda, y la que da forma a nuestros deseos. Hoy se respira en el aire un retorno de lo sagrado, pese al dolor, pese a los conflictos; muchas personas han asumido su mandato, consciente o inconscientemente, y han provocado ya el sentimiento de una excitación contenida, de una esperanza del Cielo. En todos los ámbitos hay por lo menos vagas señales de que cada vez más personas asumirán responsabilidades mayores.

Antes de que despertemos, el "Espíritu Santo convierte nuestras pesadillas en sueños felices". He aquí algunas reflexiones sobre unos pocos sueños felices que posiblemente podrían llevar al mundo entero un poquito más cerca del Cielo.

Tiene que haber un perdón masivo y colectivo de todo lo que ha sucedido para que nuestra cultura tenga la oportunidad de sanar y de volver a empezar. Algunas de las mejores personas y de las más inteligentes que Norteamérica tiene para ofrecer se están desaprovechando porque no pueden sacudirse su pasado de encima. Qué triste para Norteamérica que personas en cuyo pasado ha habido mucho sexo o drogas, por ejemplo, estén demasiado marcadas de cicatrices para entrar en política por miedo de que las crucifiquen por su historia personal. En relación con nuestro pasado, lo importante no es lo que sucedió, sino lo que hayamos hecho con ello. Cualquier cosa puede contribuir a que ahora, si así lo decidimos, podamos ser personas más compasivas.

Lo importante nunca es lo que hicimos ayer, sino lo que hemos aprendido de ello y lo que estamos haciendo hoy. Nadie puede aconsejar mejor a un alcohólico en recuperación que otra persona que haya pasado por lo mismo, que esté más adelantada en el camino de la recuperación. Nadie puede ayudar tanto como alguien que haya sufrido lo mismo personalmente.

Yo nunca me interesé demasiado por Richard Nixon hasta que lo vi por televisión algunos años después de que abandonara la Casa Blanca. «Este hombre –pensé– ha sufrido una humillación total, de la que no puede culpar a nadie más que a sí mismo. La única manera de que una persona pueda sobrevivir a una experiencia tan aplastante es que se haya puesto de rodillas y se haya arrojado en los brazos de Dios». Al verlo en la pantalla, sentí que él había hecho precisamente eso. Vi en su rostro una suavidad que antes nunca le había visto. «Ahora este hombre es interesante –me dije–. Parece que haya probado los fuegos de la purificación. Ahora tiene más que nunca para ofrecernos. Ahora confío en él porque me habla desde un lugar más auténtico».

Cuando estamos justo ante las puertas del Cielo, no tenemos miedo de pedir disculpas. Qué maravilloso sería para Estados Unidos si, en nuestro corazón y frente a todo el mundo, ofreciéramos reparación por la violación de nuestros propios y más sagrados principios en nuestro trato con naciones como el Vietnam. Somos un gran país, y, como todas las naciones, hemos cometido errores. Nuestra grandeza no reside en nuestro poder militar, sino en que nos atengamos a nuestras sagradas verdades internas. Una nación grande, igual que una gran persona, admite sus propios errores, los expía y pide a Dios y a los hombres una oportunidad para volver a empezar. Esto no nos haría parecer débiles frente al resto del mundo, sino humildes y honestos, dos rasgos sin los cuales no hay grandeza.

¿Y no sería maravilloso –Abraham Lincoln nos preparó el camino– que pudiéramos presentar nuestras enormes y sencillas disculpas a todos los norteamericanos negros? «En nombre de nuestros antepasados, os pedimos disculpas por haberos traído aquí como esclavos desde vuestra tierra natal. Reconocemos el dolor que esta terrible violación ha causado a generaciones de buenas personas. Hacednos el favor de perdonarnos, y volvamos a empezar». Y entonces, lo menos que podríamos hacer es construir un monumento grande y perdurable a la memoria de los esclavos norteamericanos. Internamente, los blancos lo necesitamos más que los negros. A los norteamericanos de origen africano les resultará mucho más fácil perdonarnos cuando les hayamos pedido perdón. Todas estas cosas, evidentemente, también son válidas para los indios de nuestro país. Mientras no se produzca esta Expiación, poco margen habrá para una sanación milagrosa de nuestras tensiones raciales.

Los desfiles que se organizaron para nuestros soldados que regresaban del conflicto del Golfo Pérsico, para mí representaron en parte un intento de rectificar el duro tratamiento a que sometimos a nuestros veteranos del Vietnam. Ojalá también hubiera desfiles para nuestros maestros, nuestros científicos y el resto de nuestros tesoros nacionales.

Y hablando de tesoros nacionales, nuestros niños son el recurso más importante que tenemos. Por una fracción del coste de mantener a un criminal en la cárcel durante un año, podríamos proporcionar a un niño desamparado una plétora de oportunidades personales y educativas que acabarían con la propensión a una desesperación completa. Entonces disminuirían muchísimo la tentación a experimentar con drogas, la delincuencia y otras sendas que llevan a comportamientos criminales. No hay cantidad de dinero, tiempo o energía que sea excesiva para gastarla en nuestros niños. Ellos son nuestros ángeles, nuestro futuro. Si les fallamos, nos fallamos.

Justamente en el exterior de las puertas del Cielo hay mucho que hacer mientras permitimos que la motivación de transformar al mundo proporcione energía a nuestra alma y se manifieste en nuestras convicciones. Debemos tener fe en Dios y en nosotros mismos. Él nos hará saber lo que quiere que hagamos, y nos enseñará cómo hacerlo. En todas las comunidades hay trabajo por hacer. En todas las naciones hay heridas por sanar. En todos los corazones existe el poder de hacerlo.

La Navidad

«El símbolo de la Navidad es una estrella:
una luz en la oscuridad».

La Navidad es un símbolo de cambio. Significa el nacimiento de un ser nuevo, cuya madre es nuestra condición humana y cuyo padre es Dios. María simboliza lo femenino que todos llevamos dentro, impregnado por el espíritu. Su función es decir sí, quiero, recibo, no abortaré este proceso, acepto con humildad mi función sagrada. El niño nacido de esta concepción mística es Cristo en todos nosotros.

Los ángeles despertaron a María en mitad de la noche y le dijeron que la esperaban en la azotea. «En mitad de la noche» simboliza nuestra oscuridad, nuestra confusión, nuestra desesperación. «Ven a la azotea» quiere decir: apaga el televisor, deja de emborracharte, lee mejores libros, medita y reza. Los ángeles son los pensamientos de Dios. Solo podemos oírlos en una atmósfera mental de pureza.

Muchos de nosotros ya hemos oído que los ángeles nos llaman a la azotea. De otra manera, no leeríamos libros como este. Lo que sucede en estos momentos es que se nos da la oportunidad, el reto, de aceptar el espíritu de Dios, de acoger Su simiente en nuestro cuerpo místico. Nosotros seremos Su seguridad y Su protección. Y, si consentimos en ello, permitiremos que nuestro corazón sea la matriz para el Cristo niño, un puerto donde pueda crecer en plenitud y prepararse para su nacimiento en la Tierra. Dios nos ha elegido para que Su hijo nazca por intermedio de cada uno de nosotros.

«No hay sitio», dijo el posadero a José. La «posada» es nuestro intelecto, donde hay poco o ningún lugar para las cosas del espíritu. Pero eso no importa, porque Dios no lo necesita. Lo único que precisa es un poco de espacio en el establo, un poco de buena disposición por nuestra parte para que Cristo nazca sobre la Tierra. Ahí, «rodeado de animales», en unidad con nuestra natural condición humana, damos nacimiento al único que rige el universo.

Los pastores en el campo ven antes que nadie la «estrella de la Navidad». Son los que atienden los rebaños, los que cuidan, protegen y sanan a los hijos de la tierra. Es lógico que sean los primeros en ver el signo de la esperanza, porque son ellos quienes la ofrecen. Han convertido su vida en un terreno fértil para los milagros. Ven la estrella y la siguen. Y se encuentran con la escena de Jesús en los brazos del hombre.

Y los reyes del mundo acuden a rendirle homenaje. Eso se debe a que el poder del mundo no es nada ante "el poder de la inocencia. El león duerme junto al cordero"; nuestra fuerza está en armonía con nuestra inocencia. Nuestra dulzura y nuestro poder no están reñidos.

«Largo tiempo languideció el mundo en el error y el pecado, hasta que Él llegó y el alma sintió su valor», dice una canción navideña inglesa. Con el nacimiento de Cristo, no una vez por año sino en todo momento, nos permitimos llevar el manto del divino Hijo, ser más de lo que éramos hasta ese momento. Expandimos nuestra conciencia de nosotros mismos y nuestra identidad. "El hijo del hombre reconoce quién es, y al reconocerlo se convierte en el Hijo de Dios."

Y así el mundo queda redimido, recuperado, sanado e integrado. El sueño de la muerte ha terminado cuando recibimos la visión de la verdadera vida. Jesús en nuestro corazón no es más que la verdad grabada en él, «el alfa y el omega», el lugar donde empezamos y a donde regresaremos. Aunque tome otro nombre, aunque adquiera otro rostro, Él es en esencia la verdad de lo que somos. Nuestras vidas unidas forman el cuerpo místico de Cristo. Reclamar nuestro lugar en este cuerpo es regresar al hogar. Una vez más, encontramos la relación apropiada con Dios, con el prójimo y con nosotros mismos.

La Pascua de Resurrección

«El irresistible poder de la resurrección reside en el hecho de que representa lo que quieres ser».

La Navidad y la Pascua son soportes de nuestra actitud para que alcancemos una visión iluminada del mundo. Con una visión iluminada de la Navidad, comprendemos que tenemos el poder, por mediación de Dios, de dar nacimiento a un Yo divino. Con una visión iluminada de la Pascua, comprendemos que este Yo es el poder del universo, ante el cual la muerte misma no tiene realmente poder.

"La resurrección es el símbolo del júbilo." Es el gran «¡ajá!», el signo de la comprensión total del hecho de que no estamos a merced de la falta de amor, ni en nosotros mismos ni en los demás. Aceptar la resurrección es comprender que ya no necesitamos esperar más para vernos como seres sanados y enteros.

Un día estaba sentada charlando con mi amiga Barbara, que había recibido un triple golpe emocional: su padre se estaba muriendo, había roto con su novio, con quien tenía relaciones desde hacía siete años, y después se había liado apasionadamente con un típico «Peter Pan». Mientras hablábamos de los principios de la resurrección y de nuestro deseo de ir al Cielo, me comentó:

—Me imagino que tengo que confiar en que Dios tenga un plan, y en que en su momento las cosas mejorarán.

Intenté hacer que comprendiera los principios del Curso con toda la profundidad posible; le señalé que teóricamente, como no hay tiempo, la cuestión no está en que Dios nos salve «más adelante». El mensaje de la resurrección es que la crucifixión jamás sucedió, a no ser en nuestra cabeza. Le dije que tener conciencia de Cristo no significa creer que las heridas de la muerte de su padre sanarían, o que la ruptura con su novio se le haría más soportable con el tiempo, o que su aventura amorosa se convertiría algún día en una amistad. Tener conciencia de Cristo es comprender que el Cielo está aquí ahora: su padre no se moriría realmente cuando se muriera, el cambio de forma de una relación duradera no significa absolutamente nada, porque el amor en sí es inmutable, y la partida de Peter Pan tampoco significaría nada, porque el vínculo que los une es eterno. Su tristeza no se basaba en hechos, sino en una ficción. Era su interpretación de los acontecimientos, y no éstos en sí, lo que mantenía encadenado su corazón. El Cielo es la transformación de estos acontecimientos en su mente. El mundo físico entonces prosigue. "La resurrección es nuestro despertar del sueño, nuestro regreso a la sensatez, y por lo tanto nuestra liberación del infierno."

Y así Barbara recuperó la alegría. Las dos nos reímos como chiquillas mientras pasábamos revista a nuestras vidas, a las relaciones, las circunstancias y los acontecimientos que han contribuido a formar las cruces con las que cargamos. Reconocimos la avidez con que nos clavamos los clavos en manos y pies, aferrándonos a la interpretación terrena de las cosas cuando la opción de verlas de otra manera nos habría liberado y hecho felices. Rezamos pidiendo tener la capacidad de recordar constantemente que lo único real es el amor. Vimos, aunque solo fuera por unos minutos, que nuestra desesperación era innecesaria. En aquel momento tuvimos un atisbo del

Cielo y rezamos pidiendo ser capaces de experimentarlo con más asiduidad.

De *Un Curso de Milagros*:

> *«El viaje a la cruz debería ser el último "viaje inútil". No te entretengas en él; dalo por finalizado. Si puedes aceptarlo como tu último viaje inútil, también eres libre de unirte a mi resurrección. Mientras no lo hagas, tu vida realmente será un desperdicio. No hará más que repetir la separación, la pérdida de poder, los inútiles intentos de reparación del ego y, finalmente, la crucifixión del cuerpo, la muerte. Esas repeticiones continuarán indefinidamente hasta que se renuncie de forma voluntaria a ellas. No cometas el patético error de "aferrarte a la vieja y áspera cruz". El único mensaje de la crucifixión es que tú puedes vencer a la cruz. Hasta que ese momento llegue, eres libre de crucificarte con toda la frecuencia que quieras, pero este no es el evangelio que yo me proponía ofrecerte. Tenemos otro viaje por emprender, y, si lees cuidadosamente las lecciones que aquí se ofrecen, estas te ayudarán a prepararte para iniciarlo».*

Al final del *Libro de ejercicios* se nos dice: «Este Curso es un comienzo, no un final». Un sendero espiritual no es el hogar; es un camino hacia el hogar. Nuestra casa está dentro de nosotros, y continuamente estamos escogiendo entre descansar en ella o luchar contra la experiencia. «Lo que verdaderamente nos aterra –dice el Curso– es la redención».

Pero dentro de nosotros hay Uno que conoce la verdad, a quien Dios ha confiado el trabajo de ser más listo que nuestro ego, más hábil que nuestro odio hacia nosotros mismos. Cristo no ataca al ego; lo trasciende. Y "Él está dentro de nosotros en todo momento, en todas las circunstancias. Está a nuestra izquierda y a nuestra derecha, delante y detrás de nosotros", encima y debajo de nosotros. "Cristo responde plenamente a nuestra menor invitación."

Con nuestras oraciones Lo invitamos a entrar, a Él que ya está dentro. Cuando oramos, hablamos con Dios. Y Él nos responde con los milagros. La interminable cadena de comunicaciones entre amado y amante, entre Dios y el hombre, es la canción más hermosa, el poema más dulce. Es el arte supremo y el amor más apasionado.

Dios amado, te doy este día el fruto de mi esfuerzo y los deseos de mi corazón. En Tus manos pongo todas las preguntas, en Tus hombros deposito todas las cargas. Ruego por mis hermanos y por mí. Que podamos volver al amor. Que nuestra mente pueda sanar. Que todos seamos bendecidos. Que podamos encontrar el camino a casa, ir del dolor a la paz, del miedo al amor, del infierno al Cielo.

Venga a nosotros Tu reino, hágase Tu voluntad, así en la Tierra como en el Cielo.

Porque Tuyo es el Reino, el Poder y la Gloria.

Por los siglos de los siglos.

Amén.

LISTA DE CITAS

Las citas que se señalan a continuación hacen referencia a los temas expuestos en la obra en tres volúmenes *A Course in Miracles (Un Curso de Milagros)*, según han sido detalladas por la Foundation For Inner Peace.

El primer número de página corresponde a la de *Volver al amor* (la presente obra).

El último número de página, precedido o no de una letra, corresponde a la versión en inglés de *A Course in Miracles:*

– Si va precedido de una «M», la cita pertenece al volumen *Manual for Teachers.*

– Si va precedido de una «W», la cita pertenece al volumen *Workbook.*

– Si el número de página va solo, pertenece al volumen de texto.

Citas	**Fuente**
Volver al amor	*A Course in Miracles*
p. 18	Introd.

Capítulo 1

p. 29	p. 621
p. 29	p. 353
p. 35	p. 235
p. 36	p. M-67

Capítulo 2

p. 39	p. 169
p. 39	p. 563
p. 41	pp. 63, 64
p. 41	p. 13
p. 44	p. 49, Introd.
p. 45	p. 9, Introd.

Capítulo 3

p. 49	p. 587
p. 49	p. 49
p. 50	p. 109
p. 51	pp. 237s, 364s
p. 52	pp. 364-365, W-212
p. 53	p. 77
p. 55	pp. 544, 2
p. 57	pp. 27, W-26
p. 57	pp. 27, 71, 329
p. 59	pp. M-67, 202

Citas *Volver al amor*	Fuente *A Course in Miracles*
p. 61	p. W-347
p. 61	pp. 5, 9
p. 63	p. M-84
p. 65	p. M-56
p. 66	pp. M-84, 6

Capítulo 4

p. 69	p. W-361
p. 69	p. 342
p. 71	pp. 421, 421
p. 74	p. 185
p. 77	pp. 287, W-284
p. 80	pp. 362, 290

Capítulo 5

p. 81	p. W-58
p. 81	pp. 248, 1
p. 82	pp. 415, 3
p. 84	pp. M-3, M-1
p. 85	pp. M-3, 39, 330
p. 87	*The Song of prayer, pp. 9ss; 76*
p. 88	pp. W-304, 432, 332, W-360
pp. 88-89	pp. W-73, 1
p. 89	pp. 29, W-360, 229, 234
p. 91	p. 15
p. 93	pp. 1, 151
p. 95	p. 12

Citas *Volver al amor*	**Fuente** *A Course in Miracles*
p. 98	p. 1
p. 99	pp. 17, 6, W-477, 517
p. 100	p. W-139

Capítulo 6

p. 105	p. 407
p. 105	p. 132
p. 106	pp. 359, M-1, 515
p. 107	pp. W-26, 516, 464, 330
p. 109	pp. 164, 57
p. 110	pp. W-122, 573
p. 111	p. 229
p. 112	pp. 29, 374-376, 375
p. 113	p. 273
p. 116	pp. 255, 382s
p. 116	pp. 415, 113s
p. 118	p. 230
p. 119	pp. 204s
p. 121	p. M-6
pp. 121-122	pp. M-6s
p. 124	p. 317
p. 125	pp. 29, 334
p. 126	p. 318
p. 128	p. 208
p. 128	pp. 291, 337, 337
p. 129	pp. 333-337

Citas	**Fuente**
Volver al amor	*A Course in Miracles*
p. 132	pp. 267s
pp. 134-135	pp. W-159, 444
p. 135	pp. W-225, W-225
p. 139	pp. 315, M-51
p. 143	p. 343
p. 144	pp. 113s, 12
p. 146	p. 289
p. 150	pp. W-159, 367
p. 152	p. 343
p. 153	p. 22
p. 155	p. 358
p. 156	p. 145
p. 159	p. 134
p. 162	pp. 330, 32
p. 163	pp. 216, 99
p. 164	p. W-162
p. 166	p. 96
p. 168	*Psychoterapy: Purpose, Process and Practice*, p. 5
p. 171	p. 593
p. 171	p. 226
p. 175	p. 142
p. 176	pp. 263, 155
p. 178	pp. 332, 292
p. 182	p. 373
p. 183	p. 338
p. 183	p. 86

Citas	**Fuente**
Volver al amor	*A Course in Miracles*
p. 185	p. W-277
p. 185	pp. W-284, 511, 339
p. 186	p. W-254
p. 188	p. 522
p. 188	p. 404

Capítulo 7

p. 191	p. 24
p. 191	p. W-281
p. 192	pp. W-120, 340
p. 194	pp. W-121, 12
p. 195	p. 288
p. 197	p. 188
p. 198	p. 10
p. 199	p. 269
p. 200	p. 167
p. 201	pp. M-8, 165
p. 202	pp. 225s
p. 204	p. 592
p. 204	*Psychoterapy...* (*op. cit.*), p. 21
p. 208	p. W-105
p. 209	pp. 1, 1
p. 210	p. W-281
p. 215	p. 83
p. 216	p. 581
p. 217	p. 12
p. 221	pp. W412, 20s

Citas	**Fuente**
Volver al amor	*A Course in Miracles*
p. 221	p. W-36
p. 224	p. 340s
p. 224	pp. W-109, W-120
pp. 226-227	pp. 340-342
p. 227	p. 356
p. 229	pp. W-75, M-8
p. 230	p. 300

Capítulo 8

p. 235	p. 359
p. 235	pp. 527, 3, 364
p. 236	pp. 97, 142, 140, W-322, 371, 20
p. 237	p. 111
p. 238	pp. 146, 20, 143s
p. 239	p. 97
p. 241	p. 177
p. 242	pp. 110, 77
p. 243	p. 58
p. 248	pp. W-263, W-1
p. 249	p. 514
p. 258	pp. 271, 428, 482
p. 259	pp. 543, 359, 614, 140
p. 267	pp. W-51, 476, 15
p. 271	pp. W-302, 75
p. 274	pp. M-64, 305
pp. 275-277	pp. M-57s
pp. 276-277	p. M-57

Citas *Volver al amor*	Fuente *A Course in Miracles*
pp. 276-277	*The Song of Prayer*, p. 16
Capítulo 9	
p. 279	p. M-58
p. 279	pp. W-257, W-179
p. 281	p. 47
p. 282	p. 81
p. 284	pp. 238, 51
p. 284	p. 360
p. 287	pp. 281, W-1, M-38s
p. 288	pp. 25, W-1, W-361
p. 290	pp. 235, 228
p. 293	p. 196
p. 294	pp. 416s, 295
p. 295	pp. 188, 188
p. 295	p. 160
p. 297	pp. 491, 511
p. 298	p. 542
p. 301	p. 304
p. 303	pp. 33, 225
p. 304	pp. 193, 193
p. 305	pp. 47, W-477
p. 307	pp. 225, W-417, 83